西南交通大学人文学术文丛

斯文：先秦儒家
"文"义的源起与诠释

廖　恒◎著

中国社会科学出版社

图书在版编目（CIP）数据

斯文：先秦儒家"文"义的源起与诠释／廖恒著 . —北京：中国社会科学出版社，2019.12

（西南交通大学人文学术文丛）

ISBN 978-7-5203-5977-1

Ⅰ.①斯… Ⅱ.①廖… Ⅲ.①儒家—哲学思想—研究—中国—先秦时代

Ⅳ.①B222.05

中国版本图书馆 CIP 数据核字（2020）第 022814 号

出 版 人	赵剑英
责任编辑	任　明
责任校对	杨　林
责任印制	郝美娜

出　　版	中国社会科学出版社
社　　址	北京鼓楼西大街甲 158 号
邮　　编	100720
网　　址	http：//www.csspw.cn
发 行 部	010-84083685
门 市 部	010-84029450
经　　销	新华书店及其他书店

印刷装订	北京君升印刷有限公司
版　　次	2019 年 12 月第 1 版
印　　次	2019 年 12 月第 1 次印刷

开　　本	710×1000　1/16
印　　张	13.5
插　　页	2
字　　数	223 千字
定　　价	85.00 元

凡购买中国社会科学出版社图书，如有质量问题请与本社营销中心联系调换
电话：010-84083683

"西南交通大学人文学术文丛"
编纂委员会名单

献给余虹老师

前　言

　　本书从"文"的字源出发，立足先秦原始文献与新出简帛，结合诠释学理论，对先秦儒家人文观的前史、形成、演进进行了厘清和研究。西周灿烂的人文景观得以出现的枢纽，在于"文"从自然意转为人文意，从而奠定了作为整体性文明所必需的价值与意义根基；周文通过礼乐教化达成审美陶冶和共通感的营造，使基于文化认同的礼仪共同体得以成型。周文疲敝之后，孔子重订六经而立人极，本书重点释读《诗》《礼》《易》《乐》《论语》的人文意涵，试图揭明其作为历史中逐渐生成的精神要素，是使中国文明得以成立与传承的根本原因。

　　西学东渐以来，文学理论（theory of literature）这一学科逐步进入中国本土学术谱系，并日渐凸显出其重要性。一个无可回避的问题是：如何在当代学术语境中，避免以西方现成的理论框架、概念体系、话语表述对中国传统学术资料进行任意的切割和宰制。如果将中国传统学问预设为与西方相同的知识体系，将中国传统文论无条件地等同于西方学术谱系中的文学理论，可能会遮蔽中国传统文论所特有的精神内涵和学术意旨。中国传统文论是关于"文"的论说，而"文"在先秦时期是典章文献、礼乐仪制、诗书言辞等时代文化符号的总名，有着比审美意义上的"文学"远为复杂的含义，表现为"文史哲"的尚未分离或典制、义理、辞章的统一。因此先秦儒家文论可以说是以诸种文化符号为对象，对其所承载和指向的文化理想、审美表达、制度设想的论说。

　　本书以先秦儒家文论的价值维度为中心论题，并建立在这样一个基本判断上：儒家之文的价值诉求和精神旨归表现为一种理想性的追求、认同、体证；而此理想性亦形诸"文"与"艺"，落实与呈现在个体（君子、圣人）和共同体（家、国、天下）身上。用今天的话来说，就是诗、书、礼、乐作为文学、艺术、社会规则都有其价值取向和精神关怀，而这种取向和关怀构成了先秦儒家文论的核心论域。

要理解儒家的价值关怀，必须深入当时的思想文化语境之中，这需要做到两点：（1）态度的同情之了解，以求贴近先秦时期的观念和精神世界。强调心态、心境上的准备是对价值中立和客观主义的修正，对无"偏见"的绝对客观的追求源于西方中世纪理智论的"纯粹理智"观念，因其脱离于传统和实践，反而成为空洞的想象。（2）深入到文献之中：本书借助古文字、文献的研究方法和成果，尽可能对第一手资料进行收集、甄别；在传世文献之外对郭店楚简、上博楚简、帛书等新出材料也多有参看。

在方法上，本书涉及思想史、解释学、文字学等学术资源，对于经典文本的诠释，以既有的重要注疏为线索，寻找先秦儒家文论的价值根据，并在思想史的语境中对其进行合理诠释。但研究者有着现时代的生存背景和学术语境，不可能避免个体意识和时代偏好的影响而对古代学术路径进行简单复制。这涉及研究者视域与文本视域、现时代视域与先秦时代视域的双重关系。要进入先秦儒家的生存语境且不脱离现时代的理论旨趣和问题意识，需要一种真正的视域融合（Horizontverschmelzung）。本书适当尝试海德格尔以来较少现成化、概念化，而趋于生存论和解释学情境的现象学——解释学理论，以求在两种视域之间达成相互对话和激发，为古代文本的理解与诠释建立一个信实的理论平台。

第一章从字源考察了"文"之一字从甲骨文、金文、小篆的字形演变，根据《说文》与当时文献，"文"由图画、线条、符号到有意义联系的符号组合，形成了纹、文、文章的词谱；并由日月星辰运行之天文、草木鸟兽之迹的地文演化为有审美特征、道德色彩的人文。通过进一步比较夏商周三代文明的特质，确认在周人观念中出现了一种革命性特征，"天命靡常，惟德是依"的天命观表现出明显的宗教伦理化特征，即尚德、尚理、尚民的价值取向。有周一代，人道主义成为思想主流，并成就了灿烂的人文景观。周文以礼乐为主体，通过礼仪乐教完成审美陶冶和共通感的营造，使基于文化认同的"礼仪共同体"得以成型。周文的这一特征极大地规定了先秦儒家以文德、礼乐建构文化共同体的精神取向，并将此扩展为与共同体外的人群的交往方式："远人不服，则修文德以来之。"（《论语·季氏》）

第二章论证了先秦儒家文论的意义源头与价值根据。"好古""从周"表明周文是孔子认同的传统。传统在此的含义并非启蒙运动所批判的独断权威，而是在历史中逐渐生成的积极因素和使理解成为可能的前视域。儒家所承续、发扬的传统不仅是历史性、经验性、具体性的周文，也是周文所体现的道。"道之显者谓之文"，通过六艺在人身上体现为人格形态、价值理想的实现，因而儒家论文、论诗、论礼、论乐最后总是归结于善与德。天命是出自《诗经》《尚书》的重要观念，表现为生生不息（"于穆不已"）的创生性（"天地之大德曰生"）。天赋万物生灵以理则，知天命意味着对人之为人的意义产生自觉；天命因此是形上之道在人心上的感发、显示和落实，也是理想性光辉向人开示的朝上超拔升华之可能。这种理想性被史华慈表达为"超越的突破"（transcendent breakthrough）。儒家思想中，天道既是超越的（Transcendent），又是内在的（Immanent），兼具宗教与道德的意味。人与超越性的联系体现于人的生存形式之中，而中国传统中的超越和终极观念往往不以体系化和形式化的方式出现，而是随处指点，以时机化的形式寓于《诗》《书》《礼》《易》《春秋》所构成的生活和文本世界中。更为重要的是，其理想性从未表达为一时一地、一国一派的诉求，而总是置于万世与天下、人与道的终极关切之中。

第三章论述立言之道。诗本于性情，"兴于诗"的立论基点在于《诗》的不愤不启、不悱不发，诗所抒发的原发情感体验是生存经验最真切、纯粹的表达，也是审美、立志、向道得以不断起兴和生成的源头。通过对"诗言志""诗以言志""发乎情"的考察可以看到，知情、志、性、道是一体而生、内外贯通的关系。论诗、说诗是一个诠释过程，需体察作者的用心并进入诗作投射出的对生存语境的感受，以此达到视域融合，这正是"以意逆志"和"知人论世"的含义。儒家思想中理与情并不是简单的节制与被节制的关系,而是要使理与情相互感发、谐和相宜,达到"思无邪"所表达的性情之正。

第四章进一步论述理与情、善与美的关系。中和作为儒家美学理想是不偏不倚、无过与不及的正道,是兼含文质、美善的总体性标准。表现在比德上,"比"成立的根据是生存世界中的某些存在者之间发生的关联,各存在者在共在(Mitsein,Mitdasein)中的相互感应而互为比兴。用比所兴发的德之美感、实感是儒家文教唤起对德性的认同和热爱的重要方法。文质关系也是善与美的问题。成就美善兼备、文质彬彬的个体和共同体一直是儒家的理想。这种理想的极处为"至善",是审美、思想、道德体验的综合与精神生活的真实源头。至善或真理通过诗得到富于美感的真实呈现,诗言所构成的宜善宜美的生动意境是孔子授《诗》的出发点——以最为切己和本真的方式指向道。

第五章论述礼文与诗学。礼能够规范情志,去除浮躁恣睢。但礼需要情意感发才能进入其情境中去,而非滞于呆板、机械的、形式化的礼仪模式。这与礼的美学特征相关,以礼仪为中心的中国古代社会秩序带有明显的美学色彩,甚至可以说,美学优先于理性。审美秩序建立在美学化的实践观上,这意味着实践是在特定要素构成的具体语境中的一种持续创造过程,是无须概念中介的专注和体验行为。礼仪的真实是一种象征意义上的真实,每一个礼仪动作都指向某种意义,表达某种愿望,并由参与者的诚敬而产生尊严感,由形式的谐调产生美感。这种尊严感和美感不仅是个体性的感受,更是一种共通感,由此将社群维系为一个礼仪共同体。诗与礼同为求取更高者或曰更本源者的途径,不是通过诗理解礼,而是通过诗理解更高者或更根本者,再由此更高处或本源处反观,则礼的理解成为当然之事。同理,以诗解礼也是如此。

Abstract

Since the transport of the western learning to the east, the discipline theory of literature gradually entered the Chinese local academic pedigree and its importance became more and more obvious. An unavoidable question is: in the contemporary academic context, how can the traditional Chinese academic data avoid the arbitrary cutting and dominating by western ready-made theoretical framework, concept systems and discourse. If the traditional Chinese learning is regarded as the same knowledge systems as western learning and the equivalent between the traditional Chinese literary theory and the western theory of literature is admitted unconditionally, the unique spiritual connotation and academical intension of the traditional Chinese literary theory may be obscured. Traditional Chinese literary theory is the discussion and study about "Wen". With more complex meaning than aesthetic meaning of "literature", "Wen" is in the pre-Qin period the total name of cultural symbols of that time including decrees and regulations, literary documents, rites, musics, and institution systems, which is not yet isolated "literature, history and philosophy" or the unity of classic or institution, argumentation, poetry and prose. Therefore, targeting the different cultural symbols, Confucian literary theory pointed to their cultural ideals, aesthetic expression, and the institution image in the discourse.

The central theme of the dissertation is the value dimension of Confucian literary theory and bases on such a fundamental judgement: the value pursuit and spiritual appeal of Confucian "Wen" is presented as the ardently love, identity and the knowledge about the ideal; at the same time, the body of such ideal is "Wen" and "Yi" (Art), which can be found in the individual (the noble and saint) and the different unity (family, state and the world). Using the words of our time, that is, *The book of Songs*, *The book of Document*, *Record of Ritual and The Book of Music* as the rules of literature, art and society all have their value pursuit and spiritual concern, which constitutes the core of pre-Qin Confucian literary theory.

To understand Confucian's concern about value, the referent research must deeply root in the ideological and cultural context of that time, which requires two points: firstly, an attitude of sympathy on base of the understanding so as to be close to the pre-Qin's spiritual world. To emphasize an attitude without any prejudice is just a imagination without any meaning from the rational theory of tradition of Middle Ages, whose pursuit is "pure reason" and absolute objectivity. Secondly, a good use of different literatures. Therefore, the dissertation gets the help from the ancient research methods and achievements on the character and literature, collects and discriminates the first-hand data as far as possible; beside the masterpieces refers too many new materials sucha as Guodian inscribed bamboo-slips, Chu bamboo-slips of Shanghai museum and silk books.

In terms of method, the dissertation refers the traditional study of classics, history of thought, hermeneutics, philology and other academical resources. The interpretation of the classic texts looks for the value foundation of Confucian literary theory in pre-Qin with the clue of the important commentaries in the history and refers the context of history of thought. But the researchers of the field have also modern existing background and academic context, who can not avoid different individual consciousness and popularity of their times. Such research involves the double relations between the researchers' horizons and the horizons of texts, between the horizon of the modern time and the horizon of pre-Qin. To enter the existing context of pre-Qin's Confucian and not break away from the modern theory pursuit and problem consciousness, what is needed is a genuine integration of horizons (Horizontverschmelzung). The dissertation tries to use the phenomenology from Heidegger, which is not so ready-made and conceptualized but tends to exiting theory and the hermeneutics situation, in order to achieve a dialog and mutual inspiration and found a sound theory platform for the understanding and interpretation of the ancient texts.

Chapter 1 of the dissertation discusses the shape's evolution of character "Wen" from Carapace-bone-script, Metal-script to Small seal script, in reference to *Shuo Wen* and other literatures at that time, the evolution of "Wen" is from images, lines, signs to themeanful symbol combinations, and from the traces of sun, moon and stars in the sky, the traces of plants and animals on the earth to the aesthetic and moral "Wen" of human. Through a further comparison among the civilizations of the three dynasties Xia, Shang, Zhou, it becomes very obvious that the idea of Zhou's people was revolutionary. The saying "The will of the above Tian has never rule to rely on and our only support is our morality", has evident religious and moral character, that is, the value orientation of advocating of Morality, Li and the People. In dynasty Zhou, humanism became the main stream of thought and there were so many brilliant humanism achievements. The main subject of "Wen" (culture, or symbols of culture) in Zhou dynasty is rites and relevant musics. It was the aesthetic edification and the consensus of the education of rites and musics, shaped the "Rites Community" on the base of the cultural identity. This character of Zhou's Wen sets the spiritual orientation of Confucian in pre-Qin, who constructed this cultural community with the moral of Wen, rites and musics, and took it as the method of communication to the group not belong to their community: when the distant will not submit to us, we must cultivate our moral to attract them to us. (*The Analecs · Ji Cian*)

Chapter 2 discusses the value basis of the Confucian literary theory of pre-Qin. "Fondness for the ancient", "Submitting to Zhou's culture", such sayings make it clear, that Zhou's culture is the translation with which Confucius identified. The translation mentioned here is not the authority criticized by the Enlightenment, but the active elements forming in the history and the pre – horizon which makes understanding possible. The translation of Confucian is not only the historic, empirical and concrete Zhou's Wen (culture), but also its Dao (Way, Method, Spirit) . "Where is Dao, Where is Wen", the realization of Liu Yi (the six arts for the noble) in the individual is the shape of the personality and the value ideal. Therefore the Confucian's discussion about Wen (literature), poetry, rites and music always ended with discussion about goodness and morality. "Tian Ming" (the will of the above Tian) is an important idea from *The Book of Songs* and *The Book of Documents*, which means the endless creation (The greatest morality of the sky and earth is Life) .

The above Tian gives all of the world rules, and the awareness of the will of Tian means the consciousness of the meaning to be a man, "Where is Dao, Where is Wen", therefore the will of Tian is also the will of Wen, which is the moving, presentation and realization of metaphysical Meaning in man's heart, and the possibility of promoting and sublimation which is presented by the brilliance of the ideal to man. Such ideal is expressed by Schwartz as "transcendent breakthrough" . In the Confucian thought, Tian Dao is both transcendent and immanent, which has at the same time the religious and moral meaning. Man's relation with the transcendence exists in his existing form, the transcendental and ultimate ideas show themselves ordinarily not in a system or form way, but with a situational form in the living and text world of Shi (*The Book of Songs*), Shu (*The Book of Documents*), Li (*The Record of Rites*), Yi (*The Book of Changes*) and Chunqiu (*The Book of History*) . Its idea is never presented as a pursuit only for one moment, one place, one state or one party, but always places the individual's concern in the context and totality of the world, man and Dao.

Chapter 3 discusses the Dao of writing. Poetry is wrote because of mental disposition and the argument "Stimulating in the Poetry" means that without strong emotions such as anger and depressing there will be no *The Book of Songs*. The original feeling experiences presented by poetry is the truest and purest expressing about the existing experience, it is also the source of the forming of aesthetics and aspiring for Dao. Through the research of "Shi Yan Zhi" (the poetry expresses the heart), "Shi Wu Lin Zhi" (the poetry should not hide the heart), and 'Fa Hu Qing" (the poetry is born from the feeling), it is known that feeling, aspiring, natural character and Dao have the same well and related to each other. Discussion about the poetry is a hermeneutic process and what is important is to experience and observe the motive of the writer and to enter the feeling of the writer's existing context, so we can achieve the Horizontverschmelzung, which is the meaning of "Yi Yi Ni Zhi" (from the expressing of writing we know the motive of its writer) and "Zhi Ren Lun Shi" (we must know the writer himself and his time well to judge his works). The relation between the Li (Rule) and Qing (Feeling) in the Confucian's ideal is not simply relation of refraining and being refrained, but the harmony from mutual moving and inspiring.

Chapter 4 discusses further the relation between Li (rules) and Qing (feeling), goodness and beauty. Neutralization as the Confucian's aesthetic ideal is the middle way, which is neither leaning nor slanting, neither exceeding nor insufficient, and it is the overall standard of the the character of adornment, beauty and goodness. When something is used to compare with the morality of the noble, the basic of such comparison is the relation among the existing in the world, whose mutual moving and inspiring in Mitsein show itself as mutual comparison and inspiring. The feeling about the beauty and substance of morality inspired in such comparison is the important method of Confucian's cultivating to awake the identity and engagement to morality. The relation between the adornment and the substance is also the relation between the goodness and beauty. To shape the individual and the community which is both good and beautiful is always the Confucian's ideal. The ultimate of the ideal is "Zhi Shan" (the highest goodness), which is the totality of all aesthetic, thoughtful and moral experience and the real source of spiritual life. The highest goodness or truth is presented true and beautiful through poetry, the living artistic context constituted by the poetry's language is the starting point of Confucius's education of *Shi* (*The Book of Songs*), which is with the truest method pointing to Dao.

Chapter 5 discusses the Wen about rites. Rites can set the feeling and heart in order, and get rid of flippancy and recklessness. But they need the moving of the feeling to enter the situation of the real rites, which are not a ritual model with stiff and mechanical form. This is related to the aesthetic character of rites. The ancient Chinese society has an order full of aesthetic nature. The aesthetic order bases on the practice idea, which means that the practice is a continual creation process in a context with concrete and special elements and some kind of engagement and experience without media of conception. The truth of rites is a symbolic truth. Every ritual action has some given meaning, expressing some wish and produces the feeling of respecting because of the hearty of the participants, produces beauty because of the formal harmony. The feeling of respecting and beauty is not an individual experience, but a consensus, which holds a group as a ritual community. The poetry and the rites are both ways looking for the higher and more original It is not through the poetry to understand the rites, but through the poetry to understand the higher or the more original, then looking back from the higher and the more original, it will be no difficulty to understand the rites. The same is the way understanding rites through poetry.

目　录

导　论

第一节　时代精神特征与中国传统文论研究

一　西学东渐背景下的中国文论

1840 年以来，中国学术的"现代化"进程是西学东渐并全面取代旧学的进程，在当代学术语境中，概念界定、体系建构、话语表述都是这一进程的产物；而以现成的西学学科划分、理论模式、概念体系对中国传统学术资料进行区分、归类、整合成为似乎无可回避的局面。因此，当代学术研究中的一个重要现象是将中国传统学问预设为与西方相同的知识体系，比如对"中国古代文学理论"的研究，就是以西方的文学理论的框架无条件地对应于中国传统"文论"。但是在中国传统学术谱系中，与今之所谓文学理论所对应的"狭义文论"地位并非如今天这样重要，即使今人很看重的《文心雕龙》，至清代方有"《文心》体大而虑周"之誉。①随着近现代西方文学理论的传入，形成了一个重视体系化、思辨化的"文学理论"学科，《文心雕龙》架构和表述与之相仿，地位随之迅速上升，在今人所著《元至正本〈文心雕龙〉汇校》中，终被认为"取得了'显学'的地位"②。这暗示了中国"文论"与西方文学理论的实质性差别。除了为数不多的专门的诗话、词话，大多数"文论"散落于经、史、

---

① 章学诚著，叶瑛校注：《文史通义校注》上，中华书局 1985 年版，第 559 页。

② 周振甫：《文心雕龙辞典》，中华书局 1996 年版，第 2 页。

子、集中。文学批评这一学科的成型要早于文艺理论，也更早传入中国，在其传入中国之初期，有学者即觉察到这一新学科与中国传统知识类别的微妙状况，郭绍虞是中国文学理论和文学批评的早期代表人物之一，他认为先秦诸子的学说中原本没有后世学科划分中所谓的文学批评，而郭绍虞以文学批评的观点讨论儒道二家对"神"的观念，是由于"（1）文学批评本可有其哲学思想上的根据，所以周秦诸子虽不主于论文，而也未尝不逗露其一部分的文学观；（2）儒道并为当时显学，其思想在后世颇有权威，足以笼罩一切，支配一切，故其及于文学批评者，也未尝不有相当的影响"①。

　　而就文体而言，先秦时期文史哲往往一体而不分，即使魏晋时期，出现了今天意义上的审美自觉和文学自主性，文论所关心和讨论的主体也不同今之称为纯文学的文体，如陆机、挚虞、刘勰、萧统等所论的数十种文体，除骚、赋、诗、乐府四种之外，其余皆非审美之文。如果正视影响古代文学创作、批评、欣赏的理论资源，四部划分中的经、子——今天划归到"思想史"或"哲学史"类别的知识和思想，其影响往往不低于狭义的文学理论。

　　那么，这意味着我们应该并且能够以"复古"的方式回到传统诗话、词话的中国式"文艺学"学科范畴和理论范式吗？对于西方与中国传统学术资源的关系，如何应对成为一个必须面对的问题。即使在研究方式上可以回到传统路数，但是生存于现时代语境中的研究者也难以在研究中完全避免个体意识和时代偏好的投射，而对古代学术做一简单复制。换言之，在今天的学术语境中，似乎已无可能脱离西方学术资源和当代精神气质而重新回到"国学"，我们是否可以不受制于当前的一切理论预设或前见，完全如古人那样思考和理解，这几乎是无解的解释学悖论，因为我们知道，面对传统思想资源，每一时期的解读者都会将其所处的时代精神和理论设定带入其中，即使在儒学传统内部，今古文之争、汉宋之争、理学朴学之争也聚讼已久。

　　如此，既不能将现有学术模型对传统资源进行粗暴的套用和移植，也

---

① 郭绍虞：《儒道二家论〈神〉与文学批评之关系》，《燕京学报》1929 年第 4 期。

不能无视当代学科和理论的进展，简单地重复传统学术路径。就人文学科来说，在今天解读传统学术资源时，有三点恐难忽略：

其一，态度的同情之了解。接续传统是开辟新知的必要前提，这种接续不仅是通过资料的收集和整理在知识层面上有所承接，而且要求对古人的立说持一种体贴的心态，即"对于古人之学说，应具了解之同情"①。强调心态上的准备或许有违"客观主义"的条规，但从解释学我们可以知道，追求无"偏见"的绝对客观是出自中世纪的理智论的"纯粹理智"观，因其脱离于前见和实践，反而成为空洞的想象。② 在人文学科中，对于资料的理解和阐释需要对资料的真正进入，这种进入在某种程度上可以说是心境上的，因为"吾人今日可依据之材料，仅当时所遗存最小之一部；欲藉此残余断片，以窥测其全部结构，必须备艺术家欣赏古代绘画雕刻之眼光及精神，然后古人立说之用意与对象，始可以真了解。所谓真了解者，必神游冥想，与立说之古人，处于同一境界，而对于其持论所以不得不如是之苦心孤诣，表一种之同情，始能批评其学说之是非得失，而无隔阂肤廓之论。否则数千年前之陈言旧说，与今日之情势迥殊，何一不可以可笑可怪目之乎？"③

今人作为传统学术资源的阅读者和诠释者，其理论视域是以现时代为背景的，如果对此缺乏自觉就难以进入传统学术所依存的语境，诠释者的视域与传统学术的视域就会处于互不相干的分离状态而无法形成诠释所不可缺少的视域融合，这种情境下只可能出现自说自话式的独白而无任何对话与重构之可能。

其二，方法的非现成化。传统不只是在历史上发生并在我们意识里保存并固定下来的东西，传统自身也在持续的变化中，变革和守护都是我们与传统发生联系的方式。这个解释学的观点与儒家暗合，"周虽旧邦，其

①　陈寅恪：《冯友兰〈中国哲学史〉审查报告》，见冯友兰《中国哲学史·附录》，中华书局1961年版。

②　Hans-Georg Gadamer "Replik", in *Hermeneutik und Ideologiekritik*, Hg. von Karl-Otto Apel, Frankfurt am Main, 1977 S. 304.

③　陈寅恪：《冯友兰〈中国哲学史〉审查报告》，见冯友兰《中国哲学史·附录》，中华书局1961年版。

命维新"（《诗经·大雅·文王》）所言之意，周虽为旧邦，但其命运和使命皆系于革新，这指明传统并不反对合理的变革，因此又有"苟日新，日日新，又日新"之说（《汤之盘铭》）。况如钱穆所言，"学术本无国界。'国学'一名，前既无承，将来亦恐不立。特为一时代的名词"①。钱穆之论表明国学之名是为别于西学，如旧学之名是为别于新学，其所设立也难免鲜明的时代特征。

在研究方法上，吸收现有的理论势为必然，但简单套用现成的西方理论犹如枘凿不入，两不相宜。本书试图在国内外学术资源中寻求与传统思想在内在学理上能够相通相应者，理论上会适当尝试海德格尔以来较少现成化、概念化，而趋于存在论和解释学情境的现象学—解释学理论，这或许能在传统学术与现有思想之间相互激发，是当下中西对话的思想大格局中可以一试的路径。在援引西方理论对儒家思想进行阐释的学者中，牟宗三、李明辉一系力图打通孔孟——理学传统与康德的实践哲学，张祥龙以海德格尔的非现成化思想阐释孔子，都是值得注意的例子。西方有影响的学者中，比较文学学者苏源熙（Haun Saussy），汉学家德格鲁特（J. J. M. De Groot）、卫礼贤（Richaid Wilhelm）、谢和耐（Jacques Gernet）等，哲学家莱布尼茨、黑格尔、雅斯贝尔斯、芬格莱特等，或介于二者之间的史华慈（Benjamin Schwartz）、葛瑞汉（Angus Charles Graham）、弗朗索瓦·于连（Francois Jullien）、安乐哲（Roger Ames）等，以及社会学家马克斯·韦伯、宗教学家马克斯·缪勒（Friedrich Max Müller）、神学家汉斯·昆（Hans Kung）等，或翻译，或解读，均对先秦儒家思想投注了自身的视角和研究方式，其成果也是难以忽略的。

其三，文献之收集与甄别。要深入先秦文本的语境中无非二途，一是心态上努力贴近当时的观念和精神世界；二是深入文献之中，因此本书注重借助古文字、训诂、文献的研究方法和研究成果，尽量做到资料的可信。本书对于第一手资料进行力所能及的收集、甄别、吸收；对于能力之外的学术材料，如以战国文字写成的郭店楚简、上博楚简、帛书等，亦尽

① 钱穆：《国学概论·弁言》，商务印书馆1931年版，第1页。

可能全面参看和比较已有的整理和研究成果。

二　中国文论的广义视域和当代西方文论的开放性特征

面对把西方文学理论的概念、体系、话语简单移植和套用到传统"文论"的局面，有些问题意识的一些学者试图作出改变，先师余虹先生指出："在现代汉语语境中，'文学理论'和'诗学'这两大表达方式的书写样式和读音样式虽系汉语，但它们的概念语义则是经由对'theory of literature'和'poetics'的翻译解说而从西方译入的，它指述一套西方的思想系统和话语系统。"① 余虹先生认为，刘勰将文区分为天文、地文、物文、人文，并从"心生而言立，言立而文明"（《文心雕龙·原道》）得出"言"为人文之核心；而"群言"所指，涵盖了各种论说形式，如骚、诗、乐、颂、赞、铭、章、表等，因此中国古代"文论"是《文心雕龙》所说的"弥纶群言"。

这一看法并非余虹先生所独持，王运熙、顾易生在古代文论领域具有相当代表性和影响力的《中国文学批评通史》中引刘师培《广阮氏文言说》"三代之时，凡可观可象，秩然有章者，咸谓之文"，故将以下思想资料都列于文论的讨论范围：

其一，泛论抽象之"文"者。这"文"也许概指"凡可观可象，秩然有章者"，也许统称文化学术、文字书写的书籍文献，其中自然也包括近代意义上的文学。

其二，论说诗歌音乐者。古代诗、乐、舞三者结合，论诗、论乐常不可分。乐论中常包含古代文学批评的重要资料。

其三，评论言语文辞者。这里包括对政教法令、交际辞命、历史记载、论说辩难、学术著作等的写作方法、艺术特点和文学价值的评说。

其四，其他关于自然变化、人事活动的哲理总结或寓言寄托之有启迪于文学批评者。如《易传》的"阴阳刚柔"、《老子》的"有无

---

① 余虹：《中国文论与西方诗学》，生活·读书·新知三联书店1999年版，第1—2页。

相生”、《庄子》的“佝偻承蜩”等故事，虽非论文，却在文学批评
史上产生深远的影响。①

　　《中国文学批评通史》进而引韦勒克、沃伦《文学理论》之言，说
明文学与非文学的语言用法之间未有绝对界限，美学效果可扩展到各种
应用文字和日常语言。这里体现了一种有别于狭义文论的广义文论
观念。

　　2007 年故世的理查德·罗蒂（Richard Rorty）在给美国比较文学学会
（ACCL）的 2004 年度报告《文学理论回顾》（"Looking Back at 'Literary
Theory'"）中追溯了“文学理论”的学科史，他回忆先后在哲学系、
人文学系、比较文学系的任教经历，指出大行于世的“文学理论”学科
肇始于 20 世纪 70 年代以来美国大学的文学系对德里达和福柯的阅读。作
为精通英美分析哲学并兼习欧陆哲学的著名学者，罗蒂指出，后尼采时代
的欧洲哲学更多是通过文学系而非哲学系进入英语学界，并催生了解构主
义、新批评、西方马克思主义批评、弗洛伊德批评等种种流派。身为文学
理论学科建构和发展的参与者和贡献者，罗蒂以美国大学文学系的现状说
明，这个滥觞于后尼采哲学理论的学科已经陈旧（old）了，现在学科从
业者怀疑，尼采—海德格尔—德里达的知识传统已经耗尽了活力，而福柯
和文化研究（Cultural studies）取代了德里达和文学理论的位置。但罗蒂
认为，实质并未改变：对文学批评来说，哲学、人类学、心理分析、宗教
等都是有益的，但这些并不是好的文学批评的保证，很多一流的文学批评
是操单种语言（monolingual）的人，或只读小说不读诗歌的人，或对政
治、哲学、历史漠不关心的人。②

　　罗蒂想说的是，文学理论提供了不同的文本解读方法和模式，但没有
一种知识或理论可以必然导出好的文论和批评，这或许揭橥了文学理论的

---

① 王运熙、顾易生：《中国文学批评通史·壹 先秦两汉卷》，上海古籍出版社 1996 年版，
第 3 页。

② Richard Rorty, "Looking Back at 'Literary Theory'", in *Comparative Literature in an Age of
Globalization*, ed. Haun Saussy, Baltimore: The Johns Hopins University Press, 2006, pp. 63–64.

某些实质：一、在理论来源上，文学理论并非一个封闭的学科，这造成其解读范式在哲学、语言学、社会学等学科间不断发展和移动。二、在解读对象上，多学科资源的引入扩展了文学理论的解读领域，除了文学这一传统文本，文化、社会、意识形态等都成为可解读的文本形式。三、在解读效果上，文学批评是理论分析、艺术感受、美学鉴赏的综合。无论如何，文学理论的开放姿态是使不同学科的理论资源得以进入并成为不断激发其创造力的可能性条件。

罗蒂反对的是人文学科的划分"定式"，而重视变化中的发展，他甚至提出，如果不像重视韦勒克（Wellek）那样重视斯皮瓦克（Spivak），那不是斯皮瓦克的错，而是人文学科的错，也许健康的人文学科只能寄望于一两代人之后。① 其论点先置之不论，但总的来说，文学理论的开放姿态是使不同学科的理论资源得以进入并成为不断激发其创造力的可能性条件。韦勒克、沃伦、罗蒂的看法表明，在当代文学理论的学科发展中，理论、对象的外延都得到了极大扩展，这也为讨论中国古代文论提供了一个新的契机：严格意义上的传统西方诗学与中国古代文论难以通约，而当代西方文论的发展使其跨过了自身的边界，其开放性与中国传统文论有了相当程度的对话和交集的可能。在复古、以西律中皆不可取，亦不可能的当代语境下，中国传统文论研究所不可避免带有的理论前见就有了某种合法性。

本书所借鉴的理念和研究范围就是这种意义上的先秦儒家文论。但这并不意味着将"文论"这一范畴无限泛化，而只是强调："诗""美""情"等仍然是本书的研究重心所在，但需要将这些概念置于广义文论的大背景中，通过对先秦儒家文论的原发视野和知识谱系的追索，重新发现先秦儒家文论中本有的但或许被成见所遮蔽的重要维度。

---

① Richard Rorty, "Looking Back at 'Literary Theory'", in *Comparative Literature in an Age of Globalization*, ed. Haun Saussy, Baltimore: The Johns Hopkins University Press, 2006, p. 67.

第二节　先秦儒家文论辨义

一　先秦时期“文”的多重含义及其从自然符号到文化符号的转化

“文”在先秦时期的含义与今天的“文学”概念并不等同，有远为复杂的多重含义。先秦“文学”这个词多指关于古代文献典籍及有关规章制度知识的学问，如“今之人化师法，积文学，道礼义者为君子”（《荀子·大略》）；又如“人之于文学也，犹玉之于琢磨也。诗曰：‘如切如磋，如琢如磨。’谓学问也”（《荀子·性恶》）。

从“文”的本义上说，甲骨文中的形状是对器物（或人体）上纹样的描绘，如陶器烧制中陶坯的绳状物留下的纹路。许慎《说文解字》云：“文，错画也，象交文。”也就是一种视觉上交错的纹路。

从自然界的天地之文、鸟兽之文进而成为书写、图画的符号，由此文有外在的美饰之意，如“为九文、六采、五章，以奉五色”（《左传·昭公二十五年》）；又如“暴夺民衣食之财，以为锦绣文采靡曼之衣”“饰车以文采，饰舟以刻镂”（《墨子·辞过》）。

从书写符号到作为“文而化之”的文化、社会符号，文又有典章制度的意思，如“礼者，因人之情而为之节文，以为民坊者也”（《礼记·坊记》）；又如“文之以礼乐”（《论语·宪问》），“礼自外作故曰文”（《乐记》），“升降上下周逐裼袭，礼之文也”（《乐记》）。在荀子那里，此礼仪之文得到了更多的说明：“礼者，以财物为用，以贵贱为文，以多少为异，以隆杀为要。文理繁，情用省，是礼之隆也。文理省，情用繁，是礼之杀也。文理情用，相为内外表里，并行而杂，是礼之中流也。”（《荀子·礼论》）

进而，文可以内化为与道、德、仁、义这些价值维度的表达符号，如：“襄公有疾，召顷公而告之，曰：‘必善晋周，将得晋国。’其行也文，能文则得天地，天地所胙，小而后国。夫敬，文之恭也；忠，文之实也；信，文之孚也；仁，文之爱也；义，文之制也；智，文之舆也；勇，

文之帅也；教，文之施也；孝，文之本也；惠，文之慈也；让，文之材
也。象天能敬，帅意能忠，思身能信，爱人能仁，利制能义；事建能智，
帅义能勇，施辩能教，昭神能孝，慈和能惠，推敌能让。此十一者，夫子
皆有焉。"（《国语·周语下》）

二　轴心时代的儒家与儒家文论

如上所述，文有这样一个从自然符号到文化符号的变化过程，三代时
期是"文"昌盛的时期，这里的文是作为德性的文德、作为群体规范的
礼仪、作为文化活动的诗、乐的总体，所以孔子说"郁郁乎文哉，吾从
周"（《论语·八佾》）。这样，文就成为注重德性、政治昌明、礼乐隆盛
的文化象征。

因此先秦的文论是广义的"文论"，是《文心雕龙》式的"弥纶群
言"，"文"的知识谱系和原始依托、生发于作为宇宙自然的总体文象的
呈现——天文、地文，由此而生发的作为文化符号的"人文"在儒家这
里得到了确立和发扬。因此，儒家文论在这里可以说是一种广义的文论，
是典章、诗歌、礼仪等"文象"（文化符号）的合集。

作为"文"的历史发生所在的先秦时期，是华夏思想的第一次高峰
期，向为后起思想与学术的根本源头，其重要性自不待言。如雅斯贝尔斯
（Karl Jaspers）在《历史的起源与目标》中所言，作为"轴心期"（die
Achsenzeit）的代表性文明之一，先秦思想非华夏一族之文明，实为人类
精神发展的共同高峰。"这一时代集中了杰出的人物。在中国生活着孔子
和老子，涌现了所有的中国哲学流派：思想家墨子、庄子、列子和诸子百
家。印度出现了《奥义书》（Upanishaden）和佛陀（Buddha）……在巴
勒斯坦……先知们出现。在希腊可看到荷马，哲学家巴门尼德、赫拉克利
特、柏拉图……人在意识上把握自身限度，为自己树立了最高目标。人在
自我存在的深度和超越的澄澈中体验绝对。"① 在不同地区出现的壮观的
思想图景中，共同趋向是对自我的理性反思，由此与之前的神话和巫术时
代区分开来，"产生了我们至今仍思考于其中的基本范畴，创立了人类至

---

① 　Karl Jaspers, *Vom Ursprung und Ziel der Geschichte*, Müchen, 1957, S. 14–15.

今仍依其生活的世界宗教始端。无论在何种意义上，走向普遍性的脚步都已经开始了”①。

　　而儒家在礼乐和诗教实践中建立的人文理性思想是先秦诸子百家中最为重要的流派，其推崇德行、以文立教、积极入世等特征规定了之后中国文化的基本价值取向和精神气质。先秦时期是对之前思想的反思和突破时期，这段时期理性的自觉即哲学性的反思出现了，对普遍性的意识与追求变得重要起来，随之出现了理性的价值观和宇宙论。如果说理性是轴心时期的重要特征，那么其中就蕴含了某种思想交流的可能性甚至普世化的可能性，因为单纯的体验或者体验的非理性表达并不能形成有效的交流和批判，比如很难用一种体验去批判另一种体验，而只能用使该体验成立（成为可能）的道理进行相互交流、启发和批判。

第三节　“价值”辨义

一　作为观念和实践的价值

　　考察现时代的文学理论学科格局，如罗蒂所言，尼采以来的欧洲哲学思想在美国大学文学理论上的影响力似乎已呈颓势，遑论前尼采时代的形而上学。但文学作为一种精神性作品，从属于精神的总体属性，也必然与其他精神属性发生联系。文学、哲学都是“人文学科”，即德国大学建制里的 Geisteswissenschaften，Geist 即精神、心灵之意。那么可以问的是：哲学理论资源是否能够对文学文本继续作出有价值的精神性解读？如果回到海德格尔之后的德语学术界，可以看到价值论作为哲学的核心命题之一得到了伽达默尔新的诠释，并成为哲学解释学和交往理论解读文学文本、批判现代性的重要思想资源。

　　作为实践者的人在介入行动，或面对某种抉择，或开始一次谈话、阅读与书写的时候，价值问题就被带入了。价值是人行动的出发点，即：为

---

① Karl Jaspers, *Vom Ursprung und Ziel der Geschichte*, Müchen, 1957, S. 15.

何我要做这件事情？我选择此而非彼是基于什么缘由？我带着何种立场进行这次谈话、阅读和书写？当然可以反问：我由着自己的感觉、兴之所至地行动，为何非得考虑"为何"？但"由着感觉"和"兴之所至"同样是一种立场，是对某种方式的自觉或非自觉的选择。这里的价值（Wert）对于行动的人而言，是引导、规范此种行动之物，是行为的观念性基础。对价值问题的关注在西方学术系谱中始于古希腊，德国主要的百科全书 *Brockhaus Enzyklopädie* 对价值哲学/价值论（Wertphilosophie, philosophy of value）的解释是：

"在最宽泛的意义上，每种哲学都在从事对价值的内容和含意，规制、效用和约束力（责任）的研究。价值思想的源头在古希腊哲学那里就出现了，柏拉图、亚里士多德已经在一切价值所共有的善/好（Gutsein）的意义上对价值概念进行研究。"[①]

或如权威的《哲学历史辞典》（*Historisches Wörterbuch der Philosophie*）之言：价值哲学"时而（sporadisch je）到古希腊哲学先驱的观念中寻找自身的合法性证明，如柏拉图—亚里士多德传统"[②]。

对价值问题进行关注的传统伴随人类生活的演进和反思展开，在每次新的哲学潮流中均可觅其踪迹，自边沁（J. Bentham）、康德、洛采（R. H. Lotze）以来，价值问题不仅成为哲学同时也成为哲学史的一部分。胡塞尔写于 1908 年、迄今未发表的手稿《形式价值论》（*fomarle Axiologie*）开始在现象学中讨论价值，现象学把价值理解为客观的、内容多样的质料，之后舍勒（M. Scheler）探讨伦理中的德行问题，建立了价值伦理学（Wertethik）[③]。舍勒曾求学于胡塞尔，深受现象学的影响，后来也吸收了美国实用主义思想和尼采哲学，他认为胡塞尔所提出的"纯粹"的感知并不存在，是对具体生活的抽象。海德格尔进一步阐明了"纯粹感知"中包含着独断论的危险，伽达默尔在 1981 年写作的《哲学

① *Brockhaus Enzyklopädie in 24 Bände*, Band 24, F. A. Brodehaus, Mainheim, 1993, S. 88.

② *Historisches Wörterbuch der Philosophi in 12 Bände*, Hrsg. v. Joachim Ritter und Karlfried Gründer. 12Band, Damstadt, 2004, S. 612.

③ 参见 *Brockhaus Enzyklopädie*, Band 24, F. A. Brodehaus, Mainheim, 1993, S. 88 及 *Historisches Wörterbuch der Philosophie*, 12 Band, Damstadt, 2004, S. 611-614。

与文学》中认为，纯粹感知的“背后仍然是在形而上学历史中可溯其踪的‘本体论’偏见，这个揭示是海德格尔的巨大功绩。这一事实本身，即知觉与实际生活的关联性相关联，原初的现象总是如其所见（etwas-als-etwas-sehen），而非纯粹主体给予性（die reine Subjektgegebenheit）的主观想象中得到的感性知觉……所有的‘看’总是已发生的‘理解为’”①。

　　伽达默尔在此想说的是对“主体”（Subjekt，subject）概念的反思。自康德开始，哲学立论必须经过对主体的反思；到海德格尔，主体被置换为此在（Dasein）②，da 是一个副词，有这里/那里、这时/那时之意，da 作为 Sein（存在）的前缀，表明了存在者所处的空间和时间维度，主体作为 Dasein 是在一个活生生的世界之中，即在此世间存在（das In-der-Welt-Sein）。海德格尔的分析对于希腊以来的西方哲学史的概念化传统，是以一种陌生的方式进行的。古希腊发展出的物理学和形而上学认为相对于偶然和变易的现象界，存在某种恒定不移的“实体”（Ousia，德语译为 Substanz），表现在观念世界中，任由表象和心思流变而自身持存的实体就是自我意识。胡塞尔所希望找到的绝对可靠的出发点——纯粹感知是希腊的、亚里士多德学派思想的余韵。伽达默尔认为，与希腊世界业已完成的宇宙模式、概念建构相对立的是深刻塑造了现代西方文明的犹太—基督教的末世论倾向，这条思路带入了希腊思想所忽视的历史性和时间性维度，指出了人作为历史的有限性存在的事实。希腊传统与犹太—基督教传统之间的紧张关系贯穿了西方文明史，甚至黑格尔之后的形而上学消解过程中仍然存在。

　　尼采所说的上帝已死指出了基督教和形而上学双重意义的最高价值危机，不再成为可靠的价值根据和标准，这标志着虚无主义时代的到来。尼采给出的应对方案是“重估一切价值”（Umwertung aller Werte），由此得

---

① Hans-Georg Gadamer, “Philosophie und Literatur”, in *Gesammelte Werke*, Band 8, Tübingen, 1993, S. 240-241.

② Dasein 一词，有亲在（熊伟）、此在（陈嘉映）、缘在（张祥龙）、此是（溥林）诸译，这里取较通用的译名。

到新的价值等级：在生存竞争中得以胜出的价值形式强力意志（Wille zur Macht）占据了最高价值等级。尼采对生存的思考打开了对形而上学的批判思路，但并未进一步深入存在论，因为虚无主义是希腊哲学对赫拉克利得和巴门尼德的偏离所导致的必然的历史性结果，是对存在者而非对存在的研究。伽达默尔说："对此问题的解决方法似乎未现曙光，直至海德格尔出现。可以说，他打开了我们——我和很多其他人的视界：我们思考于其中的概念是我们自己的建构。换言之，我们用以阐述思想的概念框架出自我们在自身思想实践中所得到的预设和前见。这意味着对历史主义问题的批判性究问，主体、客体、意识、自我意识退出中心，而理解的时间性、实践性理解（Sic‐auf‐etwas‐Verstehen）及自我理解（Sich‐als‐etwas‐Verstehen）取而代之。这实际是说，如果不以所谓'纯粹'感性知觉的'客体''被给予性'（Gegebenheit），而以时间性——历史性的实际生活经验为基础，现象学就更成其为现象学。"①

　　主体、客体、意识、自我这些概念的"坚果"构成了西方哲学的总体思路，在海德格尔看来，自亚里士多德以来，各种哲学概念建构起的形而上学殿堂所思考的只是现成在手的（Vorhanden）"存在者"（Seiende），而对存在之为存在的真理则被遗忘和遮蔽了，如何破除这层遮蔽存在之真理的硬壳是海德格尔工作的重心所在。因此海德格尔从现象学还原引发出的是把人为建构的抽象概念还原到尚未概念化、现成化的原初生存境况，而非胡塞尔式带有科学主义色彩的纯粹意识。换言之，海德格尔把人从以意识为藩篱的主体中释放出来，从而以一种展开的（Erschlossenheit）状态体验生活世界，"此在"就是人得以展开地领会存在之究竟。这使存在论成为观照人类实践的重要视域。伽达默尔基于海德格尔对"此在"的生存结构的分析，认为理解并不是主体对客体的意识行为，人在过去、现在、未来三相时态构成的历史性中对周遭环境的打量、发问以至于达成理解，理解乃是人的基本生存形式。因此理解是在语境（Kontext）中的理解，即对某物得以是其所是之条件的理解。

---

① Hans‐Georg Gadamer "Philosophie und Literatur", in *Gesammelte Werke*, Band 8, Tübingen, 1993, S. 243.

在价值哲学的问题上，从尼采开始的对生存的重视，并由海德格尔、伽达默尔推进到存在论和解释学的价值维度大大拓宽了，余虹先生认为："以尼采之见，'价值'指人的生存条件，如此之条件不是指自然条件，而是指那使某种存在者生成为真正的人的观念性条件……人不是'天生的'，而是'生成的'，'价值'则是使人得以生成为人的生存论条件。因此，从根本上看，人的本质不是先天固有的族类规定性，而是人在价值确立的过程中设定起来的东西，他的本质与他确立或信赖的价值一体相关。"①

二　儒家思想的价值取向

很明显，在西方思想源头的古希腊思想中，价值问题已获得相当关注，并表现为善或好，"价值"成为一个维度是相对于"事实"而言，事实维度指向"是什么"以及"如何是"；价值维度则指向"应然"，即"应该怎样"。事实维度给予我们关于世界的事实情况，价值维度则给予评价事实状况是否正当的标准。可以看到有诸如善、美、功利、正义、自由等一些具体的价值，这些价值是使是非、善恶、高下的判断成为可能的标准。

儒家承三代之文明并有革命性的突破，确立了真正普遍应当的价值。"仰观天文，俯察地理，中通万物之情，究天人之际"（《易传》），古人视天文、地理为天道之当然，而人道需合乎天道，故以人配天，形成了与天道观对应的人文观。到孔子那里，"文"被赋予了总体的价值意义，所谓"人文"充分吸收了之前的修辞、政教意义，如《诗》；也充分吸收了天道观的含义，如《易》；但重要的是作为《诗》的文与作为《易》的文都非文的总体价值本身，此价值是周公所创、孔子所立的人文价值，向外表现为礼乐文教，向内表现为仁善之心。用今天的理论来说，向外可以符号化为种种典章、文学、礼制，向内可以还原为生存论维度的存在观和价值取向。而作为当时诸多取向之一，人文的价值取向以其内在之仁心、超越之指向、外化之典章礼制（此为"外王"之一端）开辟的价值空间终能成为安顿心灵、立命安身之所在。

---

① 余虹：《在事实与价值之间——文学本质论问题论纲》，《天津社会科学》2006 年第5 期。

一个不容回避的问题是，在孔子那里天道似乎是没有直接拿出来讨论的，"夫子之言性与天道，不可得而闻也"（《论语·公冶长》）。性与天道，孔子为何罕所言及？朱子引二程子言，孔子以天道、仁为"大道"，故心存敬畏而慎言；顾炎武说："夫子教人，文行忠信，而性与天道在其中矣，故曰不可得而闻。'"夫子之文章，莫大乎《春秋》。《春秋》之义，尊天王，攘戎狄，诛乱臣贼子，皆性也、皆天道也。故胡氏以《春秋》为圣人性命之文。"（《日知录》卷七《夫子言性与天道》）孔子不言天道，并非否定天道所存，而不以概念、定义、解释的方式言，只在日用中处处指点，但其根据的莫非天道，否则如何理解"君子不器"（《论语·为政》）？这只能在"形而上者谓之道，形而下者谓之器"（《周易·系辞上传》）的语境中来理解，作为根据的只能是价值意义上的形而上之道。

人处在人与物、人与人、人与天道的关系中，在此关系中生发出各种意义，那么在儒家那里，依据于天道这一总体价值而进行意义建构的群体价值（礼仪典章）、个体价值（君子人格）成为一个有序的结构。故此可以说，儒家人文可以视为上达天道、下通人伦之道，是建立起有价值指向的生活秩序的有效保证。

孔子言仁，都是指点式而非定义式的，子思、孟子将天道观进行了进一步的理论化，《礼记·大学》开篇"大学之道，在明明德，在新（亲）民，在止于至善"。朱子释此节为："止者，必至于是而不迁之意。至善，则事理当然之极也。"（《四书集注·大学章句》）就是说，至善是通过修养而能必然到达的、不二的终极价值，换言之，至善是仁与天道的究极。"子谓《韶》尽美矣，又尽善也。谓《武》尽美矣，未尽善也。"（《论语·八佾》）此句与至善可以互解，以至善反观孔子对于仁的指点，天道意和价值意可以得到真实的显现，在此根据下考察儒家文论的种种命题，是本书试图进行的工作。

第四节　作为精神活动的文学

余虹先生在《在事实与价值之间——文学本质论问题论纲》中指出：

“文学没有作为种类共性的‘实然性本质’，但却有作为价值形态的‘应然性本质’。文学是人特有的精神性活动，人的精神性活动就其根本而言乃是确立价值的活动。”① 余虹先生把文学归于精神性活动的种属，进而将精神性活动的根本追溯到价值的确立，因而将文学与价值关联了起来，这个思路的逻辑起点不是文学的审美特征，也不是文学的形式特征，而是从人的生存活动出发，人作为世界中的存在者与这个世界所打的种种交道都是人的生存形式，而人之为人、是其所是——人的存在本身是精神性活动所确立的生存价值。因此“文学的本质当在价值论与生存论的关联上来思考，或在生存价值论的视域中来思考”②。

这在晚期海德格尔的思想中表现得尤为明显，我们可以看到，海德格尔的思常常借荷尔德林的诗来引发，这是由于二者均通向“存在本身的消息”。存在本身作为生存价值论的内核，它并不是以传统西方哲学中常见的概念和定义的方式来进行规定，而是与生存形式和状态时刻相通、息息相关。胡塞尔现象学的“面向实事本身”（Zu den Sachen selbst）的观念悬置了一切现成的概念，以图在内在意识中与对象达成确切的知识。海德格尔进一步消除了胡塞尔现象学所追求的科学的严格性，而将视域扩展到时间、语言、诗这些人的生存境域中。

因此，海德格尔谈荷尔德林、古希腊悲剧、艺术作品的起源等无不关涉存在本身。在先秦儒家文论中，对价值的关注是贯穿始终的，“道之显者为文”，无道则无文，非道则非文，是儒家思想区别于道家、墨家的重要特征。道者，导也，就是应然的价值对实然的现实进行教化、规导。但值得注意的是，儒家的思想表达往往不是以下定义的形式，而是指示性的，这恰恰与现象学的形式指引思想类似。更值得注意的是，“兴于诗”所表达的并非仅仅是性情感兴于诗，而且是从《诗》进入人立身于斯的世界，进入人生存于斯的诗的世界、礼的世界、乐的世界，从而在一种柔性导引的而非硬性规约的、礼乐教化的而非律法强制的、美善混一的而非

---

① 余虹：《在事实与价值之间——文学本质论问题论纲》，《天津社会科学》2006 年第5 期。

② 同上。

逻辑推演的生存境况□达成对人的生存价值的感受、理解、领会。因此，这种价值形态从总的形势看是化育天下，从个体姿态看是由《诗》《书》《礼》《易》《春秋》等一切文中体验、证会，因此，诗的感兴是缘情的，更是言志的，"游于艺"所可据者为仁，所欲达者为道，只是此仁、此道是以艺的方式指向和过阶的。因此不难理解，为什么在《论语》《孟子》《礼记》《易》中随处可见引《诗》证理、以理说《诗》的例子，儒家所理解的诗和道在这里表现出极大的整体性与偕同性，而非审美和价值分离，即后来所说的审美的独立性。这种整体性与偕同性是遮蔽还是增加了《诗》与道的光辉？还原到先秦语境，首先这种整体性与偕同性是一个历史性的事实，但这并不足以回答上面的问题。重要的是，《诗》与道的结合，从而在一个更高的维度上增进了对方的美与信吗？同样的问题可以向礼、乐发出。而内文所要进行的工作是，对整体性与偕同性的先秦儒家之文从其价值源头、形上根据、诗之文、礼之文等部分进行知识性的考索、领会性的悟入和理论性的论证，以期求得先秦儒家之文作为人文之教，其善其美的理想性和真实性的确立。①

第五节　研究现状

一　先秦儒家思想研究

近代以来，对先秦儒家的研究从 1900 年到 1949 年为第一阶段，② 这一阶段是传统经学解体与"中国哲学"作为近代学科的建构时期，陈黻宸、谢无量、钟泰均以《中国哲学史》为名出版专书，但观念与知识形态上仍近于旧学，至胡适《中国哲学史大纲》，其以西释中的新范式领风

---

① 这里的善是儒家意义上的善，不是单纯的伦理的、道德的概念，而是一个价值概念，如"在止于至善"（《大学》）但"至善"含义为"事理当然之极也"（《四书章句集注》），而这一观念又根源于《诗经·大雅·烝民》，详见后文"思无邪"一节。

② 近代以来的儒学研究介段各有说法，这里采用的分期主要参见 20 世纪儒学研究大系编辑委员会《二十世纪儒家研究大系》，中华书局 2003 年版。

气之先，与前倡之文学革命说合流，故"暴得大名"，成为学林领袖，[①]
但其激进姿态所招致的批评和问题在冯友兰的《中国哲学史》那里才得
到一定程度的解决，冯著《中国哲学史》在西学东渐的大背景下为中国
学问的现代形态提供了一个学理上可论证、可持续发展的样本。"哲学
化"的主流之外，章太炎、廖平、蒙文通、李源澄等承经学余绪，多有
所作，但并未得到重视和关注。同样持儒家立场的"第一代新儒家"在
先秦儒学上用力甚伙，如熊十力的《原儒》《读经示要》、马一浮的《复
性书院讲习录》、钱穆的《先秦诸子系年》《论语新解》等；而作为儒学
批评者的顾颉刚、郭沫若等也以《古史辨》《十批判书》不断提出挑战。
1950 年到 1980 年为第二阶段，研究重心转移到港台，牟宗三、徐复观、
唐君毅等"第二代新儒家"的著作如《中国哲学十九讲》《心体与性体》
《中国人性论史（先秦）》《中国哲学原论》中对儒家渊源、流别的探讨
尤为深入，牟宗三以康德哲学为架构，建立了儒家的道德形而上学体系。
第三阶段是 1981 年至今，论文和专著的数量大大增加，如李泽厚的《中
国古代思想史论》阐发"儒道互补"论、陈鼓应提出"道家思想为中国
文化主干说"、陈来《古代宗教与伦理——儒家思想的根源》对人类学和
考古学的应用、吴兴明《谋智·圣智·知智》对中国谋略文化知识形态
的研究、陈少明对经典生活世界经验的研究，以及持续多年的简帛研究热
潮，如郭沂《郭店竹简与先秦学术思想》《老庄孔孟哲学的底蕴及其贯
通》、廖名春的《论帛书〈系辞〉的学派性质》，等等。另外，汉学家的
研究也蔚为大观，如柏林大学首位汉学教授高廷（J. J. M. de Groot）的
《普适主义》（*Universismus*）、葛瑞汉的《论道者——中国古代哲学论辩》、
史华慈的《古代中国的思想世界》、芬格莱特的《孔子：即凡而圣》、弗
朗索瓦·于连《圣人无意：或哲学的他者》《道德奠基》、郝大维、安乐
哲的《汉哲学思维的文化探源》《通过孔子而思》等，对于儒家的研究也
极有参考价值，其以翔实的文献与扎实的哲学功底，所出成果常予人
启发。

---

① 余英时：《中国近代史上的胡适》，沈志佳编《余英时文集》第五卷《现代学人与学
术》，广西师范大学出版社 2006 年版，第 243 页。

二　先秦儒家文论的相关研究

在一些重要的文论通史中，这个论题的研究时有涉及，如王运熙、顾易生《中国文学批评通史》、郭绍虞《中国文学批评史》、罗根泽《中国文学批评史》等。相关专著如吴兴明《中国传统文论的知识谱系》（巴蜀书社 2001 年版）、李春青《诗与意识形态——西周至两汉诗歌功能的演变与中国诗学观念的生成》（北京大学出版社 2004 年版）、《在文本与历史之间——中国古代诗学意义生成模式探微》（北京大学出版社 2005 年版）。

探讨文论与儒家思想的文章时有发表，如程勇《内圣外王之道与儒家文论话语构建的原初向度》（《广州大学学报》2006 年第 12 期）、《简论汉代经学视野中的儒家文论》（《学术月刊》2001 年第 8 期）、《先秦儒道文论叙述中的显性话语与隐性话语》（《文艺理论研究》2003 年第 4 期）、袁济喜《关于先秦儒家文论的再认识》（《宝鸡文理学院学报》2006 年第 5 期）、王毅《略论先秦两汉儒家文论中的情志关系说及其意义》（《山西大学学报》1984 年第 1 期）、董朝刚《论中国古代文论与儒、道思想》（《唐山师范学院学报》2006 年第 1 期）、杨海文《“互文”与“互动”：儒道关系新论》（《福建论坛》2005 年第 6 期）等。

值得重视的是，就文体而言，先秦时期已经得到了充分的发展，但彼时未有今之所谓散文、学术文章、应用文的分类，也难以分类，褚斌杰在《中国古代文体概论》中写道：“我国古代散文……（所谓文、史、哲不分），并非是一种独立的审美形态。而在以后的发展中，散文作品一直秉承了这样的特点，审美性的散文虽也有出现，但占据主流的仍是将应用文、学术文加以文学化。……因此，文体的分类往往成为一切单篇文章的分类，对‘文’的理解既广，当然所包容的体类就十分繁多了。”[①]

徐正英认为，以纯文学为标准来看待和研究文学是近代西方传入我国的文学观念，并不符合中国文学发展的史实，他认为中国传统的文学是一

---

① 褚斌杰：《中国古代文体概论》，北京大学出版社 1990 年版，第 497—498 页。转引自徐正英《甲骨刻辞中的文艺因素》，《甘肃社会科学》2003 年第 2 期。

种大文学观、杂文艺观，这是中国文学固有特征的真正体现。他指出："即便被称为文学自觉时代的魏晋南北朝，文学理论家所讨论的文学对象亦仍以应用文为主。曹丕所称'经国之大业'的'文章'就主要指奏、议、书、论、铭、诔等，陆机所论十种文体、挚虞所述十一种文体除诗赋之外亦皆应用文体，《文心雕龙》所分三十三大类八十四小类文体，除骚、诗、乐府、赋四大类六小类外，其余亦皆为应用文体，《昭明文选》所收三十九类文体中除赋、诗、骚三类外，其余三十六类也全是应用文体，更不用说宋代的《文苑英华》将有史以来所存文体皆纳入文学范围了。"①

余虹先生采用现象学还原把"文论"还原到语言论、生存论两个维度，从而为"文"的原初意义找到可靠的基础。吴兴明赞成余虹先生对于传统"文论"的西学同一性预设的破除，但是他认为"还原是一种本质主义的走向。还原总是向着意识自身的逻辑归属域回返，还原之为走向意识的深处，总是从历史知识的经验状态走向开启此种知识的先验域位"②。因此他认为以任何目的论、连续性、普遍形式、先验结构等预设来面对思想史，都将封闭思想史。他认同福科的看法，用一种彻底的历史主义的策略，即斩断历史叙述之任何先验可能性的策略即"知识谱系学"（genalogy）。在《中国传统文论的知识谱系》一书中，吴兴明用此方法对传统文论进行了谱系学考察。

对于"文"的知识考察还有彭亚非的《先秦论"文"三重要义》（《文史哲》1996 年第 5 期）、《原"文"——论"文"之初始义及元涵义》（《文学评论》2005 年第 4 期）、袁济喜的《关于先秦儒家文论的再认识》（《宝鸡文理学院学报》2006 年第 5 期）。

此外，俞志慧《君子儒与诗教》（生活·读书·新知三联书店 2005 年版）基于扎实的文献材料对儒家文论的若干重要命题作出了阐释，认为这些命题所对应的并非审美的文学，而是建立君子人格的政教。

---

① 徐正英：《甲骨刻辞中的文艺因素》，《甘肃社会科学》2003 年第 2 期。
② 吴兴明：《比较的悖谬》，《求索》2002 年第 1 期。

第一章

溯　源

第一节　从字源看"文"的历史发生

"文"之一字，含义极其丰富，对其作必要的字源考索有助于我们把握其原初含义及之后的演化。在可考的材料中，甲骨文可能是最初形态的文字符号，

"文"在甲骨文中的字形如下①：

该字来自出土编号为"一期乙六八二○"的甲骨，是较早发现的"文"字书写符号，之后又有各种形态的字形出现，如②：

（一期乙八一六五）　　　（三期甲二六八四）

（五期《合集》三六五三四）

《甲骨文字典》解"文"的字形为"象正立之人形，胸部有刻画之文

---

① 徐中舒：《甲骨文字典》，四川辞书出版社 1989 年版，第 995 页。

② 同上书，第 995—996 页。

饰，故以文身之纹为文"①。此说基于甲骨文字形，也有考古学、文化人类学的种种例子为证，在上古中国，许多地方有文身的习俗，《礼记·王制篇》曾记载"东方曰夷，被发文身"，该风气一直未衰，至北宋，此道有以"九纹龙""郭雀儿"之名而闻世者。徐中舒又引《说文解字》"文，错画也，象交文"②之言，认为甲骨文中 ✗、Ụ、▁ 等形状就像人胸前的交文错画，后来在金文中错画演变为像"心"的形状，金文中的"文"字形如下③：

上见字形之外，金文中还有一些较有特点的字形，但基本不脱"象正立之人形，胸部有刻画之文饰"之形④。

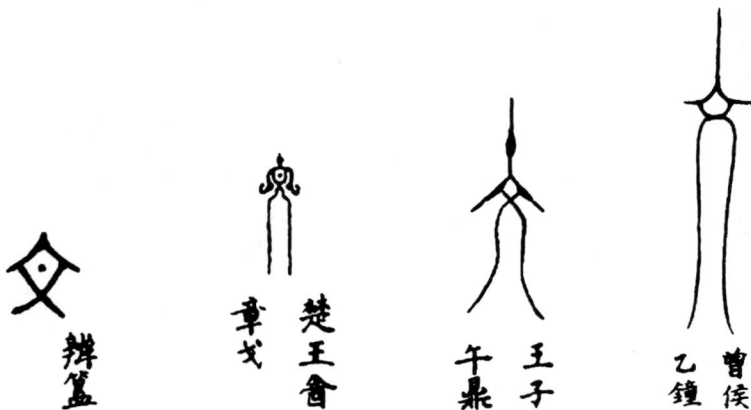

---

① 徐中舒：《甲骨文字典》，四川辞书出版社 1989 年版，第 996 页
② 同上书，第 995 页。又见段玉裁《说文解字注》，上海古籍出版社 1981 年版，第 425 页。
③ 容庚：《金文编》，中华书局 1985 年版，第 635 页。又见徐中舒《甲骨文字典》，四川辞书出版社 1989 年版，第 996 页。
④ 容庚：《金文编》，中华书局 1985 年版，第 637 页。

种种写法大致相近，但真正的统一字形是秦定于一尊之后，以李斯所编订的小篆为准，自此"文"在甲骨文、金文、战国大小篆文字中的种种写法归于终结。但我们可以明显看到，小篆的字形仍然非常明显地承续了前形。小篆"文"字如下：

文

许慎释"文"为："文，错画也，象交文"，段玉裁《说文解字注》解释说，"错当作遣。遣画者，交遣之画也。《考工记》曰：青与赤谓之文。遣画之一耑也，遣画者，文之本义"①。其中遣与错可以互借，段注以交叉错杂的纹路为"文"之本义。在人类出现之前，自然界就已经存在种种纹路，如鸟兽之迹、树轮草痕、日月运转、川流岳崎等，人类观察自然界的种种形态变化，通过模拟、勾描来再现这些形态，以便区分、记忆物体，这可能是文字形成过程中的初级形态。由象形而会意指事，由具象而渐趋简化，由图画、线条、符号到有意义联系的符号组合，形成了纹、文、文章的发展进程。此《说文》所谓"黄帝之史仓颉见鸟兽蹄迒之迹，知分理可相别异也，初造书契依类象形，故谓之文"②。

再看《说文》对"错"的解释，错（錯）从金部，"错，金涂也。从金昔声"。段玉裁注释说："涂，俗作塗，又或作搽，谓以金措其上也。"③因此错"或借写措字，措者，置也。或借为摩厝字，厝者，厉石也。或借为交错字"④。这里的涂、塗、搽、措、厝都是古代金属錾凿、刻镂、磨砺等工艺，总而言之，错就是错金，即在金属器皿上雕画花纹和镶嵌饰物的装饰方式。

错可借为遣字，而遣字本义就是"交遣"，"东西为交，邪行为遣"⑤，段注并引《小雅》"献筹交错"、《仪礼》"交错以辩旅酬行礼"⑥

---

① 段玉裁：《说文解字注》，上海古籍出版社 1981 年版，第 425 页。

② 同上。

③ 同上书，第 705 页。

④ 同上。

⑤ 同上书，第 71 页。

⑥ 同上。

为证。

再看画（畫），"画，介也，从聿，象田四介，聿所目画之，凡画之属皆从画"①。聿为笔字，目为以字，即以笔画之，因此"画"字"为说从聿之意。引伸为绘画之字"②。"象田四介"的介即界，为物之轮廓、形式。有论者认为"介"非"界限"，而是"铠甲"之意，"象田四界"借喻为保护田地的契约，以铭文写于青铜器上。③ 但《说文》明确地说"介，画也。从八从人。人各有介"。段注："人各守其所分也。"④ 有界限之意；又介、画二字可互训，而画字在甲骨文、金文中均为一人持笔之形，因此可以说介、画二字是以笔作书写、绘图状。况《广雅》言"画，类也"、《尔雅》言"画，形也"，也都指出画本义为对形状的刻画描摹。

因此"文，错画也，象交文"之"象交文"应指金属器物上交错刻画而成的纹饰、铭文、图像之类。这说明文不仅有文字的意义，也有图画的意义。对"文"字的考索可以发现，文的字源史相当程度上可以看作文明发展的进程。"凡文之属皆从文"，斐、辩、嫠这些文部所属的字义都包含了相当的"文化"意味。

"文章"是"彣彰"的省文，但二者仍有区别。彣彰是会意字，"以毛饰画而成彣彰"⑤，即以毛羽装饰而成、纹彩华美的图案。后引申为独立成篇的文字，尤其指有文采的文字篇章。《国故论衡·文学总论》以文字的法式谓之文学，"凡文理、文字、文辞，皆称文。言其采色发扬，谓之彣"⑥。这里就强调了彣的修辞意味，"而夫命其形质曰文，状其华美曰彣；指其起止曰章，道其素绚曰彰"⑦。文章的含义显然更广，还可指才学如"道德文章"、礼乐制度如"焕乎其有文章"等，而彣专指美文。因

① 段玉裁：《说文解字注》，上海古籍出版社 1981 年版，第 117 页。

② 同上。

③ 见《读李学勤〈走出疑古时代〉的感想（一）》（http://forum.book.sina.com.cn/thread-1012323-1-1.html）。

④ 段玉裁：《说文解字注》，上海古籍出版社 1981 年版，第 49 页。

⑤ 同上书，第 425 页。

⑥ 章太炎：《国故论衡·文学总论》，章太炎撰，庞俊、郭诚永疏证：《国故论衡疏证》，中华书局 2008 年版，第 247 页。

⑦ 同上书，第 250 页。

此"凡彣者必皆成文，凡成文者不皆彣"[1]。另外，晋杜预注"五章以奉五色"（《左传·昭公二十五年》）为："青与赤谓之文，赤与白谓之章，白与黑谓之黼，黑与青谓之黼。"从色泽来解释文、章，究其意，仍引申为华彩丽色的文笔。纹、文、文章的词谱表现出"文"由日月星辰运行之天文、草木鸟兽之迹的地文演化为有审美特征、道德色彩的人文。

第二节　殷周之异文

一　商代卜辞：文字与文体

就现有可考的文献来看，"文"之一字至少在商代已经有引申义，并用来作为修饰语，"戊戌，王嵩田，文武丁，来正（征）（《甲骨文合集》三六五三四）"[2]，武丁为商王，以文冠于名前来形容其人其位，徐中舒释曰："文，美也，冠于王名之上以为美称。"[3] 但在商代，文主要作为人名如"文入十"（编号乙六八二〇）、"文协王事日"（编号乙八一六五），以及地名出现，如"丁丑卜文贞于文室"（编号甲二六八四）、"癸酉卜……文邑"（编号甲三六一四）[4]。

商代文明已经得到相当发展，这与夏代形成鲜明对比，《礼记·表记》记孔子之言："夏道尊命，事鬼敬神而远之，近人而忠焉，先禄而后威，先赏而后罚，亲而不尊；其民之敝：蠢而愚，乔而野，朴而不文。殷人尊神，率民以事神，先鬼而后礼，先罚而后赏，尊而不亲；其民之敝：荡而不静，胜而无耻。"

无论龟甲、骨雕，或是以青铜为主的金属器物，上面的花纹雕饰大多

---

① 章太炎：《国故论衡·文学总论》，章太炎撰，庞俊、郭诚永疏证：《国故论衡疏证》，中华书局 2008 年版，第 250 页。

② 徐中舒：《甲骨文字典》，四川辞书出版社 1989 年版，第 996 页。

③ 同上。

④ 同上。

与统治阶级的宗教仪式生活和艺术性的装饰有关①，这也是文的本义之应用。殷商之时，文饰和仪式得到了极大的发展，因此孔子以“文”许殷周，“虞夏之质，殷周之文，至矣。虞夏之文不胜其质；殷周之质不胜其文”（《礼记·表记》）。夏的特征是质朴但简陋，至殷周变为文饰仪节发达。

夏人以命为尊，不事鬼神，不尚仪式，甚至没有文字，就考古界的发掘情况，“夏代遗物一件还没有……所以我们假定，夏代或许还没有文字，即有文字，一定很幼稚而通用未广，这似乎不是很武断的结论”②，相反，商人的文化，“据近今的考古家的考究，已相当的高尚”③。商人已经将命运神格化为天、帝、上帝，神话成商文化的重要部分。商代重神、重巫、重祭祀，商的国号就来自神话，“天命玄鸟，降而生商”（《诗经·商颂·玄鸟》），该神话也见于《离骚》《天问》《吕览》等。④

甲骨文卜辞中，常有“王果曰……”的句子，商王的角色是卜筮祭祀、征伐、雨水、疾病的巫师，而且是群巫之首。⑤ 当时的神职人员代表商王进行占卜、祭祀仪式，并将过程和结果以卜辞的形式记录和保存下来，有资格和能力参与这一活动的人群只能是掌握文字的人，也就是早期的知识阶层，这批人不仅代表商王与行祭占而沟通祖先鬼神，而且协助商王管理人间政事。陈梦家说：“商代由巫而史，而为王者的行政官吏；王者自己虽为政治领袖，同时仍为群巫之长。”⑥

文字、文献、文学就在这一背景中发展演化，书写文字是文化史和文学史的极大成就，甲骨文和金文中的卜辞或许是最早书写下来的文字，大汶口等陶器上的画纹尚未确定是否为文字。在商代的卜辞已经充分使用了象形、假借、形声三种基本类型构字原则，由书写符号发展为相当完整

①　张光直：《中国青铜时代》，生活·读书·新知三联书店1999年版，第131页。

②　童书业：《春秋史》，上海古籍出版社2003年版，第2页。

③　同上书，第3页。

④　陈梦家：《商代的神话与巫术》，《燕京学报》1937年第20期。

⑤　张光直：《美术、神话与祭祀》，郭净译，民族出版社1999年版，第33页。

⑥　陈梦家：《商代的神话与巫术》，《燕京学报》1937年第20期。

的文字。①

　　"夏道未渎辞，不求备，不大望于民，民未厌其亲。"（《礼记·表记》）《表记》言夏代文辞鄙陋，而考古界甚至尚未发现夏代有可信的文字存在。商代对此有了长足发展，占刻卜辞（叙辞、命辞、占辞、验辞）、表谱刻辞、册辞（简牍）、祝辞等文体分类在甲骨文和鼎文中已经得到比较清晰的划分，炼字、造句、谋篇的例释俯拾皆是，已经表现出明确的为文意识和技法。②许倬云基于陈梦家对殷墟卜辞的研究成果，认为卜辞文法的词句构造基本上是以词的排列次序为造句的原则，这是汉语的基本特性。古代中国存在众多方言区，商代语言的合理性及其政治、文化的优势地位使商代的书写文体成为当时的"雅言"（linguafranca），从而使得由卜辞到西周（甚至到春秋以后的文言）的文法构造大致遵循相同的原则。③

　　章太炎认为，"文字初兴，本以代声气，乃其功用有胜于言者。言语仅成线耳，喻若空中鸟迹，甫见而形已逝。故一事一义得相联贯者，言语司之。及夫万类坌集，芬不可理，言语之用，有所不周，于是委之文字"④。文字的功能是言语所不能承担的，言语表达的意义随着言谈时间的过去就流逝了，只有声音而无书写，复杂的事物和意思是难以串联起来并加以表达的，更遑论修饰其辞而进于文学。这迥异于德里达（Jacques Derrida）以逻各斯中心主义（logocentrisme）名之并严厉批判的西方传统。逻各斯的原义是谈话、言语，在西方表音文字的传统中，一般认为声音能比文字更好地表意并因此而接近真理，因为声音是即时在场的（presence），文字是间接和外在的方式，因此逻各斯中心主义又名声音中心主义。这种差异也许涉及表意、表音两种文字的不同。有学者如美国汉学家苏源熙并不同意把汉字划归为表意文字，他反对把汉字看作直接表示

----

　　①　许倬云：《西周史》，生活·读书·新知三联书店 1994 年版，第 30—31 页。
　　②　徐正英：《甲骨刻辞中的文艺因素》，《甘肃社会科学》2003 年第 2 期。
　　③　许倬云：《西周史》，生活·读书·新知三联书店 1994 年版，第 32 页。
　　④　章太炎：《国故论衡·文学总论》，章太炎撰，庞俊、郭诚永疏证：《国故论衡疏证》，中华书局 2008 年版，第 269 页。

语义的自然象征符号，他认为，虽然拼音文字的单词只能分解为没有任何内在意义的字母，而中国的词组可以分离或追溯到承载意义的简单单位。但这种简单单位可以进一步分解为无意义的笔画，这种笔画纯粹的有序排列跟字母没有区别。① 这样汉字与所指就失去了天然的联系。但是六书的指事、象形、会意使汉字必然带有直观化、图像化特征，汉字—部首—笔画的分解意义似乎有限，因为我们阅读的时候进入视线的是作为整体的字而非笔画；同样，西语是以单词而非字母与眼睛发生关系。至于表音、表意文字对真理表述程度问题旁涉过多，兹不深究，无论如何，汉字的创生是文学最重要的条件之一，现在有很多关于"口传文学""歌诗"的讨论，但至少在表意象形的汉语文化中，如无文字，恐怕只有口传而无文学，只有歌而无诗甚至有乐而无歌了。

二　殷周转型与周文肇始

西周对于文化的发展是一个突破性的时代，也是导论所述的前轴心时代到轴心时代的跃进。对于由商到周的变化，"中国政治与文化之变革，莫剧于殷、周之际"。王国维在《殷周制度论》中写道：

> 殷、周间之大变革，自其表言之，不过一姓一家之兴亡与都邑之移转；自其里言之，则旧制度废而新制度兴，旧文化废而新文化兴。又自其表言之，则古圣人之所以取天下及所以守之者，若无以异于后世之帝王；而自其里言之，则其制度文物与其立制之本意，乃出于万世治安之大计……②

王国维指出，周人所立的新制，主要为立子立嫡之制，由是而生宗法及丧服之制，并由是而有封建子弟之制、君天子臣诸侯之制；二曰庙数之

---

① Haun Saussy, *Great Walls of Discourse and other Adventure in Cultural China*, Cambridge, Mass.: Harvard University Asia Center: Distributed by Harvard University Press, 2001, p. 37.

② 王国维：《观堂集林·史林二》，《王国维全集》第八卷，浙江教育出版社、广东教育出版社 2010 年版，第 302—303 页。

制；三曰同姓不婚之制。这几项制度是周用来纲纪天下的主要制度，而其核心在于纳上下于道德，而合天子、诸侯、卿、大夫、士、庶民以成一道德之团体。周制是对商制的反动，自有其现实原因，"夫商之季世，纪纲之废、道德之隳极矣"①。

就近代出土的器物看，西周文化已胜过殷人，宗法和封建制后来成为中国数千年立国的基础，②兹不详叙。本书主要讨论作为观念的文化和文论，就文化演进而言，周对道德的重视前所未有，以德性的价值取向替代了殷商的神巫的价值取向。

殷商文化中宗教祭祀的地位很高，而祭祀对象往往是上帝，《西周史》引陈梦家和徐旭生的研究认为，"帝"字可作为先王庙号，并动词化为"禘祭"先公先王，显示了帝与祖灵之间的词源关系。商人祭祀的上帝不是超然的普遍神，而是与本族群有亲缘关系的氏族神，因此商人并不需要道德上的超卓来赢得上帝的眷顾和佑护。或以傅斯年之见，商王自居为帝之子孙，因而把帝置于宗祀系统内。③

与此相反，周人眼中的上帝成为政权合法性和政权转移的判定者，其判定依据就是道德的价值维度，并因此而将失德的殷商政权移交给周。《诗经·大雅·荡》说明周取代商的原因，归之于商王的阙德引起上帝的惩罚，对上帝的描写具有明确的道德意志。

> 荡荡上帝，下民之辟，疾威上帝，其命多辟，天生烝民，其命匪谌，靡不有初，鲜克有终。文王曰咨，咨汝殷商，曾是强御，曾是掊克，曾是在位，曾是在服，天降慆德，女兴是力。文王曰咨，咨女殷商，而秉义类，强御多怼，流言以对，寇攘式内，侯作侯祝，靡届靡究。文王曰咨，咨女殷商，女炰烋于中国，敛怨以为德，不明尔德，时无背无侧，尔德不明，以无陪无卿。

---

①　王国维：《观堂集林·史林二》，《王国维全集》第八卷，浙江教育出版社、广东教育出版社 2010 年版，第 319 页。

②　童书业：《春秋史》，上海古籍出版社 2003 年版，第 14 页。

③　许倬云：《西周史》，生活·读书·新知三联书店 1994 年版，第 99—100 页。

《荡》开篇就向上帝呼告民生多艰而得不到体恤，为王者无不有一个好的开端，曾是"强御""掊克""在位"，却少有好的结果。诗中充满了对纣王无道的遣责，"不明尔德""尔德不明"，反复强调殷商已经失德，上位者恣横暴虐，无所顾忌，近小人而远贤臣，已经埋下了覆灭的根由。下文继续说到失德的具体表现：

> 文王曰咨，咨女殷商，天不湎尔以酒，不义从式，既愆尔止，靡明靡晦，式号式呼，俾昼作夜。文王曰咨，咨女殷商，如蜩如螗，如沸如羹，小大近丧，人尚乎由行，内奰于中国，覃及鬼方。文王曰咨，咨女殷商，匪上帝不时，殷不用旧，虽无老成人，尚有典刑，曾是莫听，大命以倾。文王曰咨，咨女殷商，人亦有言，颠沛之揭，枝叶未有害，本实先拨。殷鉴不远，在夏后之世。

商纣造肉林酒池，在其中与众多谀臣媚女彻夜狂欢，德性的败坏从上而下，社会风气和政事陷于糜烂之局，贤明之臣遭到罢黜，先王之道已被废弃，殷商所秉受的天命是不可维系了，"大命以倾"，接下来只有革命以求重新回到正道。殷革夏命，周革殷命，其中的促力都是王者失德而失去了接受天命、维护人间秩序的资格，这就是革命之所由的根本性缘由，也是《荡》以"殷鉴"称之、为后来者戒的主旨所在。

周人的上帝观念无疑与商人相当类似并有所承续，尤其在知、能二性上，但多出了善的道德判断的维度，因而上帝从商族群的守护神转变为全民的神，巡视四方而保民。① 《诗经·大雅·皇矣》说："皇矣上帝，临下有赫；监观四方，求民之莫。维此二国，其政不获；维彼四国，爰究爰度。上帝耆之，憎其式廓。乃眷西顾，此维与宅。"

这里的一个重要问题就是天命观，三代的政权转移被总结为"天命靡常，惟德是依"，周人自居为虞夏后裔，是为"旧邦"，但必须时时更新、改进自身，以符合天命的要求，而无论是被天命废黜的商遗，还是代殷而立的周，都应修德以求福。《诗经·大雅·文王》对此有精彩的描

---

① 许倬云：《西周史》，生活·读书·新知三联书店 1994 年版，第 101、103 页。

述："文王在上，于昭于天，周虽旧邦，其命维新。有周丕显，帝命不时，文王陟降，在帝左右。……假哉天命，有商孙子，商之孙子，其丽不亿，上帝既命，侯于周服。侯服于周，天命靡常，殷士肤敏，裸将于京，厥作裸将，常服黼冔，王之荩臣，无念尔祖。无念尔祖，聿修厥德。永言配命，自求多福。殷之未丧师，克配上帝，宜鉴于殷，骏命不易……"①

《西周史》引傅斯年对书写周初事迹的《尚书·周诰》十二篇的统计，"命"字共一百又四处，七十三处指天命或上帝之命，而殷革夏命，周改殷命均为提到天命时最常见的说法。此处所列十二篇"周诰"，天命观念在周初的重要，自此可知一斑。②

天作为至上神使用主要始自周初史料，金文、《诗经》、《尚书》、《周易》等被考信为西周所作的篇章中，天的出现频率远高于帝。③ 顾立雅（H. G. Greel）考天字意义的沿革，认为天字本为周人所用，本义为大人、贵人的象形字，后来用作祖先大神，进为多数神的集团，以其居于上而称为天；周克商后，渐成商人原用帝之异名。④ 此说与陈梦家论点相近。在周人这里，天、天命的观念表现出明显的宗教伦理化特征，即尚德、尚理、尚民的价值取向，迥异于殷商时代上帝的喜怒不定，尚力唯亲。

周人看来，"皇天无亲，惟德是辅"（《尚书·蔡仲之命》），与商人的上帝观不同，天命与族亲关系再无关涉，只有有德之人才能成为天的辅佐者，也就是天命所归的王者。因此"崇德象贤"（《尚书·微子之命》）成为周文极重要的一维。在论述天与人的关系时，有"天视自我民视，天听自我民听"，"维天惠民"，"天矜于民，民之所欲，天必从之"。以上皆出自《尚书·泰誓》。这是建立在"惟天地万物父母，惟人万物之灵"（《泰誓》）的观念上，有周一代，人道主义已经成为思想主流，并成就了灿烂的人文景观。

由于天被赋予了道德意志，人对天的敬畏变得更为明晰和理性，一味

---

① 许倬云：《西周史》，生活·读书·新知三联书店 1994 年版，第 102 页。
② 同上书，第 103 页。
③ 顾立雅：《释"天"》，《燕京学报》1936 年第 18 期。
④ 同上。

地对天献媚讨好并无作用。天是公正无私的，"明明上天"（《诗经·小雅·小明》）对人世的监察主要依据的是人的德行："敬之，敬之，天维显思，命不易哉，无曰高高在上，陆降厥士，日监在兹。"（《尚书·周颂·敬之》）

统治者是天命的承担者，与商巫时代不同，周代的王者并不需要特殊的能力领导占筮行为，以与神灵沟通求得吉凶祸福之道，并以之作为统御民众、维护政权的工具。周王重要的是明德保民，才能祈天永保天命，"凡求固守天命者，在敬，在明明德，在保人民，在慎刑，在勤治，在毋忘前人艰难，在有贤辅，在远检人，在秉遗训，在察有司；毋康逸，毋酣于酒，事事托命于天，而无一事舍人事而言天，祈天永命，而以为惟德之用"（《尚书·周诰》）。

殷周最高信仰经历了由情绪化的氏族之帝到德性化的全民之天的变化，商周与至高者沟通都是通过进行祭祀，但商之帝是喜怒无常、难知难测，因而商人是畏神、佞神，周与天的沟通是通过天德降命、人君禀受，中间的纽带是德，有德者有其位，这样一来，神意论转向了人意论，更多与人的意志方向和生活境况联系起来。

三　天文、地文、人文

据可查文献，"人文"首先见于《贲卦·彖》："贲，亨。柔来而文刚，故亨。分刚上而文柔，故小利有攸往。天文也。文明以止，人文也。观乎天文，以察时变。观乎人文，以化成天下。"①

《彖》作为卦辞，旧说为周文王所作，"文王拘而演周易"，孔颖达在《周易正义》序言中指明是孔子所作，宋以后的学者质疑此说，经清代考据学和近代疑古思潮后，卦爻、卦辞作于周初多为人接受，但作者未有定论；《易传》作于春秋战国间，作者不一，有说作于荀子门徒，由多人前后共同写成。但《周易》反映了先秦儒家的思想观念是无疑问的。

贲卦的卦形为文饰之形，在《说文》《广雅》里都是美、文的意思。卦辞指出阴柔和阳刚交饰相感，美好的文饰可致亨通。就前文所述，文首

---

① 黄寿祺、张善文：《周易译注》，上海古籍出版社 2001 年版，第 188 页。

先是天地之文象变化，其日升月沉以成文、四时更替演化而自然之道，前贤因此而察时变、知天时、进人事而为人文，《程传》注："无本不立，无文不行。有实而加饰，则可以亨矣……天文，天之理也，人文，人之道也。"① 人文即《诗》《书》《礼》《乐》之谓，是借以"化成天下"的礼乐典章、诗书教化。

可见天文所言，首先是自然之文，冯友兰将先秦时期天的意义分为物质之天、主宰之天、命运之天、自然之天、义理之天。② 这个分法的历史层次大体明晰，也可以解释人文是后起的，是对天文、地文的仿效。刘勰在《文心雕龙·原道》对天文、地文有生动的描述："动植皆文：龙凤藻绘呈瑞，虎豹以炳蔚凝姿，云霞雕色，有逾画工之妙；草木贲华，无待锦匠之奇。夫岂外饰，盖自然耳。"③ 有天地之文，后有人文，但仅如此理解天人之序失之浅陋，漏掉了周文化以人配天、以德配天的天人同德关系，无法解释天文为何能成为引导、教化人间秩序的轨范。冯友兰所分出的义理之天大略可以给出这样的范导意义，但是要进一步深入到天—人之间的相互感发的境域中去。人除了对义理之天的理解和信服，还有作为行动者的实践能力和实践行为，这是一种带着主体意志的行为，即人作为主体的能动性，行动的主体才能建立丰富绚烂的人文。那么这里的天对人来说，更多体现出一种价值根源的含义，成为周公制礼乐典章以正人间秩序、理解天意、维持天命的本原根据。非如此无法理解《文心雕龙》中所说的"道之文"："文之为德也大矣，与天地并生者何哉？夫玄黄色杂，方圆体分，日月叠璧，以垂丽天之象，山川焕绮，以铺理地之形。此盖道之文也。"④ 道者，形而上者之谓，"形而上者谓之道"（《易传·系辞上》），这是形而下的自然之文的升华，在价值根据上确立行为轨范、审美标尺、言辞准则。

刘勰《原道》篇是对《易》的诠释，周易卦象是自然之文的简化和

① 黄寿祺、张善文：《周易译注》，上海古籍出版社 2001 年版，第 189 页。

② 冯友兰：《中国哲学史》上，中华书局 1961 年版，第 55 页。

③ 范文澜：《文心雕龙注》，人民文学出版社 1962 年版，第 1 页。

④ 同上。

抽象，由爻辞的解读赋予了思想的意义，因此刘勰论人文是本于卦象的指示性意义，而非原始的自然之文，“人文之元，肇自太极，幽赞神明，易象惟先，庖牺画其始，仲尼翼其终。而乾坤两位，独制文言，言之文也，天地之心哉。若犹河图孕乎八卦，洛书韫乎九畴，玉版金缕之实，丹文绿牒之华，谁其尸之，亦神理而已”①。文王演周易，是参天地、太极、阴阳之造化，领悟其理而立言行事，制礼作乐，文言即文饰卦象之言，有解释和修辞的功能，并根于卦象的指示而成为天地之心，这里的“心”也是带有形而上意味的价值意义。

19世纪的汉学家德·格鲁特（J. J. M. de Groot，或称高廷）在其名作《普适主义——中国宗教、伦理、政事与学术之基础》中认为，中国人很早就将世间生活称为人道，以区别于宇宙之道，宇宙之道又分为天道和地道。天被视为至上神（Gottheit），天地以一年一度的自我更新方式形成道的循环，人道是天地之道的后驱和模拟。②

四　周文的特质：个体性还是共同体

如果用文化类型说来比较商周二者，文化人类学学者本尼迪克特（Ruth Benedict）借尼采对古希腊两种文化类型的区分，把祖尼人在文化类型上划分为阿波罗型，陈来也借用了这一模式，认为殷商文化近于酒神狄奥尼索斯（Dionysus）型，西周文化近于日神阿波罗（Apollo）型，而日神和酒神代表着梦和醉两种艺术境界，这无疑是个有趣的类比，也体现出商周两种文化形态的某些特点，如商文化的放纵恣肆与周文化的克制内敛、商人的迷狂感性与周人的诚敬理性，陈来更举出西周的等级和礼仪熏陶出的周人的秩序和教养，进而由阴、阳、刚、柔四种美学意象推衍出阳刚、阳柔、阴刚、阴柔，并取阴阳中间状态为“和”，刚柔中间状态为“中”，得出肇自西周的儒家文化的美学特征为阳或阳柔。③ 与李泽厚以

---

① 范文澜：《文心雕龙注》，人民文学出版社1962年版，第2页。

② J. J. M. de Groot：*Universismus*，Berlin，1918，S. 8.

③ 陈来：《古代宗教与伦理——儒家思想的根源》，生活·读书·新知三联书店1996年版，第260—261页。

"狞厉的美"形容青铜饕餮相类①，陈来的这一美学讨论颇具洞识。

但深究下去，《悲剧的诞生》对阿波罗型和狄奥尼索斯型的文化判别基于一个重要原则，即叔本华在《作为意志与表象的世界》中提出的个体性原则（principium individuationis）。尼采借用这个概念，指出造型和光明之神阿波罗代表对静观世界而得到的静穆的、美的形式的体验，因而人们意欲建立阿波罗式的个体庄严。但叔本华指出这终究属于意志的假象，狄奥尼索斯式的狂欢会摧毁个体性原则，将人们从身份和礼节的牢笼中释放出来，从而消弭个体之间的界限，将人们带入忘我的群体团结和狂欢。② 这里的问题是，个体性原则所体现的种种表征似乎可以很好地涵盖西周的文化特征，如理智静观、形式化的美感和庄严感等，但个体性原则本身与周公所制的礼乐文制有不可忽视的抵牾之处，将西周礼乐文化从文化模式和文化原型的意义上指陈为近于基于个体性原则的阿波罗型似可商榷。

从陈来自己对礼仪的描述中也可以看到这个问题，陈来认为，礼仪是一套象征性的行为与秩序体系，周人用以规范和调整个人与他人、宗族、群体的关系，由此使交往关系"文"化和社会生活高度仪式化，并且礼仪作为宗法文化，具有家族主义功能、政治功能、道德功能。③ 进而，礼乐主体已不是殷商时代的祭祀礼仪，而是人际交往和社会建构的形式，因而礼乐文化的规范是礼的他律而非神的他律，这是从神本向人本、神道向人道人文的转化。

如果我们认可由礼仪体系协调整合而成的是一个社群，则尼采意义的个体性原则或近代自由主义的原子式个体与其格格不入。假使说有必要用一个词来揭橥周人特征，由礼仪塑造的文化共同体即"礼仪共同体"可能比阿波罗型更为妥当。作为共同体，当然就意味着对个体性原则的超越，这一点倒是跟狄奥尼索斯型有相近处——但这绝不表示周人可称为酒

---

① 李泽厚：《美的历程》，广西师范大学出版社 2001 年版，第 37 页。

② Friedrich Nietzche，*Werke in drei Bänden*，Bd. 1，Köln，1994．S. 22-24.

③ 陈来：《古代宗教与伦理——儒家思想的根源》，生活·读书·新知三联书店 1996 年版，第 248 页。

神型，因为把周人从个体到群体联系起来的不是酒神式的感性冲动，而是对礼仪所代表的价值取向的认同。作为一个系统，礼仪要求参与的个体作为不同的角色而"各在其位"，如同一个乐队，只有所有参与者各适其位才能和谐演奏，这需要每个个体对代表整体性的乐谱（礼仪体系）的充分理解，也需要个体对自己所演绎的角色完美诠释。

个体之间如何达成共识并相互理解？解释学对"共通感"（Sensus communis）的诠释可以成为很好的借鉴。伽达默尔分析了共通感的概念史，指出维柯（Giambattista Vico）认为共通感不仅指所有人都有的那种普遍能力，并同时是造成共同性的感觉。并且给人的意志以方向的不是理性抽象的普遍性，而是表现团体、公众、国族（Nation）或人类总体的具体普遍性。① 维柯对共通感的论述是在人文主义传统中提出的，彼时科学方法尚未严重侵占人文学科领域，维柯为修辞的合法性作出论证，认为修辞所表达的除了辞藻，还有真理的成分，真理并非只能以实验科学来认定，修辞也以象征的方式表达着真理。这背后是亚里士多德以来的实践哲学，放在人与人之间的交往关系上就是具体化和情境化。以礼仪为例，礼仪跟修辞一样属于象征性的行为，每一个具体礼仪动作都包含着意图，这种意图指向的不是实用目的，而是仪式的象征性目的。如仪式中的举杯不是为了谋求饮酒的醉感，而是旨在表达某种愿望。因此维柯说共通感的培养不是靠实际之物，而是出自可能之物的陶冶。

在公共生活中，"共通感是人皆有之的对于权利和公共利益的感受，更是通过生活共同性得到、由公共生活的秩序和目标所确定的感受"②。我们知道，对于一个社群，共同生活规则的认定除了典章制度的硬性规定，还有非常重要的软性习俗风尚，而这需要价值取向进行观念上的培养和奠基。从对公共利益感受进一步，人文主义者认为共通感也是对共同体、社会、自然情感、人性、友好的爱，这毋宁是一种社会的德性，比头脑品性更丰富的心灵德性……共通感实际意味着一种道德的，也就是一种

---

① Hans-Georg Gadamer, *Hermeneutik I Wahreit und Methode*, *Gesammelte Werke*, Band 1, Tübingen, 1986, S. 26.

② Ibid. , S. 28.

形而上学的基础。① 在礼仪乐教中的审美陶冶和共通感的营造，使基于文化认同的"礼仪共同体"得以成型。周文的这一特征极大地规定了先秦儒家以文德、礼乐建构文化共同体的精神取向，并将此作为与共同体外的人群的交往方式："远人不服，则修文德以来之。"（《论语·季氏》）

---

① Hans‑Georg Gadamer, *Hermeneutik I Wahreit und Methode*, *Gesammelte Werke*, Band 1, Tübingen, 1986., S. 30.

第二章

衍　义

第一节　传统与道统

一　好古与原儒

在儒家论及"文"时，我们可以看到，儒家往往把判断的标准和依据从时间上向前追溯到周，如孔子以周文为文之盛况的标准："周监于二代，郁郁乎文哉，吾从周。"（《论语·八佾》）又如上海博物馆楚简《孔子诗论》第五简，孔子评论《诗经·周颂·青庙之什》，将周王之至德作为《诗经》的核心思想，并以"宗庙之礼"为其本、"文德"为其质："《清庙》王德也至矣，敬宗庙之礼，以为其本；'秉文之德'，以为其质。"①

因此孔子被视为一个传统主义者或保守主义者，这可证之于孔子之言："述而不作，信而好古，窃比我于老彭"（《论语·述而》），并有"我非生而知之者，好古，敏以求之也"（《论语·述而》）。这里可以问的是，孔子所代表的儒家所好之古为何？所认同并发扬的传统为何？

一般认为儒家所希望承续和发扬的是周代文脉，但郭沫若所标举的儒家为殷代文化遗民的说法也颇有影响。这需要考索儒的出身与身份发展。一种有代表性的说法是诸子出于王官说，儒家与其他诸子一样，出于西周王官之学，据《汉书·艺文志》所述："儒家者流，盖出于司徒之官，助

---

① 李零：《上博楚简三篇校读记》，中国人民大学出版社 2009 年版，第 31 页。

人君，顺阴阳，明教化者也。游文于六经之中，留意于仁义之际，祖述尧舜，宪章文武，宗师仲尼，以重其言，于道最为高。"①

章学诚《文史通义》也持此说："至于官师既分，处士横议，诸子纷纷著书立说，而文字始有私家之言，不尽出于典章政教也。儒家者流，乃尊六艺而奉以为经，则又不独对传为名也。荀子曰：'夫学始于诵经，终于习礼。'庄子曰：'孔子言治《诗》《书》《礼》《乐》《易》《春秋》六经。'"②

至近代，章太炎《国故论衡·原儒》将儒分为三科，即三种范围，其一达名为儒，以儒者为术士，即季秦坑儒之儒。儒之名出于"需"，需者，云上于天。而儒亦知天文识旱潦而多技能，佩术士冠，亦曰圜冠。其二类名为儒，儒者知礼、乐、射、御、书、数，《周礼·天官》云"儒以道得民"，说曰："儒，诸侯保氏有六艺以教民者。"《地官》云"联师儒"，说曰："师儒，乡里教以道艺者。"此则躬备德行为师，效其才艺为儒。其三私名为儒，《七略》同《汉书·艺文志》曰："儒家者流，盖出于司徒之官，助人君顺阴阳明教化者也。游文于六经之中，留意于仁义之际，祖述尧舜，宪章文武，宗师仲尼，以重其言，于道为最高。"儒之名于古通为术士，于今专为师氏之守。道之名，于古通为德行道艺，于今专为老聃之徒。③ 章氏之说影响很大，钱穆也以《说文》"儒，柔也，术士之称"为据，认为早期儒士为通六艺之术者。④

另一个重要的人物是胡适，他先以《诸子不出于王官论》反对西周文化对诸子出现的决定性影响，后于 1934 年 12 月在《中央研究院历史语言研究所集刊》发表《原儒》，认为儒家是殷商遗民。他同意儒的古义为术士，并举《论语》"汝为君子儒，勿为小人儒"说明当时儒之一称混杂了君子、小人，流品很杂。胡适举《说文》为例，说儒为术士，而儒字"从人，需声"，《广雅》中"需"字与"耎"字相通，都有柔软之意，

① 班固：《汉书》，中华书局 1962 年版，第 1728 页。

② 章学诚著，叶瑛校注：《文史通义校注》上，中华书局 1985 年版，第 93—94 页。

③ 章太炎：《国故论衡·原儒》，章太炎撰，庞俊、郭诚永疏证：《国故论衡疏证》，中华书局 2008 年版，第 481 页以下。

④ 钱穆：《先秦诸子系年考辩》，上海书店 1992 年版，第 85—86 页。

又引《考工记》《周易》《左传》列举从需之字大都有柔弱或濡滞之义。①
孔子为殷商遗民，因此胡适接着以此而“大胆的推想”，将最初的一群儒
者是穿殷服、戴殷冠、习殷礼的殷代遗民。殷商宗教为祖先教，重祭祀之
礼，殷灭国后，有一批受过训练的卜筮人、祝官、相礼专家被周人招纳来
作为贵族的清客顾问和民众的安慰者。这些殷士保留了古衣冠古语言，渐
渐成为一个特殊阶级，他们长袍高帽、彬彬知礼、犯而不校，因而被冠以
代表柔懦、忍辱的“儒”名。②

胡适以《论语·阳货》“三年之丧，天下之通丧也”认为孔子所提倡
的丧礼来自殷礼而非周礼，又“周因于殷礼”，因此胡适将作为宗教教士
的殷士视为文化上的先进者，并将生活在周的殷士作为政治遗民与同样亡
国的犹太希伯来民族类比，认为《诗经·商颂·玄鸟》即是预言同“弥
赛亚”（Messiah）式的救主降临，并等待到了五百年应运而兴的圣人
孔子。

不能不说胡先生的大胆假设颇有意趣，但其说经郭沫若、冯友兰、钱
穆等人批判后已难以成立，其中郭沫若以甲骨文的材料证明在殷代并无三
年之丧礼，钱穆强调儒以六艺而非祭祀为本业，冯友兰的批驳比较全面，
他说明胡适引以为据的儒士衣冠、丧礼、需卦等项在殷周二代均存在，只
能说这些在殷的出现早于周，但无法证明儒士可以跳过周而直承于殷。更
重要的是，冯友兰以其哲学史家的眼光指出儒家出自春秋之前的儒，也承
续了儒的职业特征，但作为一个思想流派有其独特之精神气质，冯友兰在
《原儒墨》中写道：“后来在儒之中，有不止以教书相事为事，而且有欲
以昔日之礼乐制度平治天下，又有予昔日之礼乐制度以理论的根据者，此
等人即后来之儒家，孔子不是儒之创立者，但乃是儒家之创立者。”③

从诸家论述可以看到，除胡适外，其余均接受儒家所专攻者为六艺，
但往往视六艺为职业或技能，用以“教书相事”，赖以谋生立命，冯友兰
意识到儒者将六艺从工具性职能提升到理想性职能，即“有欲以昔日之

---

① 胡适：《中国现代学术经典·胡适卷》，河北教育出版社1996年版，第389页。
② 同上书，第399页。
③ 冯友兰：《三松堂学术文集》，北京大学出版社1984年版，第320页。

礼乐制度平治天下，又有予昔日之礼乐制度以理论的根据者"，因此而发现了孔子对儒家创立的革命性意义。《史记·孔子世家》在解释孔子并非有诸侯之位而亦称世家者，《索隐》："以是圣人为教化之主，又代有贤哲，故称系家焉。"《正义》："孔子无侯伯之位，而称世家者，太史公以孔子布衣传十余世，学者宗之，自天子王侯，中国言六艺者宗于夫子，可谓至圣，故为世家。"① 这里都注意将"位"与"行"分开，而不是从现实职业和身份来论说孔子所代表的儒家意义。

　　陈来在《古代宗教与伦理》中以"师儒"一章对儒家历史起源进行了讨论，并将各家说法归结为史观、术士、职业、地官四类。② 丁纪在《二十世纪的"原儒"工作》中依据各家的思路，把陈来的四类简括为三大类：

　　　　一、字源说：起于许慎"儒，柔也"，经郑玄"儒，濡（濡润）也"，包括章太炎"儒，需也"、徐中舒"儒，需（濡，斋戒沐浴）也"，何新"儒，胥也"，以及胡适"儒（柔），柔逊也"、郭沫若"儒（柔），文绉绉、酸溜溜也"和杨向奎"儒（柔），迟缓也"等等。

　　　　二、官守说：起于《周礼》，经刘歆、班固，包括章太炎"王官说"、冯友兰"王官失守经职业化再转为儒"说、郭沫若"史官"说、何新"胥官"说、刘忆江"保官"说等等。

　　　　三、职业说（术士说）：起于许慎"儒……术士之称"，包括章太炎、郭沫若、杨向奎、徐中舒、傅剑平的"史巫"说、傅斯年与冯友兰"教书匠"说、钱穆"陪臣"说、侯外庐"顾问"说等等。③

　　丁纪认为，第一类"语学的"方法多少着意于儒家精神性格的理解和揭示，第二、三类是"史学的"方法，注重早期儒家的工作职能。陈

---

　　① 司马迁：《史记·孔子世家》，中华书局 1959 年版，第 1905 页。
　　② 陈来：《古代宗教与伦理——儒家思想的根源》，生活·读书·新知三联书店 1996 年版，第 340 页。
　　③ 丁纪：《二十世纪的"原儒"工作》，《四川大学学报》（哲学社会科学版）2003 年第 3 期。

来将儒家思想定位为三代以来中国文化的产物，因此儒曾经从事的职业仅是外在的历史"事实"，而从三代文化的观念、信仰、伦理、意识形态、精神气质进行寻绎，才是儒家思想萌生和演进的内在要素。陈来对前人所忽视的《周礼》进行了研究，发现其制度性结构中的国家教化、乡政教化、西周国子教育体制都是后来儒家所肯定和继承的重要内容，因此陈来将前孔子时代的儒总结为对六艺六义有专门知识，用以教人和进行礼仪活动的群体。丁纪从陈来的工作更进一步，分辩道，真正的原儒工作应该是对儒家精神传统而非历史性因素的考察，并举出陈来所忽视的熊十力和蒙文通为例，指出熊十力所作的《原儒》是对儒家之道而非技的追溯，道为艺之根本，因此解"六艺"为"六经"，而"道"贯于六经之中，故而原儒的原是"原本"之原，① 这样对儒之为儒的追溯从历史性线索上升到精神性线索，从形而下因素上升为形而上因素。

二　传统作为解释学前见

传统的重要性在"传统的"学术谱系中是当然如此、不证自明的，尊古的文化传统背后是对"前圣"的认可，无论是圣王还是圣人，圣是作为合法性的根据和解释的背景而存在。在现代学术语境——或者说西方学术逻辑和话语主导下的学术语境里，对于传统的合法性显然争议频起，原因之一是神学与形而上学失去了"元理论"或"元知识"的地位，自启蒙运动以来，对理性的张扬导致对传统的批判和敌视，传统被冠以"权威"之名。这里的权威是一个贬义词，意为高高在上而非平等的、封闭的而非开放的、保守的而非进步的。在中国的历史语境中，自"五四"以来声势浩大的反传统风潮至今未衰，如果正视其思想方法，则反传统的呼声无论是出于"启蒙"还是"救亡"（李泽厚语），其对理性的呼吁中隐藏的正是对理性的滥用和反对——当然，作为其反面的复古思想往往也难逃此弊。

将传统等同于权威的思想方式在其发源地西方思想中多有批评者，在海德格尔以来的现象学—解释学进路中，伽达默尔在其巨著《真理与方

---

① 　丁纪：《二十世纪的"原儒"工作》，《四川大学学报》（哲学社会科学版）2003 年第 3 期。

法》（*Wahrheit und Methode*）中讨论了人文学科中真理的寻究之道，伽达默尔从语言的角度解读传统，将传统视为人的理解得以可能的不可缺少的前视域。与艺术游戏相似，语言的结构使意义整体得以表述，"能被理解的存在就是语言"①。与海德格尔以语言为存在之家即本源的思想有些微差异，作为解释学经验载体（Medium）的语言是一切理解和解释得以进行的媒介，既存的语言和观念在任何理解的进程中"总是已经"起着作用，是为"效果历史意识"（wirkungsgeschichtliches Bewusstsein）。"传统"（Überlieferung）是经由语言和观念得以流传之物，是后来者进行理解和解释不可避免的前视域，它使理解成为可能。哈贝马斯作为启蒙传统的继承者，正是在这一点上质疑了伽达默尔的解释学。哈贝马斯对海德格尔以来的现象学、解释学相当熟悉，青年时曾深受海德格尔影响。② 据哈贝马斯自述，1961 年他在海德堡一间海德格尔出席过的讨论班教室感受到了某种权威，对于哈贝马斯未能与海德格尔的伟大时代相遇，伽达默尔与马尔库塞均表示过可惜。③

　　哈贝马斯认为，"出于对理解的前见结构的解释学视角，伽达默尔得出恢复前见地位的判断。他没看到权威与理性之间的对立"④。哈贝马斯把权威视为前见之一和进行批判，他主要通过精神分析和意识形态分析指出存在扭曲的交往环境和欺骗性语言，如病理条件下的交往者以及受到传统权威限制的人的交往经验。伽达默尔以为传统的权威性是非强制的自由产生和发展而来，但实质上在强制和压力状态下长期保持意见一致需要貌似非强制的伪交往形式，这种"合理化控制"（legitimierte Gewalt），即马

---

　　① Hans‑Georg Gadamer, *Hermeneutik I Wahreit und Methode*, *Gesammelte Werke*, Band 1, Tübingen, 1986, S. 478.

　　② 哈贝马斯在 1954 年以《绝对与历史》（*Das Absolute und die Geschichte*）为题的博士学位论文就是基于对《存在与时间》的理解，对谢林的"绝对"概念进行了发展，之后受到卢卡奇（Lukács）物化（Verdinglichung）理论吸引而转向马克思主义。参见 http://de. wikipedia. org/wiki/ Jürgen_ Habermas。

　　③ Jürgen Habermas, "Der liberale Geist. Eine Reminiszenz an unbeschwerte Heidelberg Anfänge", in *Begegnungen mit Hans‑Georg Gadamer*, hrsg. von Günter Figal. Stuttgart, 2000, S. 52‑53.

　　④ Jürgen Habermas, "Der Universalitätsanspruch der Hermeneutik", in *Hermeneutik und Ideologiekritik*, Hg. von Karl‑Otto Apel, Frankfurt am Main, 1977, S. 156.

克斯·韦伯所说的权威，表现在集体化层面上就是意识形态。自启蒙以来，权威与理性成为不断碰撞的对立者，这并非解释学所能消除的。① 哈贝马斯认为哲学解释学忽视了语言的意识形态特征，语言处于社会、劳动、统治等因素组成的语境中，因而具有社会性并与权力关系不可分割，哲学解释学回避了这一点，导致解释学经验中意识形态批判的缺失。

　　伽达默尔则回应说，哲学解释学的工作是解释的共同体在交流中检验各自的前见，检验对象包括承载文化传统的文本。传统不只是人们在开端认识到，并在正确历史意识中保存下来的东西，其自身也在持续的变化中，变革和守护都是我们与传统发生联系的方式。我们对传统的认同来自自由发展而来的信服而非屈服。但解释学并不判断社会、政治领域的变革或者保守的合法性，因为这些领域缺乏相互理解得以可能的前提——一致性，而一致性是理性所认可的普遍观念。② 在另一篇文章《语言在何种程度上规定思想？》中，伽达默尔进一步说，哈贝马斯显然把语言的传达解释为一个封闭领域内的意义运动，并称为民族文化的传统，这导致他把统治形式和技巧、自由追求、秩序目的这类意识形态的东西首先看作传统。而我们是通过语言所形成的经验来认识世界，而对话和交流中的语言不仅是开放性的，而且是反思性的，因为语言和习俗的相对性背后有使语言表达成为可能的共同物，即理性。③ 解释学的理性根据说明解释学并不否定启蒙和变革的合法性，但视传统为教条，试图摆脱前视域、追求无"偏见"的反思是出自中世纪的理智论的"纯粹理智"观，其本质是空洞的，而非实践的，是客观主义的迷误。④

　　我们可以看到，伽达默尔在这里将传统视为一个历史中的积极性要

---

① Jürgen Habermas, "Der Universalitätsanspruch der Hermeneutik", in *Hermeneutik und Ideologiekritik*, Hg. von Karl-Otto Apel, Frankfurt am Main, 1977, S. 156-157.

② Hans-Georg Gadamer, "Replik", in *Hermeneutik und Ideologiekritik*, Hg. von Karl-Otto Apel, Frankfurt am Main, 1977, S. 307.

③ Hans-Georg Gadamer, "Wie weit schreibt Sprache das Denken vor?", in *Kleine Schriften* IV, Tübingen, 1977, S. 90-91.

④ Hans-Georg Gadamer, "Replik", *Hermeneutik und Ideologiekritik*, Hg. von Karl-Otto Apel, Frankfurt am Main, 1977, S. 304.

素，因为传统并不是自然而然地实现自身，而是需要历史的活动者不断进行理解、掌握、培养，这个过程并非哈贝马斯所认为的是集体强制的伪交往形式——当然不能排除有的权威是这样产生的，伹把所有传统归结于此类权威从史实与理论上都无法成立。

那么一个问题由此而生：如何区分强制性的权威与非强制性的权威？这里可以举一个孔子的例子。我们知道，孔子所处的时代是一个礼崩乐坏的时代，在这样的时代精神的氛围中，孔子对周文传统的回溯是一种强迫性的认同吗？显然不是的，因为孔子的时代是崇尚霸道而非王道、武力而非礼乐的时代，因此孔子的向往是对时代精神特征的反动。或者孔子是对现实的不满因而对周文进行了理想化的想象吗？这是不明白理想之为理想的含义，孔子所追求的并非停留于经验性和历史性的周代礼仪，而是周代礼仪所代表的道，而道作为理想，当然是理想性的。《论语·颜渊》："颜渊问仁。子曰：'克己复礼为仁。一日克己复礼，天下归仁焉！'"孔子明言，克己复礼所归的是仁，是天下归仁，是仁作为德性使天下归心，这里可以说西周礼文是仁之载体，孔子所欲归心的是作为周文的价值所指的仁。因此周代的人文作为权威或传统而印迹于后来者心中，是源于价值观念的认同，至少可以用伽达默尔的话来说："因此对权威的承认总与这样的思想相联系，即权威所言并非无理性的专断，而是原则上可理解的。"①

三 道统之为道

儒家所认同、承续、发扬的传统或正面意义的权威是周礼所体现的道，道者，形而上之谓，形而上意义的传统因而可称为道之传统，即道统。《论语》《礼记》中已多有孔子追慕周公、以道自任之言，至《中庸》有"仲尼祖述尧舜，宪章文武"②，已经显示出"尧舜文武孔"的道统雏形。据《史记·孔子世家》，子思作《中庸》："伯鱼（孔子之子孔

---

① Hans－Georg Gadamer, *Hermeneutik I Wahreit und Methode*, *Gesammelte Werke*, Band 1, Tübingen, 1986, S. 478.

② 朱熹：《四书章句集注》，中华书局 2001 年版，第 37 页。

鲤）生伋，字子思，年六十二。尝困于宋。子思作《中庸》。"[①] 自宋代起欧阳修、叶适、袁枚、崔述、蒋伯潜、徐复观、唐君毅、牟宗三、劳思光等学者均怀疑《中庸》全书或部分作于《孟子》后，为秦汉之际作品，或掺杂了道家思想（钱穆）。[②] 但新出楚简证明，《中庸》为孔孟之间思孟学派的著作已基本无疑。[③]

道统之说的明确提出首见于孟子，《孟子·尽心下》写道，由尧舜至于汤，由汤至于文王，由文王至于孔子，各五百有余岁，历代圣哲对前圣之道均可闻而知之，而孟子所在的今世距孔子仅百有余岁，去圣人之世未远而圣人之学已微渺难闻、随时有中断的危险。[④] 孟子勾勒了尧、舜、汤而至于孔子的道统，在表现出强烈忧患意识的同时隐隐透露出承负道统的意识。

至唐代，韩愈痛感于周道衰而孔子殁，秦火之后谈论道德仁义者，不入于杨则入于墨，不入于老则入于佛，因而作《原道》重述孟子之旨，以尧、舜、禹、汤、文、武、周公、孔子、孟轲为儒家道统。

宋代程伊川认为周公殁后圣人之道不行，孟轲死后圣人之学不传，至程明道才接续上儒家之道。朱子在《中庸章句序》里明确指出："自是以来，圣圣相承，若成汤、文、武之为君，皋陶、伊、傅、周、召之为臣，既皆以此而接夫道统之传。"[⑤]

道统的确立在厘定中国文化的基本价值设准和方向上自有其无可替代的重要意义，这一点即使是否认道统说的学者也不能忽视的，如今人余英时批评宋儒以降，尤其是现代新儒家的道统观念，更多体现出史学家与哲学家或史学与义理心性之学的分歧，这或与余英时将义理心性学问等同于知识学的思路相关，余英时在撰文纪念钱穆并重申钱穆非"新儒家"时说："儒家并不仅是客观研究的对象，而是中国人的基本价值系统。"[⑥] 但

---

① 司马迁：《史记》，中华书局 1959 年版，第 1946 页。
② 参见杨祖汉《中庸义理疏解·导论》，鹅湖出版社 1983 年版。
③ 参见梁涛《郭店楚简与〈中庸〉公案》，《台大历史学报》2000 年第 25 期。
④ 朱熹：《四书章句集注》，中华书局 2001 年版，第 366—367 页。
⑤ 同上书，第 14 页。
⑥ 余英时：《犹记风吹水上鳞》，三民书局 1991 年版，第 47 页。

基本价值系统恰恰是道之所在、义之所在、应然之所在，而非仅是历史所生成史实，否则无法解释儒家语境中道的含义。当我们读到"朝闻道，夕死可矣"（《论语·里仁》），"士志于道，而耻恶衣恶食者，未足与议也"（《论语·里仁》），"君子深造之以道"（《孟子·离娄下》），"圣人者，道之极也"（《荀子·礼论》）这些论"道"之语，无不体现出一种"理想性"，即人之为人、士之为士、君子之为君子、圣人之为圣人的标准，这标准也就是道。如果说余英时反对的是空谈心性义理而反对"体证""会心"则可能是基于其历史学家的知识畛域，于宋儒以降对天理人心实证实呈的努力并无契会，遑论宋儒上溯《中庸》《孟子》，以修身躬行为起手处，何以竟能以"空谈"简括之？

在儒家道统中，孔子是一个关键性人物，其重要性在于承先启后，垂范立教。孔子之前，道统与政统无分别，孔子以德而非位享有圣名，得"素王"之称。这意味着当儒家有德者居其位的理想不能实现时，即内圣与外王被两分时，内圣作为使文化意义上的道统可以脱离政统的桎梏；更重要的是，内圣的道统具有超越性的形而上意义，这使其高于一时一地、一家一姓的政统，因此朱子序《中庸》说："若吾夫子，则虽不得其位，而所以继往圣、开来学，其功反有贤于尧舜者。"[1]因此，在儒家的价值系统中，内圣是高于外王的，这是一个极其重要的观念，夷夏之辨、天下观念都与此紧密相关。

如"夷狄之有君，不如诸夏之亡也"（《论语·八佾》），"夷狄"并非一个地理观念，也不是一个种族观念，而是一个文化观念，用以指称无道德礼义的群体，有道德礼义之实者即可称"诸夏"之名，无道德礼义之实者即可名之为"夷狄"，孔子要说的是，无君王而有德义胜于有君王而无德义。

同样，亡国与亡天下之说也是如此，天下是道统，是文化传统，国只是一朝一代之政治观念。天下之为天下，因其有道，有天下人所认同和归心的价值理念。有道之天下，是"大道之行也，天下为公"（《礼记·礼运》）之天下，若邦无道，则可以道为命，蹈海而去之，所谓"道不行，

---

① 朱熹：《四书章句集注》，中华书局 2001 年版，第 14—15 页。

乘桴浮于海"即如是（《论语·公冶长》）。

　　道者，仁道、王道之谓，尚德不尚力，尚力者，霸道也。齐强于鲁而无德，孔子宁取鲁而舍齐，"齐一变，至于鲁，鲁一变，至于道"（《论语·雍也》）。

　　道在孔子身上的体现为人格形态和价值理想的充分实现，即"立于极"，从而在礼崩乐坏的时代树立起价值的轨范，"天下无道也久矣，天将以夫子为木铎"（《论语·八佾》）。道统之道因此是孔子之道，是孔子作为人所体证、呈现、确立的道，此道是超越性、终极性的道，因而是天道，此道呈现于人心、人行而为人道；此道在天是为天德、全德（德之总体）、至善，在人为向善、向德的生存形态，是成德之教。因此儒家论文、论诗、论礼、论乐，最后总是归结到德性。

第二节　天命与文命

一　天之为命

　　殷商一代将夏人所尊的命运神格化为天、帝，商人以神为尊即以命为尊，这里的天是商之族群的保护神，因而天命是商族王权的"佑命"，《诗经》中"天命玄鸟，降而生商"（《商颂·玄鸟》）即是此意。至周代天始有德的含义，脱离了部族神的角色，转而与民相关，"天视自我民视，天听自我民听"（《尚书·周书·泰誓》），此为天理人情同感同构的萌端。

　　傅斯年在《性命古训辨正》中说："命之一字，作始于西周中叶，盛用于西周晚期，与令字仅为一文之异形。其'天命'一义虽肇端甚早，然天命之命与王命之命在字义上亦无分别。"① 又说，"在西周晚期金文中，一器中或专用令字，或专用命字，或命令二字互用，可知此时命令二字虽作两体，实是一字。"② 彼时之命是命令之命，命运之命。无论是命

---

①　傅斯年：《中国现代学术经典·傅斯年卷》，河北教育出版社1996年版，第10页。

②　同上书，第63—64页。

令或命运，皆为在上位者自上而下的意志的表现，而无干于受命者的自由意志。

至《诗经》命的意义有了明确的变化。《诗经·大雅·文王》追溯商周政权转移时明确说出商之政统之亡缘于失德，"天命靡常，惟德是依"表示了德已经是天命所依的尺度；因而受命者也可以从天命的肆意性中走出，而以德的标准去衡量自身与天命之间的距离。

《诗经·周颂·维天之命》："维天之命，于穆不已。于乎不显，文王之德之纯。"于，音乌；不，通丕；维，同惟，意为念、思；《毛传》："穆，美也。"郑笺："命，犹道也，天之道，于乎美哉，动而不已，行而不止。"① 此诗为祭祀文王之作，颂文王之德上配于天。《诗集传》注："赋也。天命，即天道也。不已，言无穷也。纯，不杂也。"② 赋即赋予，天命即天道，天道无穷，赋予文王，而"文王之德纯一不杂，与天无间"。③ 或问：天命何赋予文王而不与他人？答曰：天道流行，所赋者万物，而人皆为尧舜者，以人均有可造之根性、种子，而亦均可培养、造就、衡量于天道，有先进后进，与天无间则为受命者，此亦可与"天命靡常，惟德是依"互参。用今天的话说，天命、天道提供了一个终极性的原则，而该原则的证明与实现是系于人的，所谓人能弘道而非道弘人也是此意，有一语辨之甚明："不是说我们那样做了，我们就成了有道德的；而是说，我们那样做，乃使道德成为道德的了。"④

天命之为天命、文王之为文王，皆以其德纯正而美，故能相配："子思子曰：'维天之命，于穆不已'，盖曰天之所以为天也。'于乎不显，文王之德之纯'，盖曰文王之所以为文也，纯亦不已。"⑤

牟宗三以《易·系辞》的"生生不息"来解读"于穆不已"，天命所起作用表现为"创生不已之真几"，因而天命是"创造性的本身"

---

① 程俊英、蒋在元：《诗经注析》下册，中华书局1991年版，第936页。

② 朱熹：《诗集传》，中华书局1958年版，第223页。

③ 同上书，第224页。

④ 丁纪：《濠上观鱼知其乐——少明师〈由"鱼之乐"说及"知"之问题〉附论》，《西南民族学院学报》（哲学社会科学版）2002年第2期。

⑤ 朱熹：《诗集传》，中华书局1958年版，第224页。

（Creativity itself），这样，天命就有了本体论的实在（Ontological Reality）或本体论的实体（Ontological Substance）的意义。而"文王之德之纯"被解读为纯粹的、不间断的道德实践。文王作为一个实践的道德主体，其实践"不已"则其德性"不杂"，那么"天之所以为天"的本质，即天德（本质义之德，非德性 Virture 义之德）与"文王之所以为文"的文王之德得以贯通，天命下贯到个体而个体以其德性的精进来承受和维系天命，这里的"文"就是德性的美称。①

牟宗三又解释《左传·成公十三年》所引刘康公"民受天地之中以生，所谓命也"，将"中"解为天地之道，命为天命之命，《中庸》首句"天命之谓性"即来自此。牟宗三想证明，"维天之命，于穆不已"将人格神的天转化为"形而上的实体"（Metaphysical Reality），从而使天命下贯为性成为可能。至《中庸》，以"天命之谓性"的方式明确规定了"天命"的内涵，并由此开启出天人贯通、下学上达的思想路径。

二 居易以俟命

因而孔子说"五十而知天命"，即以自身所学所践与天命相互印证而知己、知天，及天人之尺度符节。孔子于宋遇厄，谓："天生德于予，桓魋其如予何？"（《论语·述而》）这有几重意味：首先，天命"总是在那里"的，天命作为存在的终极意义或最高道理是恒在的。其次，天赋万物以则，对此理此则的感受和印证就是与天命发生了联系，或者说，与天命相逢。最后，我既然得遇天命，即我对"我之为我"（人之为人）之意义产生自觉，则我之为我有了实现的可能。且，天命为至境，我向此境，则我能向上不已，从取向上说，天命与我一体而殊无分别，因此我之实现亦是天命之实现。这可以与存在论之"存在之为存在"的说法相参，即作为有限的存在者而终于理解存在之为存在，并不断呈现存在本身（das Sein selbst）的意义。孔子知"道"，因而道亦"知"孔子，故孔子说："不怨天、不尤人、下学而上达。知我者其天也。"（《论语·宪

---

① 牟宗三：《中国哲学的特质》，上海古籍出版社 1997 年版，第 22—23 页。

问》）朱注"不怨天"为"不得于天而不怨",① 当自我修养和进境到了相应程度, 自然得遇天命、得知天道, 是孔子知天之言。

孔子面对厄难的从容来自对天道天命的认信, 任何个体的处境、政权的更迭等现实性因素均无损于此道此命的正大, 向此道而行即是向着理想性而行, 即是自我根性中理想性种子的成长和仁之品质的实现, 这也是"古之学者为己"（《论语·宪问》）之意。

孔子所揭橥的, 是尽自己的本分和努力, 等待天命的降临, 这是修己, 是独善其身; 而兼善天下能否得成则赖于客观环境与命运之助力, "道之将行也与, 命也; 道之将废也与, 命也"（《论语·宪问》）。此处命为命道、命运, 时七势也之谓。儒家与宗教、圣与神的区别, 或在于此: 对儒家来说, 应不应当是第一位的, 即善优先于知、能, 全善优先于全知全能, 如果全知全能与全善并列, 这是否是一种价值上的僭越? 因此, 求仁得仁、不怨不尤、知其不可为而为之是儒家的态度。然而对于世事和现实, 儒家常常也只能抱一种深切之痛苦, 伯牛在孔子弟子中以德行称, 有疾将死, "亡之, 命矣夫! 斯人也而有斯疾也! 斯人也而有斯疾也!"有德者无寿, 命运不为道惜才, 孔子亦只能痛感之、深忧之。

道之传承为儒家忧心之所系者, "颜渊死。子曰:'噫! 天丧予! 天丧予!'"（《论语·先进》）子所恸者, 不是天命抛弃了自己, 而是天命失去了可传之人, 盖孔子负道于身, 而颜渊向被视为可以身续道者。孔子对于天命道统有自觉的承担, 即使衰老之时, 仍牵挂于斯, "甚矣吾衰也! 久矣吾不复梦见周公"（《论语·述而》）。而《礼记·檀弓》记载孔子临终之歌: "泰山其颓乎, 梁木其坏乎, 哲人其萎乎。"道不离身, 无日或止, 圣人之道有若此。

三　理想性的归乡

孔子往往把《诗》作为成人之教的起发之点, 所谓"兴于诗"也有这个意味在里面。所以对于有才华的学生的志气风发、狂狷简脱之态, 采

---

① 朱熹:《四书章句集注》, 中华书局 2001 年版, 第 177 页。

取的不是责备而是以欣赏的态度——因其不同流俗之故，但对于儒家来说，狂狷是起于性情的自然生发，有超脱俗气的美感和自在，但并非儒家所欲求得的终极境界，因而需要引导和升华。故孔子周游求施政而不得，想到的是故乡和故乡有待教导的学子，因而发出这样的感叹："归欤！归欤！吾党之小子狂简，不知何以裁之。"（《论语·公冶长》）

这里的归是归乡之意，乡是居住之故乡，也是精神之故乡，或者说是有过孔子所希冀的理想精神之呈现的故乡。此精神可以与黑格尔（G. W. F. Hegel）的绝对精神（der absolute Geist）、时代精神（Zeitgeist）作类比，但绝不可如黑格尔将其旨归寄于普鲁士一地。孔子所归心的精神，从历史来说始见于郁郁周文，从地域来说曾经显现于鲁，但不可以说周文、鲁地可以简括这个精神，因为精神对于时间和地域的超越性是其之为精神的绝大特征，故道不行有乘桴浮海之选择，道的承载者是人而非某时某地——尽管需要时机、地利的配合，但人能弘道，所到处即非陋地。鲁虽已非礼乐之邦的现实典范，但有载道之孔子，有向道之学生，未必不能再次焕发道的光辉。从这个意义上说，孔子忧心于礼崩乐坏而周游以图复礼，今人李零以此谓孔子 "失去精神家园的人"，是以周礼等同于精神家园，却不知周礼也是理想精神的显现。须知精神之为家园是因其理想性，失去对此理想性的认同、求取而陷于茫然或虚无才能说是精神家园已不复存在。对于真正的理想者，现实的分崩晦暗在引发其伤痛的同时也必然激起维护和继承的志向，精神道统的传承在很多时代细弱如缕、命如悬丝，但人必然追寻人之为人的真实性和理想性，那么真正揭明了此种真理的精神传统也必然会得以重光。若不明此意则只能从现实、历史的维度来了解精神传统和价值传统，恐离道之为道，人之为人远矣，如孟子所言，即使去圣人之世未远，"然而无有乎而，则亦无有乎尔了"（《孟子·尽心下》）。

"归欤！归欤！" 之叹，其中蕴含的回归意味，准确地说应该是回到一个精神传统中去。借用黑格尔的方法，黑格尔接受谢林把最高本原看作主体和客体的绝对同一性，但排除了其中神秘主义的因素，把绝对精神作为个体意识的主观精神（Subjektiver Geist）和作为国家、社会意识的客观精神（Objektiver Geist）的统一。黑格尔的历史哲学中，时代精神是绝对精神在历史阶段的自我演化，艺术、宗教和哲学都是绝对精神在该时代的显现。作为时代精神的表现者，以艺术直观、宗教表象和哲学概念显示不同的精神阶段，通过不断的自我认识和自我否定的辩证法回归精神自身，时代精神以这样的方式与绝对精神发生关系，这也是一种"回到"。而时代精神的担负者就成为绝对精神在此时代的"天命"承担者，这是黑格尔意义上的"天命观"。

牟宗三先生曾借用康德的道德哲学论证儒家所树立的道德主体，并用黑格尔的精神辩证法解释道德理性在自我实现的过程中辩证地展现，在道德理性的运用过程中自我否定而转为理性的架构表现，即科学与民主。牟宗三以道德理性或良知的"自我坎陷"来达成道德理性到科学、民主的曲转或曲通，即内圣开出外王。但道德是否能够开出知识大有疑问，如何跨过存在论与知识论之间的鸿沟尚未有解决之道。晚近哲学发展中，伽达默尔与哈贝马斯关于哲学解释学在人文学科之外是否还适用于自然科学的争论，是关于自然科学的知识进程中是否存在解释学前见的问题，而非哲学意义的本体论为自然科学奠基的问题。[1]

四　天之将丧斯文欤？

《尚书正义·大禹谟》："文命敷于四海，祗承于帝。"孔传："言其外布文德教命，内则敬承尧舜。"[2] 自《尚书》起已经有以文德教化天下的思想。经周代，"文"成为各种美德的共名，《国语·周语下》载单襄公语："能文则得天地……夫敬，文之恭也；忠，文之实也；信，文之孚也；仁，文之爱也；义，文之制也；智，文之舆也；勇，文之帅也；教，文之施也；孝，文之本也；惠，文之慈也；让，文之材也……经之以天，纬之以地，经纬不爽，文之象也。"可见文与德同称而异名，文多了礼乐典章、诗书经纬的外在形式。因此教化天下，内在以德感而来之，外在以文规而导之。

---

[1]　参见 *Hermeneutik und Ideologiekritik*, Hg. von Karl-Otto Apel, Frankfurt am Main, 1977.

[2]　阮元校刻：《十三经注疏》，中华书局 1980 年版，第 202 页。

　　上博楚简《孔子诗论》明确表现了天命与文德的授受关系。《诗论》第7简："〔王，予〕怀尔明德"曷，成谓之也；"有命自天，命此文王"，成命之也，信矣。孔子曰："此命也夫。文王唯欲也，得乎此命也"，下接第2简："时也文王受命矣。"①

　　"怀尔明德"出自《诗经·大雅·皇矣》："帝谓文王：予怀明德"，竹简残缺"帝谓文王，予"。怀，毛传、郑笺均训为归，程俊英添加了赞成、赞赏的意思；②朱子注："怀，眷念也。"③《诗论》引用此句，表示上帝对文王明德的肯定，成通诚。"有命自天，命此文王"见《诗经·大雅·大明》，与《皇矣》同为颂扬文王之德的《文王之什》的诗篇，《诗论》引此句说天命降于文王，紧承上句其具有明德，得到上天的认可。因此孔子引《诗》中二句，说明天命授文王，是以明德故，《中庸》亦云："大德者必受命"，可相互发明。"文王唯欲也"指文王的主动愿望和努力，与天命相得。此句中的"唯"字，庞朴、刘乐贤、俞志慧读为"虽（雖）"，"也"字读为"已"，整句断为"文王虽欲已，得乎？此命也。"文意亦通，强调文王谦让而天命授之不可推脱，但如此与文王修德进业以达于天的衷愿似有未合。

　　对孔子来说，文德已经成为天道之理的承载。《论语·子罕》记颜渊从孔子学，"夫子循循善诱人，博我以文，约我以礼，欲罢不能"。文、礼都是"君子学以致其道"（《论语·子张》）的途径，学文习礼开启了向道之门，学而乐在其中，故欲罢不能。六艺作为文皆如是，司马迁认为"中国言'六艺'者，折中于孔子，可谓至圣矣！"（《史记·孔子世家》）折中，归本之意。本者，天命所成，"天命之谓性"为《中庸》总旨，朱注"大本者，天命之性，天下之理皆由此出，道之体也"④。六艺为文，起到的是达道之径，是道之用也，"达道者，循性之谓，天下古今之所共由，道之用也。此言性情之德，以明道不可离之意"⑤。

———————————

①　李零：《上博楚简三篇校读记》，中国人民大学出版社2009年版，第32页。

②　程俊英、蒋在元：《诗经注析》下册，中华书局1991年版，第785页。

③　朱熹：《诗集传》，中华书局1958年版，第186页。

④　朱熹：《四书章句集注》，中华书局2001年版，第17页。

⑤　同上。

　　《论语·子罕》记载："子畏于匡，曰：'文王既没，文不在兹乎？天之将丧斯文也，后死者不得与于斯文也；天之未丧斯文也，匡人其如予何？'"畏，拘困，孔子因貌似阳虎而为匡人所困；如果说，孟子所谓天降大任必先苦心志劳筋骨饿体肤展现了以道破困的勇决与气魄，曾子所谓任重道远不可不弘毅显示了守于此道的艰难与可贵，孔子在这里呈现的则是文命在身、担于此道的坦然与安然。文为何物？"道之显者谓之文"①，道形于文而成于人，文王之后，文命若绝则无孔子，今有孔子，斯文系于斯人，则必光大此文此道而有示于来者。或许有人说，这难道不能视为一种自我安慰甚至自我欺骗吗——若匡人不识此文此命有害于夫子，则道将安之？不是的，孔子这里所抒发的，是形上之道在人心上的感发、显示和落实，如果我们承认人不是必然沉沦向下或平俗低矮的，则一种理想性的光辉总可向人开示朝上超拔升华之可能。因此，孔子所抱有的信心不能看作仅仅是对着自身而发，而且是向着怀有自我造就之心的整个人类；儒家之为道，人能弘道，盖以此也。

第三节　超越与内在

一　儒家思想的超越性：现代语境中的论争

　　就道统、天命所述的内容而言，先秦儒家思想中的形而上维度无疑是十分明显的，但是随着思想背景和文化语境的变更，其成立与否遭到种种怀疑乃至否定。清末以降西风东渐，传统文化成为愚昧落后的代名词，人皆唯恐其沾身而弃之如敝屣，以儒家为代表的传统文化命脉随时面临中断甚至灭绝的危险。在此社会与思想的危局中，新儒家学者试图对中国传统思想进行阐释，以使其在现代语境中能够得到理解和同情。1958 年牟宗三、徐复观、张君劢、唐君毅合撰并发表《为中国文化敬告世界人士宣言》（以下简称《宣言》），其中第五部分申论中国文化中之伦理道德与

---

① 朱熹：《四书章句集注》，中华书局 2001 年版，第 110 页。

宗教精神，指出一种普遍流行的误解：中国文化只注重人与人之间伦理道德，而且这种伦理道德只重人际关系，并以外在条文维护社会政治秩序，缺乏内心之精神生活上的根据，遑论宗教性的超越感。

《宣言》指出，这种误解源于西方传教士对中国文化中的宗教性因素缺乏了解的愿望和能力。中国诗书中对上帝或天之信仰是很明显的，祭天地社稷之礼至民国方止，而中国民间家庭仍有天地君亲师的神位，因此不能说中国人之祭天地祖宗之礼中没有宗教性的超越感情。道德伦理实践方面，天人合德、天人合一、天人不二、天人同体的观念是为超越现实的个体自我与现实之人与人关系的，"能使天人交贯，一方面使天由上彻下以内在于人，一方亦使人由下升上而上通于天"①。再者，儒者及气节之士舍生取义的行为来自对仁义之价值本身的信仰，因而"此心之所安之道，一方内在于此心，一方亦即超越个人之现实生命之道，而人对此道之信仰，岂非即宗教性之超越信仰？"②

这是用"超越"这个概念对中国思想进行解释的最早尝试，而早在之前的 18 世纪，以儒家为代表的中国思想被历史性地置于世界性思想视野时，我们发现其处于一个相当微妙甚至尴尬的局势之中。自欧洲传教士将中国典籍译介到欧洲，17 世纪的"中国热"中莱布尼茨（Gottfried Wilhelm Leibniz）、伏尔泰（Voltaire）等人对来自中国的"理性"思想十分欣赏，之后黑格尔对中国的看法为之大变："除了世俗现象这个世界以外，上帝仍然是统治者。而在中国只有皇帝是统治者。中国人的天是一些完全虚空的东西。……中国人的天不是建构在地面上空的独立王国这样一个世界，也不是一个自为的理想王国，它不像我们所想象的拥有天使和死者灵魂的天国一样，也不像与现世生活截然不同的希腊奥林匹斯山一样，而是一切都在现世。权力所据有的一切，统统属于皇帝。这是仅有的一种有意识地进行彻头彻尾统治的自我意识。"③

中国被视为一个完全世俗化的扁平世界，没有任何终极的、理想性

---

① 唐君毅：《中华人文与当今世界》下册，台北学生书局 1975 年版，第 883 页。

② 同上书，第 884 页。

③ 夏瑞春编：《德国思想家论中国》，江苏人民出版社 1995 年版，第 101 页。

的、超越性的维度，这无疑是一个非常可怕的结论——皇帝不仅统治着中国的世俗世界，而且统治着毫无向上可能的精神世界。这当然与黑格尔所阅读到的中国思想译本的准确性和有限性有关，也与其哲学体系与中国思想的格忤有关。相应地，儒家思想也作为一种世俗智慧和生活箴言被黑格尔无足轻重地评点着，在《历史哲学讲演录》中，黑格尔说：

> 我们有孔子与其学生们的对话①，里面是一种常识道德，这种常识道德我们在到处都可以找到，在每个民族里都可以得到，而且更好，这并不是出色的东西。孔子是一个实际的世间智者，在他那里完全没有思辨哲学，只有善良、老成、道德的教说，我们从中得不到什么特别的东西。西塞罗的《政治义务论》作为一本道德教训的书，给我们的比孔子所有的书都更多更好。②

在黑格尔眼里，孔子完全只是一个富有实际生活智慧的老者，其形象大概类似于好莱坞电影中端坐于火堆旁，开口便是睿智格言和劝善告诫的印第安老人。另一位德国哲学家雅斯贝尔斯显然不同于黑格尔，他虽然也认为终极事物（die letzten Dinge）从未成为孔子的主要话题，但孔子确实在日常行为和礼仪祷告中表现出对终极事物的关怀。③ 孔子与苏格拉底、佛陀、耶稣并列，被视为伟大的哲人之一。在另一本书《历史的起源与目标》中，孔子是轴心时代（die Achsenzeit/axial age）中国思想的代表人物，④ 不过雅斯贝尔斯只是提供了一个富有洞见的解读范式，明确将"超越"概念作为轴心期文明特征并以此诠释先秦思想的是史华慈（Benjamin I. Schwartz）。

二 超越的内在与内在的超越

史华慈1975年在美国艺术与科学学会（American Academy of Arts &

---

① 指《论语》。

② G. W. F. Hegel, *Vorlesungen über die Geschichte der Philosophie*, Leipzig, 1971, S. 228.

③ Karl Jaspers, *Vernunft und Freihei-Ausgewählte Schriften*, Stuttgart, 1960, S. 494-495.

④ Karl Jaspers, *Vom Ursprung und Ziel der Geschichte*, Müchen, 1957, S. 14.

Sciences) 出版的刊物 *Daedalus* 发表论文《超越的时代》（"The Age of
Transcendence"）和《古代中国中的超越》（"Transcendence in Ancient
China"），接着雅斯贝尔斯的轴心期思想对世界几大文明进行了阐释。史
华慈用 "超越的突破"（transcendent breakthrough）将文明从前轴心时期
和轴心时期划分开，史华慈说："在所有这些 '轴心' 突破中，如果存在
共同的内在动力，那可以被称为趋向超越的张力。"① 史华慈特别指出
"超越" 是一个含义复杂的概念，在哲学上的某些意义有很强的技术性，
在这里用的是其接近词源的含义，指以退后和仰望的姿态，对真实的深入
追问和反思，是对至高者（what lies beyond）的新视角。② 但 "超越" 这
个词并不意味着否定和脱离世界，尤其是中国思想中，超越性是与日常生
活不可分的。很多人认为《论语》只是极端保守的教条（established or-
der），而这完全出于对儒家思想的误解。史华慈以孔子为例，孔子在伦理
道德中的高度成就而被称为 "仁"，仁是内在的道德完美，而这来自孔子
对礼的真诚履行，当内在道德以外在规则和形式谐和地自我显现时，某些
超越一切外在形式的东西就出现了。③ 这种内在光辉的显现因而具有了一
种超越性，而非仅仅是内在的，更非仅仅是世俗的。孔子是重视人伦日用
和世间生活的人文主义者，但同时具有宗教意义上的超越意识。在《论
语》的记载中，孔子与 "天"（heaven）的关系不能被简单当作自然和社
会的普遍之道，而是孔子救赎使命（redeeming mission）中的超越性
自觉。④

　　史华慈的观点中，孔子一方面具有内在的道德，另一方面此道德是向
上具有超越性的，这种内在的超越是中国思想的一大特质，但同时是作为
人类经验总体一部分而出现的，因为超越性是人类精神中所共有的普遍
向度。

---

　　① Benjamin I. Schwartz, "The Age of Transcendence", *Daedalus*, Vol. 104（1975）, Spring,
p. 3.

　　② Ibid. .

　　③ Benjamin I. Schwartz, "Transcendence in Ancient China", *Daedalus*, Vol. 104（1975）,
Spring, p. 63.

　　④ Ibid. , p. 64.

史华慈以超越性统摄轴心期几大文明的共性，并且将希伯来式的超越观视为亚伯拉罕世系—神教对超越性的一种论述，这既体现了其普遍主义的视角，此普遍主义也并未因其犹太人身份而流于以某种中心主义为普遍性的误置。这与新儒家试图在中国思想与西方思想之间寻找共同性因素，以打通其间的隔阂的努力并无大别，因为其基础均为对人类思想的共有因素的肯定。

因此，在史华慈之前，新儒家《宣言》即已经提出中国文化中的超越性，其后唐君毅进一步阐述了超越性与内在性的关联："在中国思想中，天德中开出地德，而天地并称，实表示一极高之形上学与宗教的智慧……故天一方不失其超越性，在人与万物之上；一方亦内在人与万物之中。"① 这一表述在牟宗三那里得到了细致和深入的理论论证。

牟宗三在《中国哲学的特质》中论说《诗经》中的超越观念，"维天之命，于穆不已。于乎不显，文王之德之纯"（《周颂·维天之命》）。牟宗三先肯定了朱子对此诗的注释，但认为其"在今天的意义上"仍未阐明天道于穆的全部含义，牟宗三说："天道高高在上，有超越的意义。天道贯注于人身之时，又内在于人而为人的性，这时天道又是内在的（Immanent）。因此，我们可以康德喜用的字眼，说天道一方面是超越的（Transcendent），另一方面又是内在的（Immanent 与 Transcendent 是相反字）。天道既超越又内在，此时可谓兼具宗教与道德的意味，宗教重超越义，而道德重内在义。"② 牟宗三的解说带入了康德哲学，但牟宗三对康德哲学架构和概念的借用并未严格遵循康德原义，在康德的知识论中，超越（transzendent）指超出人的经验和认知能力的东西，如上帝存在、灵魂不灭和意志自由，这些属于物自体范畴，不能用认知、不能直观，只能作为信仰而存在，这样就隔离开了超越与内在。牟宗三以意志自由为例，认为意志的自由可以通过实践如道德选择而得到实现，是一种可感可知的实践知识，牟宗三批评康德说：

① 唐君毅：《中国文化之精神价值》，台北正中书局 1974 年版，第 338 页。
② 牟宗三：《中国哲学的特质》，上海古籍出版社 1997 年版，第 21 页。

　　当康德说自由意志（自主自律自给法则的意志）是一"设准"，吾人既不能以感触直觉知之，而吾人亦无一种智的直觉以知之，是以它不能被认知，因而亦总不是一具体的呈现，当其如此思维时，他是把自由意志只看作一个理性体（纯粹的实践理性，毫无感性经验的成分……）而忘记意志活动就是一种心能，就是本心明觉之活动。①

　　牟宗三认为，人的恻隐、羞恶之心随时都在作出具体的呈现，这是本心仁体的活动，因而自由意志是可以直观直击的。这样人就具有知觉物自体的智的直觉（die intellektuelle Anschauung/the intellectual intuition），牟宗三以肯定人的智的直觉来实现内在超越的理论化，但这种对康德哲学的改造遭到许多批评，比如有学者认为他对康德哲学作了有意无意的曲解，如邓晓芒撰文批评牟宗三并未真正了解康德哲学中超越、智的直觉、物自体等概念的含义，并由此对牟氏所建构的道德形而上学进行了严厉批判，进而将中国传统伦理斥为"自恋和非理性的'道德狂热'"。②

　　对这一批评，李明辉指出，牟宗三的康德研究并非专家式的，而是以思想家的角色对其作出创造性的解读并赋予新的内涵，李明辉举康德自己对柏拉图的"理型"概念、亚里士多德的"范畴"和"实体"概念的解读并非以其原先的意义为旨归，而是在哲学思考中重新界定，如康德从柏拉图理型概念中解读出超越经验和知性概念（范畴），以及"源于最高理性"的意义，并用以纯粹理性的建构，这可以视为"创造性的诠释"。③

三　普遍的抑或特殊的？

　　李明辉的辩护同样可以用于郝大维（David L. Hall）与安乐哲（Roger T. Ames）在中国思想的超越性论争中对中国传统思想中并无超越性维度的论说。《由汉而思——中西文化中的自我、真实与超越》（*Thinking from*

---

　　①　牟宗三：《智的直觉与中国哲学》，台湾商务印书馆 1994 年版，第 194 页。

　　②　邓晓芒：《牟宗三对康德之误读举要（之二）：关于"智性直观"》，《康德哲学诸问题》，生活·读书·新知三联书店 2006 年版，第 318 页。

　　③　李明辉：《如何继承牟宗三先生的思想遗产?》，《思想》2009 年第 13 期。

the Han, Self, Truth, and Transcendence in Chinese and Western Culture) 对西方自古希腊哲学以来的哲学和神学中的超越性观念作了一番梳理和综合之后给出了一个严格的超越观念："如果 B 的存在、意义和重要性只能依靠 A 才能完全说明，反之则不然，则 A 对 B 而言是超越的。"① 这在柏拉图的理型和摹本、巴门尼德的存在与存在者、德谟克里特的原子、亚里士多德的不动的推动者、康德的物自体与现象界、莱布尼茨的充足理由律、上帝与被创造的秩序等典型的西方观念中都可以见到。这种观念背后是二元论的基础，而中国思想中没有这样的二元模式，而是一个 "内在的宇宙论"（an immanental Cosmos），② 这是郝大维与安乐哲在《孔子思微》（Thinking through Confucius）中对中国思想的一个基本判断和讨论预设，他们认为传统西方哲学中缺乏充分发展的内在论观念，难以表达价值和秩序原则与自身环境的依赖关系，因此当代比较哲学可以借助实用主义哲学（pragmatic philosophies）与过程哲学（process philosophy）的帮助，这两种与中国哲学相似的思路提供了解释孔子所需要的概念。内在论语言（immanental language）对说明孔子作为道德行动者的自我（the self as an ethical agent）的观念十分重要，这体现了儒家思想的修身的内在性特点，而盎格鲁——欧洲的超越的语言是直接从实体方面解释外在世界和社会的，超越原则将导致自我的实体化，如果行动的意义只能来自超越原则，此原则将使人和环境本质化，道德原则有了本质特征，要求人去履行它。但孔子的哲学是事态本体论（ontology of event）而非实体本体论，孔子关心的是具体环境中的人的活动而非抽象的道德和善的性质。③

　　唐君毅、牟宗三对超越性的用法在传统中国语境中是不言自明、日用而不知的，即表示一种超凌于世俗生活之上的理想性，以及此理想性表现为价值实体而对人间生活有着轨范意义，牟宗三将天命作为此价值实体："'天命'的观念表示在超越方面，冥冥之中有一标准在，这标准

---

　　① David L. Hall and Roger T. Ames, *Thinking from the Han, Self, Truth, and Transcendence in Chinese and Western Culture*, State University of New York Press, 1998, p. 190.

　　② David L. Hall and Roger T. Ames, *Thinking through Confucius*, State University of New York Press, 1987, p. 12.

　　③ Ibid., pp. 14-15.

万古不灭、万古不变，使我们感到它的制裁之下，在行为方面，一点不应差忒或越轨。如果有'天命'的感觉，首先要有超越感（Sense of Transcendence），承认一超越之'存在'，然后可说。"①

对于超越界定的论争涉及诸多方面的问题，就唐、牟等人的初衷而言，在文化碰撞的弱势地位和悲情中意欲重振自身传统，以西方哲学概念行格义之举亦是难免和可理解的。而概念之间的对应和涵摄与否，则首先作为知识性问题被讨论，如邓晓芒对牟宗三的批评和郝、安对超越作为西方传统观念的严格界定。进而，作为哲学或思想问题，邓晓芒、史华慈都认同一种普遍主义原则，区别在于邓晓芒认为中国没有积极的普遍主义而史华慈则反之；与之相对的是，郝、安认为中国无超越性的背后是坚持文化的特殊性。

四　存在的终极性和道的超越性

让我们从另一个角度进入超越问题，当我听到接受了西方视角的中国学者说，"中国没有宗教""中国文化缺乏终极追求""中国人都应该忏悔"这类说法时，首先我会认为：我相信你是真诚地说出这些话的。其次我会说：你说的是一个严肃的话题，那么我们可以严肃地讨论：就你刚才所说的话其内在的严肃性而言，是值得怀疑的。这可以分解为几个问题：上述论断无疑表现了你作为一个中国人的痛切感和责任感，但当说出这句话的时候，你站在什么位置？是作为中国人内部的一分子吗？这是你发出声音的自然位置，但是这样的位置作此发言是相宜的吗？当然你可以说：我是一个身处于中国的人，但我更是一个身处于世界的人；或者我首先是一个人，然后才是一个中国人。一种批评可以是，这是一个全称判断，因而是逻辑难以自洽的，除非你站在神的立场，引出亚伯拉罕世系一神教的视角——这从逻辑上是一个有效的批评，但同样可以说，把这里的神置换为其他宗教或其他超越性（终极性）的维度，或者我们承认有宗教性或超越性的维度，那么全称判断是成立的：比如佛教可以以"众生……"的语式、伊斯兰教可以用"凡……者"为裁断句、儒家可以说：

---

① 牟宗三：《中国哲学的特质》，上海古籍出版社 1997 年版，第 17 页。

"人皆……"等等，因而我们可以问：这种发言立场所导出的为什么不是其他而是某种特定宗教的精神？这是由于发言者与这种宗教的精神相契合，对于这个回答，我同样可以问：为何不是与其他宗教的精神相契合？这样问题又回到了开始。

我们可以设想：当一个人说，我认信某种信仰或教义，那么这种认信是如何发生的？这种认信或发生是偶然的吗？这里的偶然不是说与信仰相遇的契机性，而是指"在某时某地碰到，于是就信了"的随机性——如果在彼时彼地碰到的是其他宗教，会有信仰发生吗？或者反问：我是必然会发生这种认信吗？如果自认这是一种严肃的认信而非随意的盲从，那么就不能把对此信仰的反思与跟其他信仰的比较排除——换句话说，我的认信是命定的认信吗？这里的命当然不是无自由意志参与审量抉择的命运指定，而是超越性对个体的昭明、启示，以及个体对超越性的体认和证入。

这样，就可以继续问：当发言者说"中国人都应该忏悔"的时候，他是在表达一种情绪、一种态度，还是在表达一种信仰，抑或是一种理性反思？当他继续说到"某种宗教里的忏悔精神"时，他是否已经过审量，排除了儒家的内省、佛家的悲悯、哲学的理性反思等。在生存论的意义上，如有的学者所说，我们首先是一个中国人，然后才有成为一个人或普世人的可能，即我们在成人的道路上首先踏入的是中国式的道路，而此路或有荒诞歧途，或有可怪可憎，或有迷离无觅处，因而发言者可以说：这是一条无路可走的路、堕落沉沦的路、可耻可悲的路。当他说，我看到了更好的路，无论是自由主义的或基督教的或别的路——当他下这个价值判断的时候，他是否对自己所走的路有自知呢？他是否看到此路的芜草之间若续若存的别一条路？要求穷尽中国道路的可能性是一个过分的要求还是生存论、解释学对理解所必然要求的前见？

有人会批评说：这是文化相对主义的观念，我会回答：

第一，超越性自为超越性，但人与超越性的联系是在其生存形式中，这是生存论（das existenziale）的视角。生存（Existenz）是存在者（Seinenden）与存在（Sein）发生关联的方式，人作为此在（Dasein）只能以生存的形式是其所是，"此在的'本质'在于其生存"①。人作为有限存在者，如果不是从生存体验、生活语境中开始触摸世界并有所感发，又能从何处得到原发性的经验和知识呢？在《孔子思微》中也提到存在主义与儒家的关系，认为存在主义者关心个体独立远超过人际联系，并将个人独立于其创造的世界作为决定性的超越原则。② 这种萨特式的存在主义当然不是这里所要讨论的存在论。

第二，在儒家而言，能近取譬即仁，在在皆是为道。作为生长和经验于中国文化情境中的人，如果无视作为中国道路之一种的儒家，恐怕是落入情绪性的偏见。当然可以分辩说：中国曾经有儒家而已经相当长一段时间内无儒家，因而没有所谓儒家生活的语境。但是，这里强调身为中国人的儒家经验，包括作为传统的儒家历史经验，以及作为儒家反面的批判性经验，甚至包括对为何今天无儒家的反思性经验。如果不能严肃地对此进行全面和深入的探究，那么可以说不仅是对儒家和中国身份的无自觉，同时也是对人的身份的无自觉。

第三，生存论要求的解释学情境并不否认有超越性或终极性的向度，只是认为终极存在是在具体语境中被形式指引或形式显示的（formale Anzeige），而不是与情境的脱离和抽象。这里我们发现超越性在西方文明谱系中的又一种形式，而且这种形式是对传统西方思想二元论的一种改变，也因此与中国思想有了更多的对话可能，因为我们知道，天命谓性，率性为道，儒家之道本于至善，充实于人心，这不同于生存论的思路，但值得注意的是：中国传统中的超越和终极观念往往并不以体系化和形式化出现，而是随处指点，寓于《诗》《书》《礼》《易》《春秋》所构成的生活和文本世界中。这样一种在生存中感发并指向超越性的路径，道（路）（Weg）就是道，海德格尔在后期作品中经常用荷尔德林的诗歌谈论神圣性（Heiligkeit），这恰恰是生存论与儒家的共通之处。

---

① ［德］海德格尔：《存在与时间》，陈嘉映、王庆节译，生活·读书·新知三联书店1999年版，第52页，译文略有改动。

② David L. Hall, Roger T. Ames, *Thinking through Confucius*, State University of New York Press, 1987, p. 14.

　　第四，这样我们在非二元论的背景下可以讨论超越问题。问题回到超越性自身的问题，在郝、安的《由汉而思》中，对西方超越观念的考察最后得到了超越观念自身的被否弃，① 自陀思妥耶夫斯基和尼采以来，伴随上帝之死和形而上学的衰落，神学和哲学上的超越观念已经不再被西方文化作为自我认识的依赖，而中国知识分子却反其道而行之，抛开自家思想特征而以比附超越为荣。但是"严格"意义上的超越概念不再成为主流并不意味着超越观念的死亡，而恰恰是一种可能更合理的超越观的出现契机，这里可以借鉴牟宗三对康德哲学的改造，他认为道德感不是形而下的、感性的、纯主观的，而是本心仁体的具体表现，自由意志（der freie Wille）不是抽象的理性体，而是本心仁体的明觉活动，"自由意志不但是理论上的设准，而且是实践上的呈现"②。很多人会说，"本心仁体"是另一种实体化，但重要的是，牟宗三的思路以意志自由所表征的道德为体，其实质是把以认识论为基础的超越观念转到了实践哲学，从知识论转到了伦理学。换句话说，人作为理性的、审美的、道德的存在者，只有道德的善是人之为人的本质规定性，人作为存在者是被善奠基的。全知全能不能成为人的标尺，而人可以向着全善或至善而存在，在这个意义上使用的超越是指一种理想性，是"西方超越观念衰落"后的人的价值理想，这样的超越观可以从道德理想主义或价值形而上学，或存在论（Ontologie）的角度去理解。郝、安说，当代思想的潮流认为所有意义来自社会群体生活和人际关联而非更高的存在者，如果此说成立，一切价值和意义只是经验性、历史性的约定俗成，那么经验和历史的实然性中如何跳跃到应然性的理想和价值？其次，如果没有超越性的价值维度，基于各种特殊性经验的价值之间如何通约，人之为人就表现在共同的生物性与社会性的特征上吗？

　　第五，就儒家来说，其理想性从未表达为一时一地、一国一派的诉求，而总是将自身关切置于天下、人、道的总体和终极之中。这种普适性

　　①　David L. Hall, Roger T. Ames, *Thinking from the Han，Self，Truth，and Transcendence in Chinese and Western Culture*, State University of New York Press, 1998, pp. 193-203.

　　②　牟宗三：《智的直觉与中国哲学》，台湾商务印书馆1994年版，第200页。

立场也表现了儒家对个体和群体的私性的超越。从郝大维、安乐哲与李明辉等人的争论中，我们可以看到，尽管郝、安将李明辉为牟宗三对超越性的使用视为“不严格”的，但仍然难以否定西方传统中的诸种超越性概念与中国思想中的天、道范畴具有的共通处。而在存在论和道德理想性的阐释中，给出了一种与生存方式相联系，而不沦入完全的现实和世俗生活的超越观。此超越观表现为人具有向着理想性的意愿和能力，以及理想的真实性和可实现性。在此意义上的超越是以理想性和尊严感为指向的，这也是人之为人的价值特征。

第六，因此，对超越性的承认也是对普适性的承认。能够对其他信仰中的超越性有所感有所觉，而对儒家之超越性无自觉，则不能不让人对其认信的严肃性产生怀疑，这不是出于民族性的文化相对主义，也不仅是出于解释学前见，而是超越性自身的要求——这意味着，他略过了这一种超越性，而看到了另一种超越性，则超越性有许多种，则超越性何为超越性？如果某人说只有这一种超越性，即他所认信的，其他皆非而无比较和讲理之可能——则此信恐难以正信视之而堕入独断论和相对主义，亦难视为全人类的和超越性的。

第七，超越性是普适的，而不同信仰有趋近超越性的不同理路、层面，在信仰之间有理可讲，有义可证，而所证所论之标准为趋近此超越性之程度。因此，信仰共同体内部成员修证的努力不仅在证明此信仰，而且在全体人类信仰所可能企及的高度。对于在不同信仰之间沟通交流的努力，如新儒家的工作，如比较宗教学，如汉斯昆的普世伦理，如精神史考索，也可以成为对于超越性这一大信仰的论证路径。

在当下世界中，常见不同信仰并存的景象（如耶路撒冷），不同信仰之间的关系、信仰共同体之间的界限异常复杂和微妙。基督教说，耶稣是神子；伊斯兰教说，耶稣是先知；犹太教说，耶稣是叛徒。我不知道对于他们来说，关涉信仰，这是一个生存论的命题，还是一个超越性的命题，但可以确定的是，这不是一个民族主义或相对主义的命题，而是关乎人类共同生存的核心命题。

第四节 时间与境域

一 圣之时者

孟子在论及孔子境界时说，"伯夷，圣之清者也；伊尹，圣之任者也；柳下惠，圣之和者也；孔子，圣之时者也"（《孟子·万章下》）。"圣之时者"并非与前三者并列，而是前三者之和，孟子接着说："孔子之谓集大成。金声而玉振之也。金声也者，始条理也；玉振之也者，终条理也。"孟子这里用音乐比喻圣人的成就，众音脉络起于钟、收于磬，其整全性可以用来象征圣之大成。集大成不仅是各部分的相加，也不仅是面面俱到；而且指作为整体的谐和以及发而皆中节的"时中"。伯夷等三人或有清誉，或有担当，或性温和，而孔子即不仅具有清、任、和的圣德，而且此德皆能在恰当的时机和境域中自然流露，"三子犹春夏秋冬之各一其时，孔子则太和元气之流行于四时也"（《万章下》）。

为何"伯夷清，伊尹任，柳下惠和，皆得圣人之道也"而不能更进一步至于大成？[1] 孟子认为："始条理者，智之事也；终条理者，圣之事也。智，譬则巧也；圣，譬则力也。由射于百步之外也，其至，尔力也；其中，非尔力也。"伯夷、伊尹、柳下惠能起而不能收，力足以"至"而智不足以"中"，在孟子看来，是智与巧不够的缘故，而仅能凭力而行，故偏于一侧而不能兼于全。[2] 朱子对伯夷等三人的评价也是："智不足以及乎时中也。"[3]

赵岐《孟子注疏》有一个很好的说明："孔子时行则行，时止则止"[4]，这就是依时而行的应于时；赵岐又说："智，譬犹人之有技巧也，

---

① 赵岐、孙奭：《孟子注疏》，阮元校刻《十三经注疏》，中华书局1980年版，第2741页。
② 朱熹：《四书章句集注》，中华书局2001年版，第316页。
③ 同上。
④ 同上。

可学而益之。以圣，譬犹力之有多少，自有极限。”① 这部分地触及了智为何能超越“极限”而力不能，但并不能解释“时”与“时中”的微妙含义。智不是指智力，而是训为知，但又不能理解为知识，而是格物致知的知，包含了道理、智慧、良知多重意义。有知，时与中才有被理解的可能。

在《尚书》中已经有了对天时的记载：“乃命羲和，钦若昊天，历象日月星辰，敬授民时”（《尚书·尧典》），“敕天之命，惟时惟几”（《尚书·益稷》），其时已经非常重视天地万物消长变化，以顺应天时。后来孔子的“道千乘之国，敬事而信，节用而爱人，使民以时”（《论语·学而》）的思想就是源自这里。“四时行焉，百物生焉”（《论语·阳货》），天时与世界的关系微妙难言，时是最为重要同时又最为莫测的，“天地盈虚，与时消息”（《易传·丰·彖》），天地之盈虚在哲人眼里表现为阴阳之道，“一阴一阳之谓道……百姓日用而不知”（《易·系辞上》），万物和人事的变化无不因天时而成为一个有机联系的整体，但要真切感受和体会天时人事以“知几”并非易事，“生生之谓易……通变之谓事，阴阳不测之谓神”（《易传·丰·彖》），知时就是因天而行，《随·彖传》：“而天下随时。”又《大有·彖传》：“应乎天而时行。”“君子之中庸也，君子而时中”（《中庸》），很明显，时中与中庸的状态是密不可分的，中庸为不偏不倚、无过不及的意思，即恰到好处、恰如其分，时中要求的随时以处中的状态就是无时无地均发而中节，这是对时间艺术的掌握达到极其完美的地步。要做到这一点，需要对时间所构成的生存境域有着极其真切的感受和体悟，从根本上来说，对时机的领会是关于生存的艺术和对存在意义的领会。

二　时间作为生存境域

西方传统有两种主要时间观，一是基督教趋向最后审判的末世论（目的论），二是客观、匀质的、不可逆的单向流逝的物理自然时间观。②

---

① 赵岐、孙奭：《孟子注疏》，阮元校刻《十三经注疏》，中华书局1980年版，第2741页。
② 张祥龙：《从现象学到孔夫子》，商务印书馆2001年版，第204页。

在前一种时间观中人与时间的关系是被动的，后一种时间观中，时间与人的存在是漠不相关的。而在现代社会里，速率、瞬间与同时性取代了作为历史的时间，时间从而变成了一种单向度的生产和消费的效率标志。

只有在现象学以来的存在论和解释学将时间与人的存在有效关联起来。胡塞尔阐发了内在时间意识，之后海德格尔阐发时间的存在论意义。在古典的时间概念中如奥古斯丁的思想中，时间被规定为意识的三种功能：回忆、注意、期望。在奥古斯丁那里，这三个部分代表了过去、现在、未来，是互相区分的不同的时刻。胡塞尔的现象学对奥古斯丁进行了严格的批评。现象学的原则是"面向实事本身"的，所以现象学所希望找到的时间是悬置了一切预设的源始时间（Ursprünglicher Zeit），所谓"源始时间"不是外在的物理性时间，而是对时间呈现机制的意识分析。胡塞尔认为时间是人的内在意识中的感觉，时间意识总是在针对一个对象的意向性行为中产生。人的感知表现为意识的当下行为，但当下并非一个孤立的点，而是属于时间流的一个部分。当下是胡塞尔所说的纯粹意识的现在在场，感知、回忆、期待等意向性行为必须完成于当下的意识中。过去的体验以残留或隐藏的形式保留在现在的体验中，而当下的体验又隐含着对未来的预期，这三重体验域保证了体验的连续性，所以人能够听到完整的乐曲，而不仅是一个个音符。"我们才获有纯粹自我的现象学时间的整个领域——自我可以从'其'任何一个体验出发，按在前、在后和同时这三个维度来穿越这一领域；或者换句话说，我们有整个的、本质上统一的和严格封闭的体验时间统一流。"①

胡塞尔想要切断形而上学的、自然主义的、心理主义的预设，达到严格确切的知识，而这种客观知识的保证就是当场给予的现象学直观。胡塞尔说："每一种原初给予的直观都是认识的合法性源泉，在直观中原初地给予我们的东西，只应按如其被给予的那样，而且也只在它在此被给予的限度之内被理解。"② 胡塞尔把意识还原为纯粹意识，即当下的、在场的、不可再分解和还原的意识，这是现象学直观得以成立的逻辑出发点。因

---

① ［德］胡塞尔：《纯粹现象学通论》，李幼蒸译，商务印书馆1995年版，第207页。
② 同上书，第84页。

此，当下在场是胡塞尔现象学的“一切原则之原则”。“它意味着……任何生活的普遍形式过去都曾经是并且将永远是现在，只有而且永远只会是现在。”① “现在”在现象学的内时间意识分析中，感知是开始于当下的意向性行为，感知是从当下的意向开始，但转瞬即逝的当下并不能成为有效的直观体验，而必须有前摄和后继的补充。比如说一个单独的音符是没有意义的，而必须在整个曲调中才能得到理解。“没有任何具体的体验可被看作是在完全意义上自足的体验。每一个体验在一个按其种类和形式来说并非是任意的，而是在被规定的关联体中都‘需要补充’。”② 时间流或时间域的任意一点都不是孤立的，而是处于滞留和延展的过程中。③

个体内部的自明性要被其他主体理解并成为主体间性沟通的有效因素需要实现其客观性。符号（Zeichen）是内部自明性达到观念客体的中介。观念客体必须具有无限可重复性，所以符号必须具有无限可重复性，符号分为表达（Ausdruk）与指号（Anzeichen）。表达是自身同一的，即表达被自身体验着，如“内心独白”。指号是再现，与时空和物质载体有关的，如手势、声音、文字。内部自明性要变成主体间性即观念客观性，必须在言语和书写上都能重复，谈话既能达到主体间性，又能做到自我统一，意义被充分地从内在转化为外在。通过符号，在场既获得了内在的自明性，又获得了外在观念客观性。

胡塞尔仍然想以“绝对的当下”来证明在场的绝对客观性。这一点在海德格尔那里被改变了，海德格尔关心的不是建立严格科学意义上的现象学，而是时间与存在的关系，“面向实事本身”其实是面向生活世界本身。时间是理解存在的视域，通过时间我们才能够理解存在者之为存在者。因为存在者必须在其存在中才能够被理解。此在的在世是分析的出发点，此在的原发体验是意义的源泉，这是一种历史的、解释学化的分析方法。“一切存在论问题的中心提法都植根于正确看出了的和正确解说了的

---

① ［法］德里达：《声音与现象》，杜小真译，商务印书馆1999年版，第68页。

② ［德］胡塞尔：《纯粹现象学通论》，李幼蒸译，商务印书馆1995年版，第209页。

③ 参见方向红《误置中的意外——论德里达解构胡塞尔符号理论之得失》，《南京大学学报》（哲学·人文科学·社会科学版）2001年第5期。

时间现象以及它如何植根于这种时间现象。"① 因而 "任何一种存在之理解都必须以时间为其视野"②。

此在的有限性在于其并非永生的和永恒的，此在的在世是向死而生的，此在 "在其存在中根本上就是将来的"③。而死亡是此在作为存在的整体的重要部分。此在真正在不断体验着的是烦（Sorge）。④ 海德格尔说，"自身的存在（独立自足性）理解为烦"⑤，"烦"是此在的在世结构，原本的意义状态，而 "将此在的基础结构……理解为时间性到时的诸样式"⑥。所以 "牵挂的结构的源始统一在于时间性"⑦。

时间的重要性就在于此，"源始地从现象上看，时间性是在此在的本真整体存在那里，在先行着的决心那里被经验到的"⑧。因而时间不是由过去、现在、未来构成的单向序列，不是一种 "存在者"，而是内在于此在的生存状态之中的原本体验。从这个意义上说，"烦" 可以被理解为时间性，因为 "烦" 就是此在所处的过去、现时、未来互相融合三重时间态。

此在存在于当前，就是存在者的 "上手" 状态（通过与存在境域牵连而使存在者呈现为 "存在者的存在"），这个状态就是时间性的展开，时间性使此在的各种可能性朝向构成统一的整体。

海德格尔认为此在的在世分为本真态（Eigentlichkeit）和非本真态（Uneigentlichkeit）。从此在的能在去领会自己是本真状态，所以本真的时间性是指向将来的，它显示了此在向死而生的决断先行和对现实生活的自

① ［德］海德格尔：《存在与时间》，陈嘉映、王庆节译，生活·读书·新知三联书店1987年版，第24页。

② 同上书，第1页。

③ 同上书，第386页。

④ Sorge 陈嘉映译为 "烦"，张祥龙译为 "牵挂"，笔者较倾向于张译，为方便计统一引用陈译。

⑤ ［德］海德格尔：《存在与时间》，陈嘉映、王庆节译，生活·读书·新知三联书店1987年版，第361页。

⑥ 同上书，第362页。

⑦ 同上书，第388页。

⑧ 同上书，第361页。

觉。从世界、他人去领会自己是非本真态，非本真的时间性是由当前在手的现成状态所规定的，此在被日常生活所牵引、控制，从而陷入无意义的忙碌，“流俗时间领悟则在现在（Jetzt）中看到基本的时间现象，而这个现在是从其全体结构切开的纯现在，人们称之为‘当前’（Gegenwart）。由这里得知，要从这种现在来澄清甚至于要导出属于时间性的、绽出境域的眼下（Augenblicks）现象在原则上必然不会有前途”①。

海德格尔认为，“时间源始地是作为时间性的时间化（Zeitigung）；作为这种时间化，时间使‘烦’的结构之建制成为可能。时间性在本质上是绽出的。时间性源始地从将来时间化。源始的时间是有终的”②。

海德格尔所追溯的源始时间，被其界定为时间的真态。海德格尔与胡塞尔一样，将时间看作过去、现在、未来交织的三维时间。胡塞尔的现象学将实事还原到纯粹意识结构的当下显现，海德格尔继承和发展了胡塞尔，视当下为时间性存在的本性，此在（Dasein）的 Da 才会是动起来的，在世才成为可能，此在地处于当下，保持在将来与曾在的牵连之中，这时的此在才是保持在本真的时间中，才不仅是存在着，而是处于存在。

三　时中：生存的艺术化

《丰·象传》说：“与时消息。”又《遯·象传》：“与时行也。”时，为天时与人事所交感的时遇、时机，郭店楚简《穷达以时》篇云：“有天有人，天人有分。察天人之分，而知所行矣。”③“分”不是分隔与分别，而是“份”，就是各得其宜、各得其所，明白天时与人事的关联才能知道应有的行止。

“时中”一词见于《蒙·象传》，在《中庸》文本里有详细的表现，“君子之中庸也，君子而时中”，朱注：“君子之所以为中庸者，以其有君子之德，而又能随时以处中也。”这与对“圣之时者”的解释是内在一致

---

① ［德］海德格尔：《存在与时间》，陈嘉映、王庆节译，生活·读书·新知三联书店 1987年版，第 500 页。

② 同上书，第 392 页。Zeitigung 中译本译为“到时”，改译为“时间化”。

③ 李零：《郭店楚简校读记》，北京大学出版社 2002 年版，第 86 页。

的，德为力，知为巧，要真切把握不偏不倚、无过不及、日用而常的中庸之道，不知天时与人事的谐和互通是不行的，"盖中无定体，随时而在"，也就是说，中意味着"随时处于当场的构成之中"，因而不可以用一个"定体"去将其固定化，而只能以"毋意、毋必、毋固、毋我"（《论语·子罕》）的方式投入到这构成态中去揣摩、感悟、证会，才可能对"天命所当然，精微之极致也"的中庸境界有所领会。

这种心境就是"中庸至诚"，境界需要去掉前执、当场投入的用诚，"至诚之道，可以前知"（《中庸》），在这样的无扰中才能完全和充分地体验被构成的情境，体察入微，达于知几。所以说"诚者不勉而中，不思而得，从容中道"，能达到和保持这样的境界就是圣人。与存在境域中的"几"相融相和，发而中节，是天人交感，和谐共生，去除了一切勉强、做作、执念而达到自然无碍的境地。"仲尼祖述尧舜，宪章文武；上律天时，下袭水土……辟如四时之错行，如日月之代明。……万物并育而不相害。"（《中庸》）《艮·象传》也说："艮，止也。时止则止，时行则行；动静不失其时，其道光明。"《诗·商颂·烈祖》："奏假无言，时靡有争"是对在诚敬而中的状态中万物万事化育自然的描写。

诗云："鸢飞戾天，鱼跃于渊。"（《诗·大雅·旱麓》）戾，至，《中庸》论此诗为"言其上下察也"[1]，知上知下，自如地优游于生存境域。

知几作为微妙难言之事，需要非常高的修养，不是一蹴而就的，"穷达以时，德行一也。幽明不再，故君子敦于反己"[2]。对时运的把捉是艺术化的行为，其中作为基础并一以贯之的仍然是德行的修养，这与《中庸》所说的"莫见乎隐，莫显乎微，故君子慎其独也"是一致的。

---

① 朱熹：《四书章句集注》，中华书局 2001 年版，第 22 页。

② 李零：《郭店楚简校读记》，北京大学出版社 2002 年版，第 86 页。

第三章

立　言

　　《诗》作为"中国古代最早的诗歌总集"，是先秦之文在语言艺术上最为夺目的成就之一，也是士君子在各类场合频频征引、唱和、赋说的基本典籍，更因其感发人心而成为儒家修身进学的入手处和起发处。因而先秦儒家文论中，《诗》学占有核心地位。① 简略考索先秦儒家诗学的系谱，《论语·先进》记载孔门四科："德行：颜渊、闵子骞、冉伯牛、仲弓；言语：宰我、子贡；政事：冉有、季路；文学：子游、子夏。"又《史记·仲尼弟子列传》司马贞《索隐》："子夏文学著于四科，序《诗》，传《易》。又孔子以《春秋》属商。又传《礼》，著在《礼志》。"②

　　据孔门弟子才具和取向而论，子夏是传孔子诗学的最佳人选，《论语》《礼记》等传世文献中多有孔子与子夏就《诗》进行的问答之语，而子夏也被孔子许为孔门四科中文学科佼佼者。当时的文学除了《诗》，还包括六艺中的其他典籍文献，因此子夏传承的不只是今天意义上的文学，而且是作为典章的"文"。

　　"卜商，卫人，字子夏，小孔子四十四岁，习于《诗》，能通其义，以文学著名。"（《孔子家语·七十二弟子解》）班固《汉书·艺文志》叙述了《诗》的发生和传承系谱："书曰：诗言志，歌咏言。故哀乐之

---

① 这里的"《诗》学"是孔门基于《诗经》的学问，隶属于中国传统"文论"，不同于起自亚里士多德的西方"诗学"，详见余虹《中国文论与西方诗学》，生活·读书·新知三联书店1999年版。

② 司马迁：《史记》，中华书局1959年版，第2203页。

心感而歌咏之声发，诵其言谓之诗，咏其声谓之歌。故古有采诗之官，王者所以亲风俗，知得失，自考正也。孔子纯取周诗，上采殷，下取鲁，凡三百五篇。遭秦而全者，以其讽诵不独在竹帛故也。汉兴，鲁申公为诗训故，而齐辕固、燕韩生皆为之传。或取春秋，采杂说，咸非其本义。与不得已，鲁最为近之。三家皆列学官。又有毛公之学，自谓子夏所传，而河间献王好之，未得立。"① 这也见于三国陆玑《毛诗草木虫鱼疏》，其中描述了儒家诗学的传承关系，称子夏作诗序，"孔子删《诗》，授卜商，商为之序，以授鲁人曾申，申授魏人李克，克授鲁人孟仲子，仲子授根牟子，根牟子授赵人荀卿，荀卿授鲁国毛亨。毛亨作《诂训传》，以授赵国毛苌。时谓亨为大毛公，苌为小毛公。"② 郑玄以来，《诗序》被很多学者认为是子夏所作，而楚简《孔子诗论》的基本观点大多为《毛诗序》所继承，不少人认为《孔子诗论》有可能是《毛诗序》的祖本。③

　　《诗》对于人的存在而言意义何在？或者说在先秦儒家的视域中，《诗》在君子的理想人格形态的熏陶、塑造中居于什么位置？考之于《论

---

① 班固：《汉书·艺文志》，中华书局 1964 年版，第 1708 页。

② 《毛诗正义·提要》，《文渊阁四库全书》，台湾商务印书馆 1986 年影印本。也见洪湛侯《诗经学史》，中华书局 2002 年版，第 205 页。

③ 钱穆对《诗序》作于子夏持疑，《先秦诸子系年考辨》（上海书店 1992 年影印本，第 79 页）："《易》统之说既兴，其后乃有《诗》统。《经典释文·毛诗》徐整云：'子夏授高行子，高行子授薛仓子，薛仓子授帛妙子，帛妙子授河间大毛公，大毛公以授小毛公，为河间献王博士。'考河间献王立于景帝二年，子夏少孔子四十四岁，则生于鲁定公二年，相距三百五十八年。而子夏至小毛公仅五传，其不可信。尤远甚于商瞿之与田何矣。或说'子夏传曾申，申传魏人李克，克传鲁人孟仲子，孟仲子传根牟子，根牟子传孙卿子，孙卿子传鲁人大毛公。'二说名字年代绝不同，虽后说世隔差似，而子夏与李克同世。曾申虽同时，辈行不先于克。云子夏传曾申，申传李克，亦已谬。至孟仲子，或谓乃孟子从昆弟，学于孟子（赵岐），或云乃子思之弟子（《孟氏谱》），又无可据信。（《日知录》卷七'《诗·维天之命》传，《閟宫》传，皆引孟仲子曰。《正义》引赵岐云：孟仲子，孟子从昆弟，习于孟子者也。《谱》云：孟仲子者，子思弟子，盖与孟轲共事子思，后学于孟轲，著书论《诗》，毛氏取以为说。则又有孟仲子之书。'今按：孟子尚不及师子思，遑论其昆弟？李克、子思同时，亦不得为仲师也。）今考《史记》无《毛诗》。班氏《艺文志》《儒林传》但言毛公，无名。郑康成《诗谱》有大小毛公（见《毛诗·周南·正义》）。陆玑《毛诗草木鸟兽虫鱼疏》有毛亨、毛长，其后又为毛苌。递相增益，已增疑难。必远溯《毛传》迄于子夏，实为渺茫。"

语》，孔子两次提及诗与兴的关系，《泰伯》云："兴于《诗》，立于礼，成于乐。"《阳货》云："小子何莫学夫诗？诗可以兴，可以观，可以群，可以怨。"何晏《集解》引包咸说："兴，起也，言修身当先学诗。"[①] 何晏将修身的起点设定为学诗，唐李翱在解释《论语·泰伯》"兴于《诗》，立于礼，成于乐"时说："《诗》者，起于吟咏性情者也。发乎情，是起于《诗》也。"[②] 这很好地说明了情感的蓄积和感发是勾起诗情的因由。但就此作出详细说明的是朱子，"诗本性情，有邪有正，其为言既易知，而吟咏之间，抑扬反覆，其感人又易入。故学者之初，所以兴起好善恶恶之心，而不能自已者，必于此而得之"[③]。诗本于性情，一言道出诗心之所出；而性情有邪有正，这里邪、正的辨析并不完全是从道德伦理的意义上进行，详见"思无邪"一节。诗出于真情，语言又富于美感，因而能够以己心感通观者之心，在诗所构建的情境中沉浸徘徊而不能自已。而所兴起的好善、恶恶之心，善同于无邪，恶同于邪，其义甚有意味，分辨亦见"思无邪"节。

　　在对"诗可以兴"的注释中，"兴"字有"引譬连类"（孔安国）、"感发志意"（朱子）、"联想"（杨伯峻）等解读，"感发志意"的解释与前文对"兴于诗"之兴基本一致，"引譬连类""联想"更多地注意作诗的手法，因而兴也是"六义"之一，更常常比、兴合用。

　　先秦儒家思想中，情、志、性、道是一体而生、内外贯通的关系（详见"诗言志""发乎情"二节），"兴于诗"立论的基点在于《诗》总是不愤不启、不悱不发，诗所抒发的原发情感体验是生存经验最真实、纯粹的表达，也是审美、立志、向道得以不断起兴和生成的源头。

---

　　① 王运熙、顾易生：《中国文学批评通史·壹　先秦两汉卷》，上海古籍出版社 1996 年版，第 80 页。

　　② 程树德：《论语集释》，中华书局 1997 年版，第 530 页。

　　③ 朱熹：《四书章句集注》，中华书局 2001 年版，第 104—105 页。

第一节 诗言志

一 在心为志，发言为诗

中国古代文论始于论诗，"诗言志"是中国文论，自然也是儒家文论的"开山纲领"，[①] 首见于《尚书》："诗言志，歌永言，声依永，律和声。八音克谐，无相夺伦，神人以和。"（《尚书·虞书·舜典》）《说文》言部："诗，志也。从言，寺声。"段玉裁引《毛诗序》注释："诗者，志之所之也。在心为志，发言为诗。"这是说诗与志本为一体，志为心声，诗为言志之文。杨树达也认为志与诗本为一字，志属于《说文》心部，字形就是上止下心："志，意也。从心止，止亦声。"所以"诗言志"在有的文献中又称为"诗言意"（《史记·五帝本纪》）。

相近的表述还见于孔颖达《毛诗正义·诗谱序》引郑玄："诗所以言人之志意也。"《礼记·孔子闲居》："志之所至，诗亦至焉。""《诗》以言志，志诬其上而公怨之，以为宾荣，其能久乎?"（《左传·襄公二十七年》）"《诗》言是，其志也。"（《荀子·儒效》）"诗者，志之所之也。在心为志，发言为诗。"孔颖达《正义》："诗者，人志意之所适也。虽有所适，犹未发口，蕴藏在心，谓之为志，发见于言，乃名为诗。言作诗者，所以舒心志愤懑，而卒成于歌咏，故《虞书》谓之'诗言志'也。包管万虑，其名曰心，感物而动，乃呼为志。志之所适，外物感焉。言悦豫之志，则和乐兴而颂声作，忧愁之志，则哀伤起而怨刺生。《艺文志》云：'哀乐之情感，歌咏之声发。'此之谓也。正经与变，同名曰诗，以其俱是志之所之故也。"

由《说文》，志为上止下心，字形如人停止于心上，即藏于心，闻一多在《歌与诗》中进一步阐发志的本意："志有三个意义：一记忆，二记

---

① 朱自清：《诗言志辨·序》，广西师范大学出版社 2004 年版，第 3 页。

录，三怀抱，这三个意义正代表诗的发展途径上三个主要阶段。"①"诗言志"之志指的就是怀抱，包含了情、意、政教等，而手法往往是讽、颂。朱自清对诗言志的分析分为"献诗陈志""赋诗言志""教诗明志""作诗言志"四部分，"献诗陈志"的"志"是作诗者抒发修身与政教的怀抱，用以讽颂国事，打动王者，实现个人的政教抱负。"赋诗言志"是从已有诗歌中截取章句在各种场合酬答应和，以表现个体和国体的德行，即互颂"表德"。"教诗明志"出自"教之诗而为之导广显德，以耀明其志"（《国语·楚语上》），是诗歌对于世风人伦的教化导引观念。"作诗言志"是诗作者个体情感和志向的表达，也是诗"缘情"的开始，多见于小雅。"献诗陈志""赋诗言志"可以归入"用诗者之志"，"教诗明志""作诗言志"可归入"习诗者之志"。② 可以看到，诗言志的志如朱自清所言，含有个人情感和政治情怀两部分，这一观点为大多数学者所同意，如郭绍虞也说："'诗言志'概括地说明了诗歌表现作家思想感情的特点……'志'，既然是诗人的思想感情，言志的诗必须具有从思想感情上影响人和对人进行道德规范的力量。"③

据饶宗颐考察，湖北王家台出土的殷代《归藏》繇辞也是诗的一种，繇辞表明占卜前要"蔽志"，"蔽"训为决断，"蔽志"即"言志""定志"；再通过占卜程序求得上天认可，"昆命于元龟"。④ 定志之所以重要是因为志的原义是意，发于情，若无轨范容易流于泛滥无度。饶宗颐引《左传·昭公二十五年》"民有好、恶、喜、怒、哀、乐，生于六气，是故审则宜类，以制六志"，说明六志（《礼记》称为六情）的哀乐需要给予相应的引导，以协于天地之性。饶宗颐"定志"的说法来自楚简《性自命出》："凡人虽有性，心无定志，待物而后作，待悦而后行，待习而后定。喜、怒、哀、悲之气，性也。及其见于外，则物取之也。性自命

① 朱自清：《诗言志辨·序》，广西师范大学出版社 2004 年版，第 2 页。

② 俞志慧：《君子儒与诗教》，生活·读书·新知三联书店 2005 年版，第 107 页以下。

③ 郭绍虞：《中国历代文论选》第一册，上海古籍出版社 2004 年版，第 3 页。

④ 饶宗颐：《诗言志再辨——以郭店楚简资料为中心》，沈建华编《饶宗颐新出土文献论证》，上海古籍出版社 2005 年版，第 149 页。原载于武汉大学中国文化研究院编《郭店楚简国际学术研讨会论文集》，湖北人民出版社 2000 年版。

出，命自天降。道始于情，情生于性。始者近情，终者近义。凡心有志也，无与不［可］……"① 若无定志，心意情绪会随着后天的所遇所感而变动不居，受到外物、喜好、积习的影响而发散，志被规定为心的主导，如孟子所说"志，气之帅也"，志作为"设中于乃心"（《尚书·盘庚中》）的中枢，可以从情绪性和情感性中超越出来对情进行引导，以志定心。"性自命出，命自天降"的含义可以参看"天命之谓性，率性之谓道"（《中庸》），二者可互训，"率性"即遵循性的引导，与《性自命出》相对照，道始于情且近情，归于性而近义，很明显，《中庸》的率性之道与《性自命出》的心需定志是相通的。饶宗颐也认为立志是儒家思想起点和要义，"十有五而志于学"，朱注："心之所之谓之志，此之谓学，即大学之道也。志乎此，则念念在此而为不厌亦。"② 因此对儒家来说，"志于学"与"志于道"本无二致，以此为进阶，"五十而知天命"才是有可理解和有依据的。

二　诗无吝志

因此，诗言志中的志的含义除了情感、政教之外，还有立志以"志于道"的维度，这一点很少看到相关讨论。对以诗来言志达道，新出的上博楚简《孔子诗论》给出了很重要的证明。第 1 简为《诗论》开篇和纲领，③ "〔□□□□□□□□□□□〕行此者，其有不王乎？"▋孔子曰："诗无吝志，乐无吝情，文无吝言〔□□□□□□□□□□□□□□□□□□□□□□□□〕"④

吝字原写为㤱（从阜从两口从文从心，上半是战国文字的"邻"字，下半从心），字形为古书中的"怜"（张桂光读为"怜"，"无吝"释为"无保留"⑤），读为"吝"，都有舍不得、吝惜的意思。"吝情""吝

---

① 李零：《郭店楚简校读记》，北京大学出版社 2002 年版，第 105 页。
② 朱熹：《四书章句集注》，中华书局 2001 年版，第 54 页。
③ 李学勤将第 1 简排在《诗论》末尾，作为全篇总结之辞。
④ 李零：《上博楚简三篇校读记》，中国人民大学出版社 2009 年版，第 11 页。
⑤ 刘信芳：《孔子诗论述学》，安徽大学出版社 2002 年版，第 104 页。

言"指藏而未发的"情"和"言"，李零认为，这表现了《诗》的"宣泄"（catharsis）作用，是发泄情绪、超脱痛苦和紧张、达到超越和升华的方式。①

马承源读为《离骚》之"离"，但响应者甚少。裘锡圭将该字读为"隐"，解释诗之志、文之意、乐之情不是隐藏而不可知的，只要细心体察就能明了。② 李锐读为"㤽"，意与隐同。③ 何琳仪读为"陵"，认为是驰骋超越之意，"诗歌不可使心志陵越，音乐不可使感情陵越，文章不可使言辞陵越"，符合过犹不及和温柔敦厚的观念。④ 邱修德认为该字为"泯"的假借，指如果《诗》散亡就会泯灭人志，乐散亡就会泯灭人情，文辞散亡就会泯灭文献。⑤ 结合《诗论》第 20 简 "其㤽志必有以输也。其言有所载而后入……""输"字原作"俞"，李零认为"输"有倾泻之义，类似于"抒"，并将此简排列在第 1 简、第 19 简之后，印证"㤽志"是"藏而未发之志"。⑥

饶宗颐《竹书〈诗序〉小笺》的解读最为精彩，饶宗颐区分了隐和㤽，隐是完全隐藏而不显露，㤽是有所㤽惜的保留，因此"亡㤽则无所惜，尽情尽意而为之，比'隐'更进一层"⑦。无㤽即无所㤽惜，"诗亡㤽志"即以诗明志，"乐亡隐情"是说以乐尽情，"文亡㤽言"是为文尽言。饶宗颐又以陶潜文中"㤽情"和《系辞》以《易》证《诗论》："（立）马（象）以尽意，设卦以尽情伪，系辞焉以尽其言。"

因此，"诗亡㤽志"完全可以作为"诗言志"的对照和互证。可见诗言志的含义十分丰富，要点在于志与诗、言与心的一致。志以诗言，言在这里是动词，而言作为名词的时候也是与志相关的，《左传·襄公二十五

---

① 李零：《上博楚简三篇校读记》，中国人民大学出版社 2009 年版，第 12 页。

② 刘信芳：《孔子诗论述学》，安徽大学出版社 2002 年版，第 102—103 页。

③ 同上书，第 105 页。

④ 同上书，第 103 页。

⑤ 邱修德：《上博简（一）"诗无隐志"考》，载上海大学古代文明研究中心、清华大学思想文化研究所编《上博馆藏战国楚竹书研究》，上海书店 2002 年版，第 305 页。

⑥ 李零：《上博楚简三篇校读记》，中国人民大学出版社 2009 年版，第 14 页。

⑦ 饶宗颐：《竹书〈诗序〉小笺》，上海大学古代文明研究中心、清华大学思想文化研究所编《上博馆藏战国楚竹书研究》，上海书店 2002 年版，第 231 页。

年》:"仲尼曰:'志有之,言以足志,文以足言。不言谁知其志?言而无文,行而不远。'"无疑,"言以足志"即以言使志得以充分表达,"文以足言"即以文采使言得以焕发光亮,而文足之言无疑就是诗了。

"诗言志""诗亡吝志",其纲领性在于志之所至,上关天道,下关人事,而《诗》皆能言之,因而《诗》论可以在言志的基础上得以展开。《孔子诗论》第 4 简:'《诗》其犹平门欤?贱民而逸之,其用心也将何如?曰《邦风》是也。民之有戚惓也,上下之不和者,其用心将何如?(曰《小雅》是也。……·其用心将何如?《大雅》)……是也。又成功者何如?曰《颂》是也。"① 此处所言的就是《诗》犹如"平门",可容纳多种"用心",也就是多种志。"平门"至少有十二种解释,有城门、正门、旁门、广门、坊门、声门等解,② 但诸解均重视"平门"的宽广、可便利自由地出入、四通八达等含义。《诗》如平门,民间逸乐之志可以言于《邦风》,忧患之志可以言于《小雅》,德颂之志可以言于《颂》。

志之所及即诗之所及,反之亦然。无怪乎《郭店楚简》有云:"《诗》所以会古今之志也者,《书》所以会古今之识者也,《易》所以会天道人道也,《春秋》所以会古今之事也。"③ 会古今之志的志原文为恃,饶宗颐认为恃应是志的繁写,裘锡圭也认为应读为志或诗,李零也读为诗,④ 诗与志一体,由此亦可证之。

三 以意逆志

诗言志之意不独为抒发己志,还包含有以《诗》为媒,激发他人之志的意思。据《荀子·六略》所记,⑤ 子贡倦于学业,对孔子表示希望息学而事君。孔子引《诗》"温恭朝夕,执事有恪"而质于子贡:事君亦

① 李零:《上博楚简三篇校读记》,中国人民大学出版社 2009 年版,第 30—31 页。

② 黄怀信:《上海博物馆藏战国楚竹书〈诗论〉解义》,社会科学文献出版社 2004 年版,第 14 页。又见刘信芳《孔子诗论述学》,安徽大学出版社 2002 年版,第 128—133 页。

③ 涂宗流、刘祖信:《郭店楚简先秦儒家佚书校释》,台北万卷楼图书有限公司 2002 年版,第 269 页。

④ 李零:《郭店楚简校读记》,北京大学出版社 2002 年版,第 160 页。

⑤ 王先谦:《荀子集解》,中华书局 1988 年版,第 509—511 页。

难，但事君焉可息哉？！子贡又说，息学而事亲如何，孔子引《诗》"孝子不匮，永锡尔类"以证事亲虽难而岂可息？子贡再言愿事妻子，孔子引《诗》"刑于寡妻，至于兄弟，以御于家邦"说事妻子非易事而不可息息。子贡再说愿息于朋友。孔子引《诗》"朋友攸摄，摄以威仪"说朋友事也非可轻易待之而不能息慢。子贡最后说愿息于耕。孔子说："《诗》云：'昼尔于茅，宵尔索绹，亟其乘屋，其始播百谷。'耕难，耕焉可息哉！"

　　子贡厌学，希望找到一个能轻松对待和应付的事情去做，孔子并不对其正面论说学的重要性，而是引《商颂》《大雅》《豳风》中的诗句言明君子行事：在在用诚、事事持敬，而远离混沦轻佻。此节与《易经》"天行健，君子以自强不息"所论之理相得益彰，只不过是用《诗》来起兴，振发子贡之志。孔子最后回答子贡"然则赐无息者乎"之问道："望其圹，皋如也，巅如也，鬲如也，此则知所息矣。"意即君子见坟冢而知所息处，生则行健以自励，日新而不息。《诗》《大略》所表达的儒家生命观与《论语》"未知生，焉知死"之述若合符节。这与生存论亦有可沟通处：我们存在的意义总是系于我们之所事事。分别在于，生存论中人作为有限存在者的"向死而生"的观念以死为分际，此岸彼岸、人世天国的二元分界仍然存在，但已经在"向死"的指引意味下大大淡化和沟通了此分界；而在儒家的生死观中，生与死本是一事，并无二理。这并不是说，生之前后的世界并无区别，而是说：生而不息、死而息均为正当、应当，是天之常理、人之常道。《诗》言事君、事亲、事妻子、事友、事农耕，均为生之常道，故孔子引以触发子贡"不息"之志；死而息亦是人道、常道，《诗》不言死，夫子亦以君子息此而示于子贡，故子贡终能明而叹曰："大哉，死乎！君子息焉，小人休焉。"由此可见，《诗》与先秦儒家的种种文献的互明互证、相适相宜是先秦儒家说诗论诗的普遍形式，无论言己志、起兴他者之志，《诗》均为不可缺少者。

　　诗言志既可以是作诗之人言己之志，亦可以解读为赋诗（引诗）之人借《诗》述志，志是诗歌创作、鉴赏、运用活动中的主旨，论诗者不明诗志之所在就难以理解作诗者、引诗者的所欲表达的意图。因而《孟子·万章上》说："故说《诗》者，不以文害辞，不以辞害志；以意逆志，是为得之。"咸丘蒙以《诗经·小雅·北山》"普天之下，莫非王土，率土之滨，莫非王臣"一句问于孟子，舜为天子，舜的父亲瞽瞍为什么不是臣子？孟子首先说："是诗也，非是之谓也，劳于王事而不得养父母也。"《小雅·北山》的主旨是诗人抒发自己劳于王事而不得事养父母的感慨，如果仅仅以"普天之下"一句来理解，就会拘泥于一词一句的表面意思，看不到全篇的主旨，犯下以辞害志之病。如《大雅·云汉》"周余黎民，靡有孑遗"之句并不是想从事实上描写周朝之民无一遗存，而是以艺术上的夸张表达诗人的情感，如果将诗简单等同于实事，不知诗之为诗就在于抒发情志，就会以文害辞，于诗旨与实事二者皆误。孟子最后举《尚书》："祇载见瞽瞍，夔夔斋栗，瞽瞍亦允若。"尧（祇载）见父亲是恭恭敬敬的，《书》以记事，这才是实事，而且恰与《小雅·北山》的孝亲的主旨相应。

因此说诗者须对诗旨进行揣摩、了解、同情，以己之意迎取诗人之志，而非偏于一文一辞而失去全篇的照应和深入的究别。论诗、说诗说到底是一个阐释的过程，论者如果不能体察作者的用心，不能进入到诗作投射出的对生存语境的感受，阐释所需要的视域融合就无从说起。与"以意逆志"相结合的是"知人论世"说，通过诵其诗、读其书而知其人、论其世，对作诗者或引诗者的生存境域有了相当程度的了解和体验后，才能在心情和知识上都对其人有真切感受，并从其人其世出发体会诗歌的旨志。

第二节　发乎情：以楚简材料为中心

一　《性自命出》与《性情论》的奠基性分析

《左传·昭公二十五年》所归纳的好、恶、喜、怒、哀、乐六志，孔颖达《正义》云："此六志，《礼记》谓之六情。在己为情，情动为志，情志一也。”① 情与志在先秦儒家的语境中并不判然为二，而是有着微妙和复杂的关系。如荀子《乐论》“夫乐者，乐也，人情之所必不免也，故不能无乐”，又说“君子以钟鼓道志，以琴瑟乐心”，可见乐生于情而道于志。后世往往以陆机《文赋》“诗缘情而绮靡，赋体物而浏亮”为诗歌抒情说的肇端，但考稽先秦诗文和文论，虽无明确的“诗缘情”说而以“诗言志”说为纲领，其时情与志已经难以简单分割，而往往是情不绝志、志不绝情。王运熙、顾易生《中国文学批评通史》就认为：“‘言志’在先秦时也包括‘言情’的内容，那时‘情’与‘志’是不分的。”② 如屈原《九章·惜诵》“惜诵以致愍兮，发愤以抒情”的“抒情”与“介眇志之所惑兮，窃赋诗之所明”的“明志”可以互训；《孟子·梁惠王下》引《诗·大雅·绵》“爰及姜女”来说明周王将“好色”之私心推及民众便是仁政王道。而据《诗集传》的看法，《诗经》风雅颂的风多出自里巷歌谣之作，“男女相与咏歌，各言其情者也”③。同时抒发情感、言及志意的作品并不少见，但先秦对情、性作出专门和深入讨论的还是子思学派，除了作为传世文献的《中庸》，新出土的楚简提供了可资研究的极好文本。

上博简《性情论》与郭店简《性自命出》内容基本一致，章序略有不同，郭店简内容较为完整，而上博简则缺损稍多，④ 因此这里主要依据郭店简进行讨论，简文取李零附于《上博楚简校读记》下半部分的《郭店楚简校读记》之二《性自命出》，以与同书的《孔子诗论》和《性情论》对照。

在“诗言志”一节已经引用《性自命出》开篇“凡人虽有性，心亡定志，待物而后作，待悦而后行，待习而后定。喜怒哀悲之气，性也。及其见于外，则物取之也。性自命出，命自天降”。这段话对志、性二者关系的解说已经分析过，现在把重心放在情上，喜怒哀悲之气为性，而性显

① 朱自清：《诗言志辨》，广西师范大学出版社 2004 年版，第 3 页。

② 王运熙、顾易生：《中国文学批评通史·壹　先秦两汉卷》，上海古籍出版社 1996 年版，第 35 页。

③ 朱熹：《诗集传·序》，中华书局 1958 年版，第 2 页。

④ 陈来：《郭店楚简〈性自命出〉与上博藏简〈性情论〉》，《孔子研究》2002 年第 2 期。

然不是物质性的存在物，气应该解作喜怒哀悲的性质、属性，是人所具有的精神性要素，这与"我善养吾浩然之气"（《孟子·公孙丑上》）的气是相通的。"及其见于外，则物取之也"是气与性作为人的内在精神，需外物触动、感发、实现，这现之于外的气与性是后起的、表现出来的东西，就是具体的喜怒哀悲之情。

简文继云："道始于情，情生于性。始者近情，终者近义。知情者能出之，知义者能入之。好恶，性也。所好所恶，物也。善不善，性也。所善所不善，势也。"① 天赋为性，情为性的发露，但是人作为存在者，若没有与世界打交道的过程，是无法返视内观而直接见道的，因此情作为性与外物相交感的产物，具有"始"的地位。这里的"始"是从发生论而非生成论的意义来说的，情是作为道的过程的始端，但不能理解为源头或基础，否则与"情生于性"之义就难以相契。道在这里至少有两层意思，一是作为生存语境的道路，二是作为超越维度的形上之道。情之生发，是生存者进入生存的开始，是"始者近情"；而这一道路的指向不是完全由形而下之器所规定的，即人的生存所指既非工具性的实用目的，亦非享乐性的感性目的，而是有实现人之为人本身的终极追求，所谓"终者近义"，是之谓也。在好恶之性与所好恶之物之间感兴的就是情，因此知情者能深通人事，而知义者能由人事进入存在本身的境域。

上面两段引文为《性自命出》的总旨，阐明天、命、道、性、情的关系，明乎此，始能了解后文论诗书礼乐之言。李零所分简文第 8 节："凡道，心术为主。道四术，唯人道为可道也。其三术者，道之而已。诗书礼乐，其始出皆生于人。诗，有为为之也。书，有为言之也。礼乐，有为举之也。"② 心术作为主导者可以引导诗、书、礼乐，刘昕岚《郭店楚简〈性自命出〉篇笺释》引《礼记·乐记》："应感起物而动，然后心术形焉。"以及郑玄注："术，所由也。"认为这里的心术"盖心志、心知之

---

① 李零：《上博楚简三篇校读记》，中国人民大学出版社 2009 年版，第 102 页。
② 同上书，第 103 页。

所由焉"①。也就是说，诗书礼乐都是有心志的指向的。而诗书礼乐的产生都是人的行为，刘昕岚将"为"解为创作、吟唱，"举"解为举措、行动，"有为"解为有目的和原因的行动（同李零），因特定目的和原因发吟咏而为诗，发言语而为书，礼、乐之生，动为举措而为礼乐。涂宗流、刘祖信《郭店楚简先秦儒家佚书校释》解"有为"为有作为，并引《易·系辞上》："是以君子将有为也"为证；解"言"为记载，"举"为记录。② 结合上下文，除"言"外，均以刘说为宜。

"圣人比其类而论会之，观其先后而逢训之，体其义而节度之，理其情而出入之，然后复以教。教，所以生德于中者也。礼作于情，或兴之也。当事因方而制之，其先后之序则义道也。"③ 圣人按风、雅、颂排比《诗》，依据先后整理《书》、体察意涵规范《礼》、顺体人情编排乐，这是孔子对六艺所进行的编纂、研究工作的一个例证。④ 而据此勘定的诗书礼乐通明人心人情，知情性的分合收放，这样出于情的礼才可能感发出于内心的德性，这样因于人情的伦序才是得宜之道。

"又叙为之节则文也。致容貌所以文，节也。君子美其情，贵其义，善其节，好其容，乐其道，悦其教，是以敬焉。"⑤ 君子以情为美并修美自身，重视仪容风度，发自内心地贵义善节、乐道悦教，诚敬从容。

　　笑，礼之浅泽也。乐，礼之深泽也。凡声，其出于情也信，然后其入拨人之心也够。闻笑声，则鲜如也斯喜。闻歌谣，则陶如也斯奋。听琴瑟之声，则悸如也斯叹。观《赉》、《武》，则齐如也斯作。观《韶》、《夏》，则勉如也斯敛。咏思而动心，喟如也，其居次也久，其反善复始也慎，其出入也顺，始其德也。郑卫之乐，则非其听

　　① 刘昕岚：《郭店楚简〈性自命出〉篇笺释》，载武汉大学中国文化研究院编《郭店楚简国际学术研讨会论文集》，湖北人民出版社 2000 年版，第 335 页。

　　② 涂宗流、刘祖信：《郭店楚简先秦儒家佚书校释》，万卷楼图书有限公司 2002 年版，第154 页。

　　③ 李零：《上博楚简三篇校读记》，中国人民大学出版社 2009 年版，第 103—104 页。

　　④ 李天虹：《从〈性自命出〉谈孔子与诗、书、礼、乐》，《中国哲学史》2000 年第 4 期。

　　⑤ 李零：《上博楚简三篇校读记》，中国人民大学出版社 2009 年版，第 104 页。

而从之也。凡古乐垄心，益乐垄［指，皆教其］人者也。《赉》、《武》乐取，《韶》、《夏》乐情。①

这段话集中论述情在礼乐歌诗中所起的作用。声之真实感人是由于其出于真情实感，因而能够拨动人心，人皆有情而以歌诗乐舞的形式表现出来，激起观者官美和志意的通感。参照上博简《孔子诗论》首章"诗无吝志，乐无吝情，文无吝言"可知，② 诗、乐、文的"无吝"，即真实无隐才能沟通创造者、表演者、观看者，从而营造出情志感发摩荡、相生相激的艺术场域。这些或喜、或奋、或叹的情绪正是人之气、性在此艺境中的真诚流露，因而不同于日常生活中流于简单的笑，而是在公共的艺术空间和场域中将个体情感融入共同感的情感表达；也因此超出了个体的有限与局促，获得了共同性和整体性的志意指向。因此《赉》《武》表现武王功业，观之使人发奋振作，《韶》《夏》体现情与性之本身，使观者陶醉于美与善的谐和。郑卫之乐是流行的通俗乐曲，但调整观看的角度也能给人以教益。古乐动人心，益（溢）乐动人指（嗜）念，都可以从中得到教训。

"凡至乐必悲，哭亦悲，皆至其情也。哀、乐之心，其性相近也，是故其心不远。"③ 又"月情之至［者，哀］乐为甚。"④ 至乐、哭这两种情状下的悲都是真情的表现，而哀乐之心同出于性，因而都表现为心之悲。性不可见，心也不可见，而情时时在表现中，因而由情可以见心知性。

二 《孔子诗论》对情的讨论

《性自命出》对情、性、天、道进行了奠基性的分析，而情之于诗的具体论述在同弓《孔子诗论》中随处可见。前文已论及《诗论》"诗无吝情"的宗旨，其后专论"情"有六句，三句集中在对《国风·邶风·燕

① 李零：《上博楚简三篇校读记》，中国人民大学出版社 2009 年版，第 104 页。
② 同上书，第 11 页。
③ 同上书，第 104—105 页。
④ 同上书，第 106 页。

燕》的论说。

简 10 “《燕燕》之情，曷曰动而皆贤于其初者也？”

简 11 “情爱也。”

简 16 “《燕燕》之情，以其独也。”

李零将三简排列为“〔孔子曰：‘□□□□□□□□□□□□□□□□□〕情爱也。……《绿衣》之忧，思古人也。《燕燕》之情，以其独也。’孔子曰：‘吾以《葛覃》得氏初之诗、民性固然，见其美，必欲反，一本夫葛之见歌也……《燕燕》之情，曷曰动而皆贤于其初者也？’《关雎》以色喻于礼……”①

简文所缺字为《邶风·燕燕》诗句，《燕燕》诗为：“燕燕于飞，差池其羽。之子于归，远送于野，瞻望弗及，泣涕如雨。”描写送人远嫁、终不可见的悲愁，离情别绪跃于纸上，《诗论》以“情爱也”许之，是以情为起手处，进而谈论其他诗中之情，如《汉广》求女不得之苦、《雀巢》女子嫁人之乐、《绿衣》思故人之忧。

“《燕燕》之情，以其独也。”“独”字简文原写作“蜀”，马承源读为“笃”，解释为情意笃定深厚，其他学者多读为“独”。据饶宗颐考证，郭店楚简《五行》篇引此诗，然后以君子慎独解说，郭店简《德行》也两次说到“君子慎其独也”。又《方言》训“蜀”为“一”，即以“蜀”为“独”也。② 因此“蜀”在这里应读为“独”，李零、周凤五也从此说。

来看一下《五行》所引《燕燕》：“‘瞻望弗及，泣涕如雨’。能差池其羽。然后能至哀，君子慎其蜀（独）也。”③ “差池其羽”是离人在悲伤中看到飞燕的羽翼参差不齐，这是以比兴的手法表达哀伤并不在于身穿丧服而在于心境，有恸于心，对于所着服饰反而心不在焉了，犹如燕之心不在羽翼。如此流露的真情可谓至情，刘信芳引《马王堆汉墓帛书》中

①　李零：《上博楚简三篇校读记》，中国人民大学出版社 2009 年版，第 15—16 页。

②　饶宗颐：《上海楚竹书〈诗序〉小笺》，载沈建华编《饶宗颐新出土文献论证》，上海古籍出版社 2005 年版，第 189—190 页。

③　李零：《郭店楚简校读记》，北京大学出版社 2002 年版，第 79 页。

对《五行》进行传释的《传》："能差池其羽，然后能至哀，言至也。……言至内者不在外也。是之谓独，独也者，舍体也。"①哀思的表达在于个体内在之心而非外在的服饰（犹羽），这是对情为真心之流露的进一步说明。从这条内在化的进路，可以由情、心上溯到性，"五行皆形于内而时行之，谓之君子"②。五行，仁、义、礼、智、圣之谓，皆须纳于内心而行之，才能说是真实可信的。五行与五气相比，已经是经过淬炼的成德之性。这里的"慎独"就是从内在化的自觉、自省来说的，《燕燕》之情与慎独之行可贵的地方都在于发于内而形于外，因而是真实无欺、可爱可信的。

了解了"独"的问题，回到《诗论》，"……《燕燕》之情，动而皆贤于其初"，这句话争议较多，似以廖名春所言"《燕燕》之情是对见异思迁本能（初）的超越"稍胜，③但意仍有未安，真情固然胜于对见异思迁的本能，但真情何以能胜过本能？进一步问：真情胜过本能之后又当如何葆有而不泯？甚至可以说，情之一物，虽胜于本能，但仍与本能相互牵连，受外物牵引（待物而后作）。情之为真，须拨开作为欲望的本能，直面自心自性而升华为情之真者，此"真"作为生存的真态，不是单纯的道德规范或社会法则，而必须有坚实可信、持存可久的不断生成。庞朴在《上博藏简零笺》"燕燕情独"一节说："所谓'燕燕之情，以其独也'，指的是其情专一不渝〔参见帛书《五行》说八'无与终'〕和不假修饰的至诚"④。"专一不渝"是一个道德观念，"至诚"则可以将情、心、性的进阶贯通，当然"诚"之一字的内涵远非"不假修饰"能道出，而是具有极强的天道和人道色彩，这在后文"思无邪"一节有较为详细的讨论。

《诗论》还有多处论及情，如18简："《杕杜》则情，喜其至也。"22

① 刘信芳：《简帛〈五行〉慎独及其相关问题》，《湖北师范学院学报》（哲学社会科学版）2001年第2期。

② 李零：《郭店楚简校读记》，北京大学出版社2002年版，第78页。

③ 刘信芳：《孔子诗论述学》，安徽大学出版社2002年版，第177页。

④ 庞朴：《上博藏简零笺》，载上海大学古代文明研究中心、清华大学思想文化研究所编《上博馆藏战国楚竹书研究》，上海书店2002年版，第238页。

简：“《宛丘》曰：‘询有情’‘而无望’，吾善之。”15 简：“及其人，敬爱其树，其保（报）厚矣。《甘棠》之爱……”27 简：“《北风》不绝人之怨……”18 简：“……也，多言难，而怨怼者也衰矣少矣。”这些都是针对《诗》中情之抒发进行评述和论说，并多加以肯定性的评价。《诗论》论《诗》，或及于政事，或及于德性，或及于礼教，但多以情为切入点，进而剖见诗旨。儒家说，亲亲才能爱人，从天然而在的亲情出发并推而及人，才是可信可靠的。

第三节　思无邪

孔子对《诗》三百篇有一个总的评论：“诗三百篇，一言以蔽之，曰，思无邪。”（《论语·为政》）孔子评《诗》的“思无邪”一语也出自《诗》，《鲁颂·駉》：“駉駉牡马，在坰之野。薄言駉者，有驈有皇，有骊有鱼，以车袪袪。思无邪，思马斯徂。”郑玄《毛诗正义》笺：“徂，犹行也。思遵伯禽之法，专心无复邪意也。牧马使可走行。”① 这里“思”是思虑、考虑的意思，引申为思想、念头。王先谦《诗三家义集疏》云：“思无邪者，诗之真正无有邪曲。”② 朱熹《诗集传》也持此说：“盖诗之言，美恶不同。或劝或惩，皆有以使人得其情性之正。然其明白简切，通于上下，未有若此言者。故特称之，以为可当三百篇之义……孔子读诗至此，而有合于其心焉，是以取之，盖断章云尔。”③

也有学者认为“思”之一字在句中也可作语气助词，本身无含义，杨伯峻说：“思字在駉篇本是无义的语首词，孔子却引它当思想解，自是断章取义。”④ 李泽厚也持此说：“思是语气助词，不作思想解，邪也不作邪恶解。”李泽厚引郑浩《论语集注述要》：“古义邪即徐也。无虚徐，则

---

① 阮元校刻：《十三经注疏》，中华书局 1980 年版，第 610 页。

② 程俊英、蒋在元：《诗经注析》下册，中华书局 1991 年版，第 1001 页。

③ 朱熹：《诗集传》，中华书局 1958 年版，第 238 页。

④ 杨伯峻：《论语译注》，中华书局 1980 年版，第 11 页。

心无他骛……盖言诗三百篇，无论孝子、忠臣、怨男、愁女皆出于至情流溢，直写衷曲，毫无伪托虚徐之意。"因此，李泽厚的翻译便是："《诗经》三百首，用一句话来概括，那就是：不虚假。"① 但无论思无邪如杨伯峻所认为的被断章取义为"思想纯正"，还是李泽厚所说的"不虚假"，思都是思想、用心之意。甚至可以说，即使思为语气助词，就"无邪"二字而言，所指向的仍然用心，"思"在此被名词化与否并不那么重要。

相反不太被注意到的是，《论语》中思作动词用数见：

子曰："见贤思齐焉，见不贤而内自省也。"（《里仁》）

见利思义，见危授命。（《宪问》）

孔子曰："君子有九思：视思明，听思聪，色思温，貌思恭，言思忠，事思敬，疑思问，忿思难，见得思义。"（《季氏》）

子张曰："士见危致命，见得思义，祭思敬，丧思哀，其可已矣。"（《子张》）

这里的思当然有思考的意思，但进一步看，则有向往、用心当如此而非他的含义。也就是说，对一种应然、应当的价值有明显的指向。反观思无邪的说法，思可解为作为名词，是为《诗》三百"其思想和用心是无邪的"；同时包含了思想所应有的指向，是为《诗》三百"所指向的是无邪"。前者的思是给定的、固有的、实然的，后者的思是指向性的、理想性的、应然的。曾子有一句话很可以予以参看："君子思不出其位。"（《论语·宪问》）这里的思与无邪之思一样，有本体和指向的双重维度。这种结构也可以参考海德格尔对于道路（Weg）的思路，道路既是存在论意义上的道，也是形式指引意义上的路。《朱子语类》在答弟子问伊川谓思无邪为"诚"时有一个说法："诚是在思上发出。"② "发出"表示的不仅是生发出来，而且是向着某个方向的生发，思是诚之所由，诚是思之所指。

思如此，则无邪作何解？《语类》继续说："诗人之思，皆情性也。情性本出于正，岂有假伪得来底！思，便是情性；无邪，便是正。以此观

---

① 李泽厚：《论语今读》，安徽文艺出版社 1998 年版，第 50 页。

② 黎靖德编：《朱子语类》，中华书局 1986 年版，第 545 页。

之，诗三百篇皆出于情性之正。"① 这与之前刘勰《文心雕龙·明诗》的
论说相近："故诗者，持也，持人情性；《三百》之蔽，义归无邪，持之
为训，信有符焉尔。"② 刘勰以诗为持来自"在心为志，发言为诗"的诗
言志说，朱子进一步将无邪定为情性之正。《论语》的"正"字多见，
如："吾自卫反鲁，然后乐正，雅颂各得其所。"（《子罕》）"割不正，
不食。……席不正，不坐。"（《乡党》）"政者正也，子帅以正，孰敢不
正。"（《颜渊》）子曰："必也正名乎。"（《子路》）"其身正，不令而
行；其身不正，虽令不从。"（《子路》）"君子正其衣冠，尊其瞻视。"
（《尧曰》）这些句子语境各不相同，但"正"字的意思有内在的一致
性，表示正当或使之正当、得其所宜或使之得其所宜。

　　回过头看与"思无邪"相应和的"君子思不出其位"，范氏注为"物
各止其所，而天下之理得矣"③。"不出其位"即"各止其所"，在其位谋
其政、言其事，也是正当、得宜之意。联系到伊川谓思无邪为"诚"的
看法，不能不让人想到《大学》，诚、止皆出自《大学》，是思孟学派的
重要观念。

　　大学之道，是志于道的道，是诗言志的志之所指。而大学之道"在
止于至善"，《大学章句》云："止者，必至于此而不迁之意。至善，则事
理当然之极也。"④ 何谓必至于此而不迁？我们知道这不是描述现实的一
般经验，而是遵循大学之道者，即以此理想性为目标的君子所必然抵达的
境界。这个境界的标准就是至善，至善是充分领悟到万事万物所蕴含的理
则和意义，万物有外在形式，更有内在道理，这并非创发于子思，证之于
《诗经》，《大雅·烝民》第一章开篇："天生烝民，有物有则。民之秉彝，
好是懿德。"孔子读此有感："为此诗者，其知道乎？故有物必有则，民
之秉彝也，故好是懿德。"（《孟子·告子章句上》）懿德即《大学》明
德之谓，是人为万物之灵所秉有的内在心志和常性，《诗集传》因此解

①　黎靖德编：《朱子语类》，中华书局 1986 年版，第 545 页。
②　范文澜：《文心雕龙注》上册，人民文学出版社 1958 年版，第 65 页。
③　朱熹：《诗集传》，中华书局 1958 年版，第 156 页。
④　朱熹：《四书章句集注》，中华书局 2001 年版，第 3 页。

《烝民》为人之常性皆好美德。① 人在德性的生活和心境中所感受到的美好和尊严是不泯于他物，也不泯于私性的，所以说止于此；"止"在这里通"至"，相同的用法如"诗者中声之所止也"（《荀子·劝学》），诗是内心声音（中声）所发所至。"止于至善"朱子注为"必至于此而不迁"，"必"说明了此道的真实可证，"不迁"说明此道的陶然可喜。《大学》引《诗》对此进一步解说："邦几千里，惟民所止"（《商颂·玄鸟》）、"缗蛮黄鸟，止于丘隅"（《小雅·黄鸟》）、"穆穆文王，于缉熙敬止"（《大雅·文王》），诗句中，民、黄鸟、文王所止所居均得其宜，安然而处。于得宜一意，又引"桃之夭夭，其叶蓁蓁；之子于归，宜其家人"（《周南·桃夭》）、"宜兄宜弟"（《小雅·蓼萧》）阐明家庭关系的得宜，"齐家"的含义就在于此。

《大学》引诗证理，是儒家说诗论文的常见方式，《论》《书》《礼》《易》《春秋》《孟》等儒家经典中时时可见，在在皆是。先秦儒家的诗论、文论对于文辞和情感的讨论并不是目的，而崇尚以文见道，以诗证道，体现出非常强烈的价值维度和取向，在儒家观念中，诗文为"道之显者"，审美与德性亦无作分离为二观。

《大学》又说："知止而后有定"，定就是定志，志有定向就不会被外在的纷扰和内在的私性遮蔽人之为人的准则。而接下来所谓"正心诚意"，也是在知止之后，于心用诚，以诚敬的心态投入，才能使心得其所宜。

正为得宜，"持情性之正"为情性"达致并处于"（止于）适当、应当的状态。《诗》三百篇，固然大多持情性之正，如司马迁《屈平贾生列传》谓"国风好色而不淫，小雅怨诽而不乱"，② 但也不乏《桑中》《溱洧》等"淫诗"，《诗》三百篇何以能以"思无邪"一言以蔽之？其诗或出于德颂、或出于讽刺、或出于情爱，但皆为人之常情常性，发而为诗，故得宜而无邪。

需要辨别的是，"淫"之所指与男女之情并无关涉，否则无法解释

---

① 朱熹：《诗集传》，中华书局 1958 年版，第 224 页。
② 司马迁：《史记》，中华书局 1959 年版，第 2482 页。

《诗经》中郑、卫之诗多写男女情爱而被孔子判为"无邪"。淫的本意指泛滥无度，放在先秦的文化语境中，《论语·卫灵公》批判郑声："放郑声，远佞人。郑声淫，佞人殆。"这常常使后来的研究者感到困惑：郑声为国风中的郑风，也属"思无邪"三百篇之列，为何又得到"淫"的评价？

俞志慧解释说：淫所指的应该不是诗歌内容，而是与诗歌相配的乐曲。俞志慧将歌诗分为声类与义类，认为"郑声淫"针对的是作为声类已经固定成型的乐曲，而作为义类的诗句则能够通过比附、断章取义等方式进行解读、诠释，从而得到赋诗者、引诗者所需要的意义。① 这是从读诗者、用诗者的角度来说《诗》，与尧斯（Hans Robert Jauss）的接受美学（Rezeptionsästhetik）颇有可通处，阅读和诠释成为作品得以完成和实现的重要内容，在这一过程中，读者也进入了作品的创作，并以其接受、反应影响作品的阅读和传播效果，这一解读模式也体现在朱子答弟子问："'思无邪'，子细思之，只是要读诗者思无邪。"②

这可以解释在先秦儒家文论中对《诗》的读法和用法为何往往跳出诗作者的本意，而指向公共性的社会政治领域和超越性的价值维度；继续就"思无邪"的含义进行进一步论说。思无邪为情性之正，而一般认为情性之正是一种理智的节制，讲究适度、平和，不能过于放纵、任其泛滥。以理智、理性的节制来说"无邪""正"固然有其道理，但无疑将情与理二分并对立，忽略了儒家思想中理想的理与情的关系并不是简单的节制，而是是其所是、得其所哉，此"得宜"之论不是适度、平和这样的表面意思所能涵尽的。

---

① 俞志慧：《君子儒与诗教》，生活·读书·新知三联书店 2005 年版，第 86 页以下。

② 黎靖德编：《朱子语类》，中华书局 1986 年版，第 545 页。

第四章

明　德

第一节　中和之美

一　"乐而不淫"的中道之行

就艺术和美学标准而言，与"思无邪"的价值观相称应是"中和"之论。孔子在评论《周南·国风》首篇《关雎》有言："《关雎》乐而不淫，哀而不伤。"（《论语·八佾》），《论语注疏》引孔安国《集解》："乐不至淫，哀不至伤，言其和也。"① 朱子《论语集注》："淫者，乐之过而失其正者也。伤者，哀之过而害于乐者也。"② 《关雎》一诗是描写男女之情的恋诗，闻一多《风诗类抄》评述为："《关雎》，女子采荇于河滨，君子见而悦之。"③ 诗歌前半阕写男悦女而望求之，故有"君子好逑""寤寐求之"之句；中阕写求不得之苦，故有"寤寐思服""辗转反侧"之言；后半阕写与女相偕之乐，故曰"琴瑟友之""钟鼓乐之"。（程俊英认为后半阕描写的场景只是男方的想象，出处同注3。）

结合整首诗，"关关雎鸠，在河之洲"为起兴句，打开了一个有河流、绿野水鸟、鸣啼的场景，正是君子、淑女相遇相感的适宜氛围。"窈窕淑女"的窈为心之美，窕为容之美，辜鸿铭在《中国人的精神》中把

---

① 阮元校刻：《十三经注疏》，中华书局 1980 年版，第 2468 页。
② 朱熹：《四书章句集注》，中华书局 2001 年版，第 66 页。
③ 程俊英、蒋见元：《诗经注析》上册，中华书局 1991 年版，第 2 页。

窈阐释为幽静、恬静、温柔，并含着羞意，属于气质之美；宛是轻松快活、殷勤有礼的性情和修养。窈窕淑女自然是与西方传统或今日中国的女性是大不相同的，表现了当时文化熏陶而成的女性独有的美感和涵养。这样的女子是天性与文化、外美与内修谐和的美好存在，君子对其产生内外感应、生出共偕之念出于真情与自然。君子有“寤寐思服”“辗转反侧”之举盖因此美好的存在并不常有，求之不得君子则失其良配，于情于心皆难以释怀，“故其忧思之深，不能自已，至于如此也”①。

“寤寐思服”“辗转反侧”可谓思念之甚，这与道家忘情异调；但君子之忧不以己身之忧为至极，因此求不得之苦不会转化为致命的痛苦，这与苦情派诗人文人殊途。“哀而不伤”所指并非是一种温暾的、犹疑的、逃避至真至性的情感，只是对情感的追求不会成为儒家最终的或最高的归依罢了。至真之情，在儒家那里到底是一种美好的存在，“琴瑟友之”“钟鼓乐之”无论是事实中或想象中发生的事情，都表达了君子对情之一事的态度，尤其是如果发生在想象中，则更显示了经过纯化与升华的情感：此女与我无缘，但我在心愿中仍以琴瑟钟鼓友之乐之，或希望与其携手之人亦为君子并以此待之。

因此可以理解《诗集传》中所说：“至于寤寐反侧，琴瑟钟鼓，极其哀乐而皆不过其则焉。”② 这里的“则”对应着“乐而不淫，哀而不伤”之论，究其实指，就是中和的美学观。就《关雎》一诗而言，中和并不限于哀乐之论，窈窕淑女表现出的内外谐和的美感、君子一词包含的文化内涵（详见后文“君子比德”一节）都是中和之美的体现。

“中”之一字，见于《尚书·大禹谟》：“人心惟危，道心惟微；惟精惟一，允执厥中。”这四句话被视为儒家思想的“十六字心传”，“允执厥中”为尧授舜之语；舜授禹增添为四句。《论语·尧曰》也引此语：“咨！尔舜！天之历数在尔躬，允执厥中。”在子思所作《中庸》中，对此思想作了详尽的阐解和发展，以接续儒家思想的道统。《中庸章句·序》中明言子思以“天命率性”释“道心”，“择善固执”释“惟精惟一”，“君子

---

① 朱熹：《诗集传》，中华书局1958年版，第2页。
② 同上。

时中"释"执中"，对中道思想进行了系统化和细致化的论说。

按《说文》，中本者内，以与外相区别，"中，内也。从口。丨，上下通"①。因此《中庸》说："喜怒哀乐之未发，谓之中"；未发之情内纳于心，是为天赋之性（"天命之谓性"）；"发而皆中节，谓之和"；情循性而发，每发皆正，是为"中节"（"率性之谓道"）。未发之"中"与发而皆中节之"和"是天命下贯过程的两端，二者统一于此过程中，这个统一的过程就是《中庸章句》所引子程子"不偏之谓中，不易之谓庸"的中庸之道。喜怒哀乐之情循性而发为正道之行，与天命之理则每每若合符节，② 这是中庸所论说的理路，即持中道而行之。中道而行即不偏不倚、无过不及地依据天命之性而行，这样才有后文的"中也者，天下之大本也；和也者，天下之达道也"。本与道（路）、体与用二者并无根本上的区隔，而是皆降自天命并应于天命，出于理则并符于理则。

《尚书·虞书·舜典》："诗言志，歌永言，声依永，律和声。八音克谐，无相夺伦，神人以和。"这里出现的两个"和"字一为律吕的协调同奏、一为天人的交感谐和，都是"中节"的实现。而若能时时处处至于中和，天道人道均得其所安，在此境域中万物生发成长出的灵性和美好风行天下，《中庸》所谓"天地位焉，万物育焉"就是这种理想境界的描述。

中和的含义依据于中庸，"以性情言之，则曰中和，以德行言之，则曰中庸是也。然中庸之中，实兼中和之义"③。作为根本性的儒家之道，中庸至为重要，又非能轻易达至，这在孔子的言行之中多有涉及：

子曰："中庸之为德也，其至矣乎！民鲜久矣！"（《论语·雍也》）

子曰："天下国家可均也，爵禄可辞也，白刃可蹈也，中庸不可能也。"（《中庸》）

子曰："道之不行也，我知之矣，知者过之，愚者不及也；道之不明也，我知之矣，贤者过之，不肖者不及也。"（《中庸》）

①　段玉裁：《说文解字注》，上海古籍出版社 1981 年版，第 20 页。

②　天命的含义参见前文"天命与文命"一节。

③　朱熹：《四书章句集注》，中华书局 2001 年版，第 19 页。

“君子依乎中庸，遯世不见知而不悔，唯圣者能之。”（《中庸》）

而欲行中庸之道，需要得到礼乐诗书的熏陶和教化，自然的欲望为文所化后，生发出的情感就不会被外物外感引到过与不及的两端，因此中庸之道是君子之道。“故君子尊德性而道问学，致广大而尽精微，极高明而道中庸。”（《中庸》）

中庸之难，在于其理广大而精微，得一时之悟容易，在不断的觉悟和自新中持守中道则难之难矣。孔子自己都说：“人皆曰予知，驱而纳诸罟擭陷阱之中，而莫之知辟也。人皆曰予知，择乎中庸而不能期月守也。”（《中庸》）对于能守中庸之道的弟子，孔子不吝赞美之词：“回之为人也，择乎中庸，得一善，则拳拳服膺而弗失之矣。”（《中庸》）颜子之所以被尊为“复圣”，就是他对中道发自内心的领会、认同、实践，因而能以诚敬之心循于中道。证之《论语》，亦有“回也，其心三月不违仁，其余则日月至焉而已矣”（《论语·雍也》）。能够长时间地置身心于情、性、命、天一体贯通的境界，不是强制性的律令或全无自性的盲从所能得到的①，只能是在情与理、美与善交融的境域中得到真实无欺的体会和证明的情况下才可以有此成就。

具体看中庸之道，《论语·先进》记载子贡问：“师与商也孰贤？”孔子说：“师也过，商也不及。”子贡又问：“然则师愈与？”孔子说：“过犹不及。”

师为子张，商为子夏，子张宽容随和，重德行上的忠信；子夏长于诗文言辞，富有才艺。考之中道，孔子认为子张质胜于文，子夏文胜于质，超出中道和不及中道是一样的，只有文质彬彬才是君子之道、中庸之道。

君子之美即中和之美，表现在气质容色上，《论语·述而》形容孔子“温而厉，威而不猛，恭而安”。朱子注释说：“人之德性本无不备，而气质所赋，鲜有不偏。惟圣人全体混然，阴阳合德，故其中和之气见于容貌之间者如此。”②这里将中和诠释为全体混然而不偏、阴阳合德而无缺，正是中庸之道的极好说明，同理，在《论语·尧曰》中，孔子回答子张

---

① “自性”本来是佛家用语，这里指内在的自我意识与自我规定性。

② 朱熹：《四书章句集注》，中华书局 2001 年版，第 102 页。

"何谓五美"之问时说："君子惠而不费，劳而不怨，欲而不贪，泰而不骄，威而不猛。"中和、中道、中庸绝非后世所谓的求取一个稳妥的中间位置以避免走极端的折中主义、妥协之道等俗论，而是上下求索人道合于天道之后得到的不偏不倚、无过不及的正道。《论语·子罕》中孔子的一句话可以看作对中道之知的说明："吾有知乎哉，无知也。有鄙夫问于我，空空如也，吾叩其两端而竭焉。""无知"是说没有可以现成套用的、对象化的知识，而是根据具体情境叩问各种可能性（"两端"）以找到最为合宜的、无过不及的方式。《中庸》引《诗·大雅·旱麓》："鸢飞戾天，鱼跃于渊"来说明君子之道广大而精微（"费而隐"），"言其上下察也"，也是体察情境以求中道之意。中庸之道的情境化使其既是天道亦是人道，既是大道亦是常道，其在日用伦常之间也可以体会，因而"夫妇之愚，可以与知焉"。而推究到终极之处，连圣人也不能尽知与时中，"其至也，虽圣人亦有所不知焉"。

二　正乐：中和的一个范例

因此，基于中道的中和是一个很高的美学标准，是兼含文质、美善的总体性标准。春秋时期诗乐一体，因二者皆为内心有所感受后发而为声，《礼记·乐记》有言："诗言其志也，歌咏其言也，舞动其容也。三者本于心，然后乐器从之。"孙希旦《礼记集解》："诗也，歌也，舞也，三者合而为乐，而其本则在乎心之德也。德具于心，发而为三者，而后乐器从而播之。"[①]《集解》将三者之本归为内心所具有的德性，德字偏旁为"彳"，表示道路、行动，最早的甲骨文中（字形见下），德字字形为目光直视于道路正中，其原始意为正视、直行；金文字形中目下加了一个心，将视、行纳入了心的内在规定性；在小篆中目光正视演变为"直"旁，字形基本与现在的书写相同。从德字字形的书写发展可以得知，德是人的内外皆行于正道之意，以心之德为诗、乐之本，就是要说明诗、乐皆发于心之正、性情之正。

---

① 孙希旦：《礼记集解》，中华书局1989年版，第1006页。

甲骨文　　　　　金文　　　　　小篆

郑玄对《乐记》此句的注释是："三者本志也、声也、容也，言无此本于内，则不能为乐也。"①孔颖达疏为："三者，谓志也，声也，容也。容从声生，声从志起，志从心发，三者相因，原本从心而来，故云本于心。先心而后志，先志而后声，先声而后舞，声须合于宫商，舞须应于节奏，乃成于乐。是故然后乐器从之也。"②郑注、孔疏将心、志（诗）、声（歌）、容（舞）作为乐的发生进程，并以宫商规定声、节奏规定舞，合而为乐。由前文"诗言志"中对"志"的辨析可以知道，志是情的发动，循性而发、发皆中节的情就达到了中和的标准。因此《乐记》继续说："是故情深而文明，气盛而化神，和顺积中，而英华发外，唯乐不可为伪。乐由中出，礼自外作。乐由中出故静，礼自外作故文。"乐的"不伪"在于发自心之自然，是情深蓄于心后的英华外露，如此而成的乐情真且合于度，谓之雅乐。又，《乐记·乐化》云："乐者，天地之命，中和之纪，人情所不能免也。"这句话以"天地"为乐的价值规定，以"中和"为乐的美学标准，以"人情"为乐的自然发动，完整地论述了理想中的乐。

《乐记》对诗乐的理想形态——合于中和的诗乐作了以上论述，乐以中和为标准尤其重要，"礼之敬文也，乐之中和也，诗书之博也"（《荀子·劝学》），因而中和成为孔子删诗、正乐的依据所在。"吾自卫反鲁，然后乐正，《雅》《颂》各得其所。"（《论语·子罕》）"乐正"的"正"与"思无邪"一节中所辨析的"正"是一个意思，即得宜，《礼记·乐记》更有中、正、无邪几个概念的合写："中正无邪"。通过对中和的分析，可以更明确地说"正"是文与质的相宜、美与善的相宜，并相得益彰。

---

① 阮元校刻：《十三经注疏》，中华书局 1980 年版，第 1536 页。

② 同上。

　　不合于中和就是在形式与内容上存在过与不及，从而遮蔽了乐作为心之声的真态，《论语·阳货》中孔子说："恶紫之夺朱也，恶郑声之乱雅乐也，恶利口之覆邦家者。"朱为正色，雅乐为正乐，紫为朱之过者、郑声为雅乐之过者，失去了色、乐的中道，因而是对正色、正乐的背离和遮蔽。孔子又说："行夏之时，乘殷之辂，服周之冕，乐则韶舞。放郑声，远佞人。郑声淫，佞人殆。"（《论语·卫灵公》）夏时、殷辂、周冕、韶乐是符于中和的正道，而郑声、佞人是偏离中道的。

　　因此，删诗正乐就是去掉诗乐中过与不及的内容，使之归于中道，"诗者中声之所止也！"（《荀子·劝学》）杨倞注为："诗谓乐章，所以节声音，至乎中而止，不使流淫也"，这里把中解释为中道而非内心，也是能说通的。但是，中和作为标准，是在生存语境中敞现的，而不可视为现成化的某种东西，否则变风变雅就无法理解，在荀子那里，逻辑化、体系化的论说有时带来的是现成化的说法，如"凡言之不合先王，不顺礼义者谓之奸言；凡乐之不合雅颂之声者谓之奸声"（《荀子·非相》）。中和被现成化、固定化为先王、礼义、雅颂，这样评价尺度就变成按照先王之言、礼义之轨、雅颂之音去按图索引、对号入座，如此就失去了生存论的维度，中和本身有被抽离的危险。依于中和即是率性循道，诗乐之论的取向是价值上的相应而不是字句音符的相符。当然，先王之言、礼义之轨、雅颂之音可以成为熏陶、导示我们对道的体知、展示，但其本身是根植于当时的语境，并通过其时其境而敞开通向道的道路。

第二节　君子比德

一　比于德

　　《诗》中所用之法后人归纳为六诗："六诗：曰风，曰赋，曰比，曰兴，曰雅，曰颂。"（《周礼·春官》），《毛诗正义》称为"六义"："故诗有六义焉：一曰风，二曰赋，三曰比，四曰兴，五曰雅，六曰颂。"①
孔颖达认为风、雅、颂是《诗》篇不同的体裁，赋、比、兴是《诗》文
的不同手法，"比者，比托于物"（《毛诗正义》），"比者，以彼物比此
物也"（《诗集传》），这里将比解释为比喻、比拟。

　　深究下去，"比"源生于对生存环境的打量、触摸、体验而产生联
想、类比，以前"移情说"的说法是从心理学的角度认为主体的感觉、
情感、意志投射到客体，使客体成为有感情、意志的东西，这样对客体之
美的欣赏才是可能的。但"比"虽然是主体所发出的行为，"比"能够得
以成立的根据却是主体、客体之间，甚至可以说不仅是主客体，而且是生
存世界中的某些存在者之间发生了千丝万缕的关联，这种关联才是"比"
得以进行、成立的基础，换言之：生活世界而非主体才是"比"得以可
能、是破除主客体的内外之别而将两种事物关联起来的基础。这样看来，
对客体产生美感并不能归结为一种心理上的错觉，而应该解释为人在生存
活动中发生的原发性的体验，当生活世界中的事物与人的生存活动在某些
层面或维度产生共鸣时，"比"就发生了。同样的，比也不能产生于温克
尔曼"审美的静观"，而只能是各存在者在共在（Mitsein，Mitdasein）之
中发生的相互感应、吸引，而至于互为比兴。

　　在本书论及的话题上，比德不仅是诗歌写作的方式，更是引诗、说
诗、论诗的重要形式，先秦文论中常有以物比于君子之德，而此德是善与
美的合文，对于比托之物的选择就常常反映了为文者目中的兼美善之物。

　　《诗经·卫风·淇奥》可能是描写君子之美最著名的诗，诗云：

> 瞻彼淇奥，绿竹猗猗。有匪君子，如切如磋，如琢如磨。
> 瑟兮僩兮，赫兮咺兮。有匪君子，终不可谖兮！
> 瞻彼淇奥，绿竹青青。有匪君子，充耳琇莹，会弁如星。
> 瑟兮僩兮，赫兮咺兮。有匪君子，终不可谖兮！
> 瞻彼淇奥，绿竹如箦。有匪君子，如金如锡，如圭如璧。
> 宽兮绰兮，猗重较兮。善戏谑兮，不为虐兮！

---

① 　阮元校刻：《十三经注疏》，中华书局1980年版，第271页。

　　与《关雎》一样，《淇奥》首句以景起兴：淇水静曲、翠竹修长，在水岸边见到文修德美、容色威赫的君子；以玉石为佩，气质如金锡之精纯，如圭璧之温润。"宽兮绰兮，猗重较兮。善戏谑兮，不为虐兮！"形容此君旷达随和、幽默风趣但不流于刻薄而惹人厌，正是"宽广而自如，和易而中节也"①。君子在宽绰无敛束、戏谑非庄厉之时仍然发而有节，动容周旋之间无适不当。

　　这首诗中最值得注意，而且被引诗、说诗者论及最多的是"有匪君子，如切如磋，如琢如磨"一句。匪：通斐，指文采彰然。治骨角以切、磋使其光滑，治玉石以琢、磨使其圆润，诗中用来形容君子富有内在的文德，光采温润莹然，《论语·学而》中子贡问孔子："贫而无谄，富而无骄。何如？"孔子回答说："可也。未若贫而乐，富而好礼者也。"子贡马上反应道："诗云：'如切如磋，如琢如磨'，其斯之谓与？"孔子非常赞赏地说："赐也，始可与言诗已矣。告诸往而知来者。"子贡在这个问答中得到孔子启发，并引《淇奥》诗中玉石、骨角的打磨砥砺比喻问学求学的精益求精，被孔子许为"始可与言诗"。反观问答：这里的"比"有两层，一层是子贡领悟的学问之道和玉石一样需要打磨，时砺时新，进而不辍。一层是孔子再次提示的说《诗》之法：《诗》的言辞微婉意深，子贡从贫富的谈论联想到《淇奥》，由诗的本义发挥为引申义，这也可以比于切磋，从而能"告诸往而知来者"。《小雅·鹤鸣》中也有以石砥玉之诗："他山之石，可以为错；他山之石，可以攻玉。"山石可以用来琢磨玉器，常被比拟为以他人的建言或挫折对自身德性的砥砺。

　　《诗》中对玉的描写所在多见，有用以佩戴的饰物、祭祀的礼器、赏赐品、馈赠品等，玉的质地、色泽、纹理、声响等特性与君子的容色秉性最为贴合，《荀子·法行》以分解疏说的方式将玉与君子之德一一对应："夫玉，君子比德焉。温润而泽，仁也；栗而理，知也；坚刚而不屈，义也；廉而不刿，行也；折而不挠，勇也；瑕适并见，情也；扣之，其声清扬而远闻，其止辍然，辞也；故虽有珉之雕雕不若玉之章章。《诗》曰：言念君子，温其如玉。此之谓也。"玉有如此多的特点，是美好之物的象

---

①　朱熹：《诗集传》，中华书局 1958 年版，第 35 页。

征，因而与君子产生了必然的联系，又《说苑·杂言》说玉之六美为君子所珍视："玉有六美，君子贵之：望之温润，近之栗理，声近徐而闻远，折而不挠，阙而不荏，廉而不刿，有瑕必示之于外，是以贵之。望之温润者，君子比德焉；近于栗理者，君子比智焉；声近徐而闻远者，君子比义焉；折而不挠，阙而不荏者，君子比勇焉；廉而不刿者，君子比仁焉；有瑕必见于外者，君子比情焉。"

君子以玉为佩在春秋之时即有实证，"古之君子必佩玉，右徵角，左宫月。趋以《采齐》，行以《肆夏》，周还中规，折还中矩，进则揖之，退则扬之，然后玉锵鸣也。"（《礼记·玉藻》）君子佩之以玉、依之以礼，质润音正而行于中道，因此《诗》常以玉比德于君子，如："言念君子，温其如玉"（《秦风·小戎》），"彼汾一曲，言采其藚。彼其之子，美如玉。美如玉，殊异乎公族。"（《魏风·汾沮洳》），"君子至止，黻衣绣裳，佩玉将将，寿考不忘"（《卫风·终南》），"颙颙昂昂，如圭如璋，令闻令望。岂弟君子，四方为纲"（《诗·大雅·卷阿》）。

玉因其美质而比于君子，孔子对此也深许之。《论语·子罕》中子贡问："有美玉于斯，韫匵而藏诸？求善贾而沽诸？"孔子回答说："沽之哉，沽之哉！我待贾者也。"孔子的回答深深表达了内有美质而不见于世，胸怀大志而不得实现的悲凉，在礼崩乐坏之世，孔子欲继传文王之文命而不得见用，心中的苦闷是可想而知的，"沽之哉，沽之哉"可以说是这种情感的一种宣泄性的表达。但"我待贾者也"与"求善贾而沽诸"毕竟有本质的不同，这既是带出对现实的失望和忧心，又表达了仍然对能识此玉此道之美的有道之君的期待。

比德在《易》中也不少见，《易》中各种爻辞卦象就是天文、地文的表征，圣人仰观俯察，立象设卦，"以通神明之德，以类万物之情"（《易·系辞下》），易的卦象和爻辞与人事的联系是时时而在的，"天行健，君子以自强不息"以天之刚健比拟君子奋发自强，"地势坤，君子以厚德载物"以地之宽广比喻君子德厚而容物；"风行天上。小畜，君子以懿文德"（《小畜·象》），以天风之流行、化育比君子蓄养文德。

比德的运用不仅比于君子之美，也比于君子之过，《论语·子张》中孔子以日月之食象征君子的过错："君子之过也，如日月之食焉，过也，人皆见之，及其更也，人皆仰之。"这是两层比，一是说明君子坦荡荡，有过则改而不文过饰非；二是君子人格光辉明如日月，功过皆为人所见。到孟子的时代，此君子之风已少有所存："且古之君子，过则改之；今之君子，过则顺之。古之君子，其过也，如日月之食，民皆见之；及其更也，民皆仰之。今之君子，岂徒顺之，又从为之辞。"（《孟子·公孙丑下》）

二　比于义

用比所兴发的德之美感、实感唤起对德性的认同、热爱一直是儒家文教的重要方法，为《诗经》等儒家之文所常用，《文心雕龙·比兴》对于以情起兴而比于事理有很好的说明："附理者切类以指事，起情者依微以拟议。起情故兴体以立，附理故比例以生。……故金锡以喻明德，珪璋以譬秀民……凡斯切象，皆比义也。"[1]比德所及，不限于人、物，也涉及理义。《论语·子罕》："子在川上曰：'逝者如斯夫！不舍昼夜。'"天地万物呈现、流逝于时间之中，无时或息，朱子认为此句是以川流比为"道体之本然"，并论及学者进学应时时自省自察而无毫发之间断。就"道体"之比，程子解说得更为细致："此道体也。天运而不已，日往则月来，寒往则暑来，水流而不息，物生而不穷，皆与道为体，运乎昼夜，未尝已也。"[2]水流无止无歇，君子应该以之为效法的对象而自强不息。《论语·雍也》里也说："智者乐水，仁者乐山。知者动，仁者静。知者乐，仁者寿。"这也是说以水比德于智者，因其在永远的运动之中，进一步可以看到，这仍然是带入了时间的维度，智者之智不是表现在时时都在思考，而是所思均农于时，与生存境域中时间的信息相沟通，故而所思所行能时时中节，这样才是"智者乐水"的"乐"之所在。

以水比德在孟子那里虽然有所发挥，但已经不复《论语》中言简而意微、指小而称大的境界，《孟子·尽心上》："观水有术，必观其澜。日

---

① 范文澜：《文心雕龙注》下册，人民文学出版社 1958 年版，第 601 页。

② 朱熹：《四书章句集注》，中华书局 2001 年版，第 113 页。

月有明，容光必照焉。流水之为物也，不盈科不行；君子之志于道也，不成章不达。”孟子只是以流水直接比拟学者的厚积薄发，这个比德中内在的时间性的微妙含义已经相当微弱了。到荀子，更进一步对象化、形式化为水的各种属性的归纳和对应，《荀子·宥坐》中写道孔子观东流之水，子贡问为何君子见大水必观之？孔子答曰：“夫水，大遍与诸生而无为也，似德。其流也埤下，裾拘必循其理，似义。其洮洮乎不屈尽，似道。若有决，行之，其应佚，若声响，其赴百仞之谷不惧，似勇。主量必平，似法。盈不求概，似正。淖约微达，似察。以出已入，以就鲜洁，似善化。其万折也必东，似志。是故君子见大水必观焉。”这里的孔子更像一位现代哲学教授，在给出一二三四的分条解释和答案，与《论语》中颜子所叹“仰之弥高，钻之弥坚，瞻之在前，忽焉在后”的孔子显然已非一人了。

第三节　文质

一　至善：尽善与尽美

“质胜文则野，文胜质则史，文质彬彬，然后君子。”（《论语·雍也》）德性、智慧如果没有相匹配的表现形式，则给人的印象是粗陋的，而外在形式胜过内在质地则只能流于虚浅浮夸。君子的言谈、衣饰、举止时时表现着内在的蕴藉和节操，其于礼得体、文雅有致是文质二者交融兼美的自然流露。质为内，文为外，究其实是善与美的问题。这不仅是君子修养所面对的问题，而且是个体、家庭、邦国、天下的建构都面临的问题。先秦儒家思想中，成就美善兼备、文质彬彬的个体和共同体的理想和努力未曾稍息，从《论语》到《大学》的文本中其踪清晰可觅。

善原写为譱，“譱，吉也。从誩从羊，与义、善同意”①。羊为美之省写，羊的本性温和，素被视为吉祥之物。非常值得注意的是按照《说

---

① 段玉裁：《说文解字注》，上海古籍出版社 1981 年版，第 102 页。

文》，善与美二字本义相通，"美，甘也。从羊从大。羊在六畜主给膳也。美与善同意。……羊大则美，故从大。"①美原指味道甘美，后引申为"凡好者皆谓之美"。善、美二字有字源上的同根性，二者也经常连用，如美善、美德、美好，这里的德、好都是善的意思，美是修饰善的，用文与质的说法，美对应文，善对应质。

参考一下《论语》中的善："三人行，必有我师焉，择其善者而从之，其不善者而改之。"（《论语·述而》）这与见贤思齐见不贤内自省意思是一样的，关键是何为善，何为不善。又有"善人，吾不得而见之矣，得见有恒者，斯可矣"（《述而》）。善人的评价标准是什么？善在《尚书》中可见，《汤诰》："天道福善祸淫，降灾于夏，以彰厥罪。"正如福与祸相对，善与淫也是相对的，我们知道淫为过度、泛滥、无可约束的意思，那么善在这里是合度、适宜、有则的意思。接下去可以问，何为合度？合于何则？

我们把善的问题推究到至极处，"扣其两端"，问一问"至善"为何，则善的问题也会明了。《大学》云："大学之道，在明明德，在新民，在止于至善"，大学为大人之学，即君子之学。据《大学章句》考订，明德概念来自《尚书》，如"克明德"（《康诰》）、"顾諟天之明命"（《大甲》）、"克明峻德"（《帝典》），意思是根于天命的昭明不昧之德，明此明德即以人心领会和呼应这天道所命的完美德性，而能有正道正行。新民出自《尚书》和《诗经》，《汤之盘铭》："苟日新，日日新，又日新。"《康诰》："作新民。"《诗·大雅·文王》："周虽旧邦，其命惟新。"人能够并且应该以天命之明德为标准和依据时时自省、自悟、自我提升；而君子于事事物物上都遵循这个标准才是正道之行，"是故君子无所不用其极"。接下来的"止于至善"就是顺理成章的了，据《大学章句》，至善是循德之正道必然到达并陶然其中的至境，"至善，则事理当然之极也"②。事理是万事万物之"则"，见于《诗·大雅·烝民》："天生烝民，有物有则。"孔子也称许道："为此诗者，其知道乎？"（《孟子·告子

---

① 段玉裁：《说文解字注》，上海古籍出版社1981年版，第146页。
② 朱熹：《四书章句集注》，中华书局2001年版，第3页。

上》）“事理当然之极”可以看作“则”之极者，即万事万物是其所是的内在根据，找到这个根据，就找到了至善之意。

《论语》中没有“至善”二字，但有类似的表达，如“泰伯，其可谓至德也已矣”（《论语·泰伯》）。这是讲泰伯三让天下的节操。“中庸之为德也，其至矣乎！民鲜久矣。”（《论语·雍也》）这是将中庸视为最高明的德行，而我们知道，中庸是喜怒哀乐之情循天命之性发而皆中节，时时呈现道（明德）之所在。再看具体情境中的呈现，“子谓《韶》：‘尽美矣，又尽善也。’”（《论语·八佾》）“美者，声容之盛。善者，美之实也。”① 这里尽美与尽善有一个逻辑关系，不是简单地将美、善并列分判，而是形式之美与内在之善在达于自身的极致后在《韶》中合为一体，文质彬彬然后君子，尽善尽美方为至善。而《武》“尽美矣，未尽善也”，去至善犹有距离。至善的体验不仅是审美体验，同时也是思想体验和道德体验，只有在这种真实语境中发生的、带有超越性和终极性的体验中，才能“无所不用其极”地到达精神生活的真实源头。因此才有孔子在齐闻《韶》乐而“三月不知肉味。曰：‘不图为乐之至于斯也。’”（《论语·述而》）我们可以看到，在“极其情文兼备”的《韶》乐与“用诚之至，感之深”的孔子之间生发的极乐与极美足以开呈现出至善在生活世界中的真情和实境。

“三月”不是实指，而是指时间长；甚至可以认为，在《韶》乐演奏情境中时间的物理性、自然性流逝失去了意义，或者说时间被赋予了全新的意义——至善于当场当下呈现（时中），“时”不仅是康德意义上使得认识成为可能的先验形式条件，而且成为开启无限意义和意境的枢机。向此道之人“必至于是而不迁”，“不迁”不能理解为空间上的不迁移，而是蕴含了“时时进入此境域”“每个当下对此都进行呈现”的意味，只有明了这一层时间上的含义，才可以理解为何孔子之于学（大学之道）能够至于如此境界：“发愤忘食，乐以忘忧，不知老之将至云尔。”（《论语·述而》）

至善的境界具有根据性和生成性，根据性是至善作为理之极者的表

---

① 朱熹：《四书章句集注》，中华书局 2001 年版，第 68 页。

现，生成性是其作为意义源头不可被对象化的天命之性、中道之性。《易·系辞》云："一阴一阳之谓道，继之者善也，成之者性也。"阴阳的交通感应、氤氲生化就是道，人秉继天道阴阳变化为善，道实现和完成在人之性与物之性中。人性、物性都是天命之性所赋予，至善就是尽性：循天命之性尽人之性、物之性。善可看作向着至善而行的"在路上"，与至善本质相同，只是程度不一，善因此也是德与美的合文，因此戴震《原善》说："善：曰仁，ヨ礼，曰义"①，善是一个总体性的概念。

至善可以比拟于柏拉图的理念/相（εῖδος eidos, die Idee, idea），理念超越于个别事物而被万物所分有，是万物存在的根据。不同的是，至善作为儒家的核心思想，当然含有《易·系辞》中"天地之大德曰生""生生之谓易"的意思，这种生成性与自身永恒不变的理念是很不一样的。不过通过海德格尔和伽达默尔，古希腊思想在生存论和解释学的视域中得到了解读和诠释，并对理解先秦儒家文论在美和善的问题上很有裨益。

二　与西方对照：审美意识与灵魂的自我认识

近年来德国图宾根大学古典学系的"图宾根学派"掀起了一场论争，他们认为柏拉图的真正思想核心并非如一般人们所认为的载于《对话录》，而是见于学园内部口传的"未成文学说"（αγραφαδογματα, unge-schriebene Lehre）；根据此说，相/理念只是柏拉图思想的中层概念。柏拉图思想是一个二元论的思想体系，有两个本原：其一为"一"；其二为"大和小"或"不定的二"。"一"是最高本原，"不定的二"自身无任何规定性，同时能承担任何规定性，"一"与"不定的二"的结合衍生出存在的形态梯级："本原""数""理念""数学对象"（点、线、面、体）、"可感事物"。"一"提供规定性和实质性、"不定的二"提供多样性和可变性，因此在实践哲学上价值（Arete）产生于"一"，"凡是合乎秩序的、和谐的、恒定的东西，都是美的和善的……同理，秩序、和谐、恒定的反面，任何'无规定的二'占主导地位的地方，也就是恶，比如'过

---

① 戴震：《孟子字义疏证》，中华书局1962年版，第61页。

度—不及'。而'一'的本质，善，恰好在于'持中'"。① 这与儒家中道思想已经相当类似。

　　希腊文 καλοκαγαθια 是美（kalos）与善（agathos）的合写，意为"美善兼备"，可见在柏拉图的思想中美与善是统一的。这涉及的是美与善的关系，在西方这同样是一个讨论的焦点，这里可以用伽达默尔对这个问题进行的哲学解释学的分析作为例证。我们知道，柏拉图在《理想国》中对于诗人的描述和态度成为诗与哲学之争、美与善之争、理与情之争的母题，而伽达默尔精于古典语文学并对古希腊思想抱有持久的兴趣，早在19 世纪 20 年代的学术发轫期就有不少古希腊哲学的研究文章问世。1934 年的《柏拉图与诗人》讨论了聚讼已久的诗歌与哲学的关系问题，其中涉及文本的观念性和对话辩证法。伽达默尔阐释道，柏拉图的理想国乃是思想的而非地上的城邦，其意图在于阐述其理念、而非给出现实的改良方案，理想国"对于想要建立自身和内在法则的人，它是一个天上的典范"②。理想城邦的唯一职能就是提供"认识自我"的轨范，"自我"的认识是真正的城邦得以可能建立的前提。苏格拉底的名言"认识你自己"在这里重新得到阐释，"自己"的本性并不是与城邦脱离的偶在个体，而是作为城邦基础的个体"灵魂"（Seele）。这就带出了"观念性"，现实的城邦时常以种种方式腐化堕落，这是个体所处的生活秩序的外在形式，而真正的城邦得以建立的依据是人的"城邦性"，即公共性和政治性，建立起个体灵魂的公民不仅属己，而且属人——以一种共在的方式守护城邦。因此灵魂又是维护"正义"本质的问题。伽达默尔借用一个柏拉图的说法"灵魂与自身持续不断的对话"，即寻求真理的对话辩证法，这也是哲学家对待文本的方式③。

　　柏拉图的时代是以荷马为尊的诗歌时代，诗歌远不只是"文学"，更是

---

　　① 先刚：《走向柏拉图的未成文学说》，［德］托马斯·A. 斯勒扎克：《读柏拉图》，程炜译，译林出版社 2009 年版，第 194 页。

　　② Hans-Georg Gadamer, "Plato und die Dichter", in *Gesammelte Werke*, Band 5, Tübingen, 1993, S. 194.

　　③ Hans-Georg Gadamer, "Philosophie und Literatur", in *Gesammelte Werke*, Band 8, Tübingen, 1993, S. 257.

评价真理和知识的重要标准。理想国对于诗人的拒斥，关于诗歌的净化（Reinigung）由此才能得到理解，这涉及柏拉图著名的理念说和艺术模仿说，兹不赘述。值得注意的是，柏拉图的批评是：诗是非真的，而不是不美的。柏拉图批判的不是诗的审美特征，而是诗的内容及其影响和意图。诗人不明了善与恶的尺度，冲动多变，以富有魔力的技巧在读者灵魂中唤醒了激矫不安的颓丧情绪。① 在这一点上诗人与智者是相似的。批判被情感引导而追求生动和趣味的诗歌不仅是对模仿艺术虚假内容的批判，而且是对进入"审美意识"的道德难题的批判。对灵魂的内在规则的深刻认识表明：审美的自失或忘我使玩弄激情的技术和诡辩术进入人类的心灵。②

　　审美意识得到了康德和席勒的理论化。康德关于天才和趣味概念带来美学主体化倾向，席勒把康德关于趣味的先验观点转化为道德要求，要求以审美的态度对待世界以突破现实的限制。但其中潜在的危险是，"通过艺术"的灵魂教育变成"通向艺术"的审美教育，艺术经验成为主体的内在经验而与实践世界分离，其后果是张扬审美王国的自由，而失去了真正道德和政治的自由。审美意识进行了驱除了一切非审美因素的主动审美活动，使"纯粹的艺术作品"呈现出来并自为地存在。伽达默尔称之为"审美区分"（ästhetische Unterscheidung），即把作品赖以产生的宗教及世俗背景抽空，作品的历史性维度被压缩为共时性（Simultaneität），排除了作品的背景、内容、意图。而这些所谓非审美因素作为艺术作品的要素，紧密关联于现实的经验者的历史意识，并成为其自我理解的一部分，这是作品的艺术经验得以被理解的条件。艺术作品所模仿、塑造、表达、观赏之物就是被意指之物，与作品的艺术表现构成一个能够被反复表现和理解的意义整体，即审美无区分。其存在方式类似游戏（Spiel），作为构成物（Gebild）的艺术游戏只有在每次被展现的过程中才充分实现其艺术经验，因此它始终在被构成，这就杜绝了审美意识的主体化倾向。③

---

① Hans-Georg Gadamer, "Plato und die Dichter", in *Gesammelte Werke*, Band 5, Tübingen, 1993, S. 204.

② Ibid., S. 206.

③ 参见 Hans-Georg Gadamer, *Hermeneutik I Wahreit und Methode*, *Gesammelte Werke*, Band 1, Tübingen, 1986, S. 87-107。

在这个始于柏拉图的问题发展过程中，伽达默尔对艺术经验的分析在于继续苏格拉底的自我认识的任务，而警惕在审美中的自我遗忘。伽达默尔说，善不像美那样具有摄人的光亮，但是"美在对善的追寻中得以展现，这同样是人类灵魂的首要标志"①。这个说法与柏拉图看似相近，却与亚里士多德以来对善的理念进行批判一路沿袭，善总是在实践中遭遇的东西，在具体情境中表现出来并得到规定。② 这于伽达默尔是关注的根本问题，即把普遍的东西具体化。这恰好说明了解释学的方法和旨归，解释学"所特别留意的是人的实践生活中的基本经验，或者更好地说，是人类实践生活中对于人类具有基础意义的那些根本性的洞见……他着意给诠释学赋予一种伦理内涵。这一诠释学理念无疑是非常重要的，因为诠释学如果没有这个维度，没有这一内涵，它就将使自己失去问题"③。美与善的关系无疑属于这种根本性的洞见，是人类生活经验中带有原则性的东西，也是与人类生活最为息息相关，能够阐明和增长人类生活意义的东西。

三　真理在诗中的言说和理解

审美意识与灵魂的自我认识的问题就是美与善、艺术与真理的问题。真理如何在作为语言艺术代表的诗中得到表达？善，尤其是至善如何在诗中得到呈现？海德格尔在《艺术作品的起源》中说："艺术就是真理的生成和发生。"④ 这是说艺术以其诗意的创造打开了存在者之间的敞开之地，使存在者进入存在的无蔽（aletheia）之中，艺术是真理在作品的自行置入。作为与存在的澄明（Lichtung）发生于其中的语言，语言是原本意义上的诗，"诗是存在者无蔽的道说（die Sage）"⑤，即对存在本身的言说。

---

① Hans‐Georg Gadamer, *Hermeneutik I Wahreit und Methode*, *Gesammelte Werke*, Band 1, Tübingen, 1986, S. 484‐485.

② Hans‐Georg Gadamer, "Replik", in *Hermeneutik und Ideologiekritik*, Hg. von Karl‐Otto Apel, Frankfurt am Main, 1977, S. 316.

③ 薛华：《诠释学与伦理学——纪念伽达默尔逝世五周年》，《学术研究》2007 年第 10 期。

④ Martin Heidegger, *Der Ursprung des Kunstwerkes*, Stuttgart, 2008, S. 73.

⑤ Ibid. , S. 76.

正如伽达默尔所言，希腊哲学经历了从"实体（Substanz）到主体（Subjekt）、直到语言（Sprachliche）自身"的转向。[1] 而这个判断源于对言说和理解的关系的界定，无论艺术、语言、诗怎么进行言说，都涉及相应的理解，而理解何以可能？以"问答"为例，要回答一个提问，必须先理解问题，即"为什么提这个问题"，"你想知道什么"，才可以正确作答。这就是说，第一个提问的人是第一个理解该问题的人，这个问答的辩证法的深刻之处在于，每个问题都预含了一个理解，这种理解可以成为一个"回答"并构成了新问题的动力。"因此问答过程指向人们交流的基本结构，即对话的原始状态。这是人类理解的核心现象。"[2] 在哲学解释学中，语言作为承载传统的重要载体，成为人的历史性的表征，"语言形式与流传下来的内容在解释学经验中不可分离"。[3] 语言满足理解作为人的实践活动所具有实践性理解和自我理解的双重维度，而对话的语言才是真正的语言，在对话中我们获得对真理（Warheit）的理解。

这可以视为解释学对海德格尔存在论的补充，语言、诗是对作为无蔽的存在之真理的言说，而语言活动的语境使言说不断发生成为可能，并使诗所言说的真理成为可理解、可接受、可流传的。诗作为语言艺术，在脱离了遥远的口传诗歌传统之后，总是以书写文本（Geschriebensein）的方式呈现出来，因而失去了言谈的即时性和当下性，但书写并非简单的记录，而是对谈话者的意图进行富有技巧的表达，文学作品的书写更明显地体现为对语言形式的满足。可以把言谈到书写的过程进行一个回溯：朗读—默读—书写，对于成功的文学书写，读者的阅读跟作者的写作类似，都以"内在之耳"（das innere Ohr）听到了文本中的节奏和韵律，伽达默尔说，"文学的艺术作品或多或少是内在之耳的存在。内在之耳捕捉到的理想语言形式——某些没人能用耳朵听到的东西。这些理想语言形式的要

---

① Hans – Georg Gadamer, "Philosophie und Literatur", in *Gesammelte Werke*, Band 8, Tübingen, 1993, S. 241.

② Ibid..

③ Hans – Georg Gadamer, *Hermeneutik I Wahreit und Methode*, *Gesammelte Werke*, Band 1, Tübingen, 1986, S. 445.

求对人类的声音来说是高不可攀的——这正是文学文本的存在模式”①。文学文本在脱离了具体的言谈行为之后，书写在指向说话者的意图过程并被再创造，再创造的可能性和合理性在趋向理想模式的进程中体现出某种“观念性”（Idealität），内在之耳所“听”到的就是这种观念性意义上的文本，这时我们才可以说：这是一个“好”文本，文学由此成为一个价值概念。

对话、内在之耳都是生成性的言说，在这样一个以诗的形态言说道与真理的语言境域中，存在者才能是其所是并得到真正的理解。这一点完全可以与儒家对诗的看法相互印证。

四　诗言以见道

在先秦儒家思想中，语言是否能言说道、善、仁、德？这类言与意、言与道的问题有相当多的原始材料可供讨论。

观诸《论语》，孔子的看法首先是语言要发自内心之诚，浮夸矫饰的语言是远离道的，“巧言令色，鲜矣仁”（《论语·学而》），“巧言乱德”（《论语·宪问》）。反对巧言不是否定对语言进行美饰，否则无法理解孔子“言之无文，行而不远”（《左传·襄公二十年》）之语；孔子反对的是造作，矫揉造作的语言不是生存境域中原发情志的真实表达，而是带着得失、夸张、算计之心，因此偏离中道而成为“过”与“不及”的。

明了这一点，就可以理解“慎言”之论了。在面对“敏于事而慎于言，就有道而正焉”（《论语·学而》）、“君子欲讷于言而敏于行”（《论语·里仁》）、“刚毅木讷近仁”（《论语·子路》）等文本时，往往会产生疑惑，因为同时有“吾与回言终日”（《论语·为政》）之多言，孔门更专设“言语”一科（《论语·先进》）。从对巧言的分析可以知道，慎、讷是一种自我提醒：如果言过于行，即是失于中道。要达到“言必信”（《论语·子路》）、“夫人不言，言必有中”（《论语·先进》），需

---

① Hans - Georg Gadamer, “Philosophie und Literatur”, in *Gesammelte Werke*, Band 8, Tübingen, 1993, S. 247. 也参见 Gadamer, “Text und Interpretation”, Ges. Werke Bd. 2, S. 330-360 和 “Zwischen Phänomenologie und Dialektik”, 同上书, S. 17。

要正心、诚意，对生于斯、行于斯的世间有着深刻和精微的体知，而能达成自我理解、对世界的理解和对天道的理解，格物致知、穷理尽性亦是之谓也。若我们心之所向、情之所发皆不失中道之善，发而为言则为君子、仁者、有德者之言。而当这种理解到达终极处，则是君子也有所敬畏的圣人之言，马王堆帛书周易《二三子问》说："圣人之言也，德之首也。圣人之有口也，犹地之有川谷也，财用所由出也。犹山林陵泽也，衣食□□〔所〕由生也。圣人壹言，万世用之。"① 这里认定的圣人之言即明于道、合于道之言，是道在人上的显明和落实。但值得注意的是，明道之言是以何种形式发出的？

这需要深入一步看一段很有名的对话："子曰：'予欲无言。'子贡曰：'子如不言，则小子何述焉？'子曰：'天何言哉？四时行焉，百物生焉，天何言哉？'"（《论语·阳货》）邢昺《论语注疏》认为"此章戒人慎言也"，② 但是"予欲无言""天何言哉"已经超越了慎言的范畴。子贡是言语科高足，善于从言语入手进行揣摩和学习，听到老师竟"欲无言"自然是疑惑而无措。孔子以天道无言而百物生焉、四时行焉开示子贡，是提醒子贡不能沉溺于言辞而"徒得其言，而不得所以言"③，这里的"所以言"就是背后使言得以成立、得以可能的东西。朱子、伊川又点明天实为天命之性之理，化育流行而呈现于四时、百物，"不待言而可见"④；圣人亦如是，动静起坐之间皆是身教而不泥于言传。这从实践哲学上解释了"欲无言"之惑；但回到语言自身的问题，言皆情动于中发而为声者，圣人亦不可不言，而何以做到言则必中？这涉及语言表达的界限，问题被引入到比慎言更深远微妙的言意之辩和言道之辩。

《易·系辞上》说："书不尽言，言不尽意。"这个表述跟解释学的语言观一致，由于即时性与当下性的缺失，书写与言谈相比已经是次一等的；而言谈相对于说话者的内心意图而言，仍然是不完整、不充分的。一

---

① 邓柏球：《帛书周易校释》，湖南出版社 1996 年版，第 360 页。
② 阮元校刻：《十三经注疏》，中华书局 1980 年版，第 2526 页。
③ 朱熹：《四书章句集注》，中华书局 2001 年版，第 180 页。
④ 同上。

般的语言现象都是如此，遑论微妙难言的天、性、仁、善诸语。所以子贡说："夫子之文章，可得而闻也；夫子之言性与天道，不可得而闻也。"（《论语·公冶长》）无怪乎常常有说法如：中国思想是无涉于终极意义和终极关怀的、是实用的和世俗的、中国人缺乏理论和系统性的思维、只是情绪性的表达等等。对于这样一个以某种观念为准则宰制异己文化行为的任意性和独断性，在"立天之道"一章已经从各方面进行了辩驳和正面立论；这里要分辨的是从语言的角度上看先秦儒家思想中言与道、善的关系。

如上所述，对终极之真、之善的言说似乎是不可能的，圣人无法将自己对天道的体悟进行表达，这里言说包含了谈话和书写，即作为符号和声音的文之统称；但面对此困境，另一条思路出现了："然则是圣人之意其不可见乎？子曰：'圣人立象以尽意，设卦以尽情伪。'"（《易·系辞上》）这里的象是卦象，以爻位的不同组合启兴、象征种种意义，以形象、义理一体的形式使道的意义得以显示。《说文》云："文，错画也，象交文"①，可见文的本义是错画之象，从第一章可知文学之文、文章之文都是形象性和内涵性的统一。与《易》的思想相结合，文为错画相交的象，而卦爻更多了一层阴阳相配、阴阳交感相通的含义，因此可以认为，文的内部结构是一种形象化结构，更是一种内部交相感应和感通的结构，而非固定化和形式化的呆板结构。在这种结构中，充满了文之不同要素相交相感所带来的无穷生发性，而使文具有了言说无限之物的可能。

这个启发的意义是，以形象化的形式进入的、以情志触发起兴的方式可否与终极真理发生关系？已经明确的是对性、天道的不言是不能以概念、定义的形式去固定化、现成化地言说，那么以"指道""见道""示道"的指示性形式引譬连类、启一反三地开示是否能打开通往至善与天道的道路？如《论语》中处处言仁，但从未有一句仁为何物的定义，而是在种种情境中的点拨、指示和启发。

现在可以把目光从一般意义上的"言"向深处推进一步，虽然"言不尽意"道出了言意之间的界限，但司马迁引孔子"《书》以道事，

---

① 段玉裁：《说文解字注》，上海古籍出版社1981年版，第425页。

《诗》以达意"① 之言以说明六艺之旨，这无疑开启了言意之辩的一个新路向。诗在儒家言语观中的地位是不言而喻的，孔子教育儿子孔鲤说："不学《诗》，无以言"（《季氏》），《诗》是春秋时代的各种环境中都会被征引、发挥的雅言、正言、美言，不熟悉这部言之经典就完全不能参与到社会生活、国家政事、邦际交往中去，"诵《诗》三百"是一个人能够"授之以政""使于四方"的前提。更重要的是，习《诗》之言是兴发志意、陶冶性情的起始；如果能够进入诗言所构成的宜善宜美的语言境域，就是建构一种富有美感、尊严的个体生活和社会生活的开端。

孔子说："小子何莫夫学《诗》？《诗》，可以兴，可以观，可以群，可以怨。迩之事父，远之事君。多识于鸟兽草木之名。"（《论语·阳货》）这段话是孔子对弟子的教诲，其中的意义非常丰富。"多识于鸟兽草木之名"多被看作从《诗》中学习名物的相关知识，"其余绪又足以资多识"② 或"正名"，而钱穆的解释颇有可观处，他认为这一句是与"诗可以兴"相呼应，《诗》则引譬连类，多就耳闻目见的身边事物比类起兴；"仁"则能近取譬，"俯仰之间，万物一体，鸢飞鱼跃，道无不在"，③ 仁与诗都是在生活的原发体验中生成的，这个天然关联是孔子授《诗》的出发点，在《诗》中引发草木鸟兽、天时地文的生动意境是体知仁与道、天与性的不二路径。无怪乎钱穆说："《诗》教本于性情，不徒务于多识。"④

回过头看"兴观群怨"之语，诗言的工具性、实用性是完全不重要的，即使是在周旋应对的应答酬对中，诗也不是用来指称对象、定义名物的手段，而是言志抒怀的心声和抱负之发露，并在以诗、乐、礼构成的氛围中唤起共通感。在兴的语言游戏引发而生诗意语境中，无论是"观风俗之盛衰"，还是"考见得失"都不是一种实用性的、目的性的行为，以诗言进入社会生活后的理解行为应该是指向价值维度而非事实维度，盛

---

① 司马迁：《史记·滑稽列传》，中华书局 1959 年版，第 3197 页。

② 朱熹：《四书章句集注》，中华书局 2001 年版，第 178 页。

③ 钱穆：《论语新解》，巴蜀书社 1985 年版，第 424 页。

④ 同上。

衰、得失在这里更应该理解为应然而非实然的意义上的。同时，《诗》的公共性在于“群居相切磋”，是政事酬答的形式。但作为交往方式，诗言是“和而不流”的，这也表明了诗言的非手段性和非工具性。《诗》以“怨而不怒”的姿态“怨刺上政”，更是《诗》作为教化而讽谏的特质，借用现在流行的政治哲学的语言来说，《诗》教的对象不仅是平民，更重要的是对贵族、统治者，以《诗》的感动之、触发之、风化之，使有位者亦能有德。因此做一个君子和圣王是不可以不习《诗》，不重《诗》的。但儒家更会将每个人都视为一个有着自我提升之能力和自我造就之根器的存在，而不会视现成的、既有的精英阶层为特出者。

故而孔子感叹子路说：“衣敝缊袍，与衣狐貉者立，而不耻者，其由也与？‘不忮不求，何用不臧？’”（《论语·子罕》）子路服破旧棉袍立于狐貉锦袍者侧而坦然自若，与居陋巷箪食瓢饮而不改其乐的颜回可谓实践了君子穷不失义之道。“不忮不求，何用不臧”出自《诗·邶风·雄雉》，意为不嫉妒，不贪求，有此德者怎么会不好呢？孔子以《诗》兴之，将子路引入诗言所构成的原初语境中，子路在其中得以对自身之道进行更为深切的理解。诗言意味着“以合乎心灵尺度的方式到‘音’和‘义’初生的境界中去，或者说，诗是一种充满尺度感或韵律感的‘兴发’之言”①。唯有如此美与善兼备的语言，子路才会乐在其中而“终身诵之”。而孔子继续点拨道：“是道也，何足以臧？”这是非常有趣的一句话，“是道也”表达：第一，“不忮不求”是道；第二，子路能守此道，此行为亦是道。“何足以臧？”是进一步说，守于此道是我辈自当为此、必当为此、乐当为此的，那么又有什么值得自满的呢？由这里也可以看到儒家对于道的追求的无自满性与无尽性。

《诗》以其对美、善的内在统一而成为言道之言，这种言说不是对固定概念或命题的指称，而是在诗所营构的语境和生活空间中不断以最为源发和本真的方式指向道。而天命之性以时间性、艺术性的方式不断在诗言中得到呈现。作为语言本质的诗，其真就是内在的真诚与存在的真理相互

---

① 张祥龙：《孔子的现象学阐释九讲——礼乐人生与哲理》，华东师范大学出版社 2009 年版，第 101 页。

呼应；"修辞立其诚"（《易·乾》）不仅是静心诚意之诚，更是在在用诚，无诚则无真，"诚者，天之道也；诚之者，人之道也"（《中庸》）。伽达默尔认为从荷马、但丁、乔伊斯到现代艺术的杰作，文学的风格和形式经历了难以想象的变化，但是都表现出属于文学本质的真诚（Wahrhaftigkeit）与真理（Wahrheit）的标准。作品的叙事、表达、水准、风格处于时代偏好的变动中，但来自那么遥远的过去的经典作品仍以诸要素的完美协调到达并感染我们所有人。因此可以说文学不仅是表达的内容和技能，毋宁是神秘的形式，是艺术所存有的特殊统一、轻灵并以自己的方式而为真。语言抵抗着所有的专断、任性和自我引诱的企图。因此即使在贫瘠的时代，仍存留着文学的气息，尽管是以拒绝的消极形式。① 伽达默尔引用斯特凡·格奥尔格（Stefan George）"言辞破碎之处无物复存"的诗句，再次重申了海德格尔对现代性语境中存在被工具理性遮蔽的困境所发出的严厉批判——当然也是以否定的形式，这种形式来自对古希腊精神的回溯，彼时语言、诗歌与真理尚未分离。观之于《诗》，亦是之谓乎？

---

① Hans-Georg Gadamer, "Der 'eminente' Text und seine Wahrheit", in *Gesammelte Werke*, Band 8, Tübingen, 1993, S. 294.

第五章

成　礼

礼起源于祭祀，这基本是没有什么疑问的。从文字学上考证，王国维在《观堂集林·释禮》中说：

> 说文示部云：禮，履也，所以事神致福也。从示从豐，豐亦声。又豐部。豐，行礼之器也。从豆，象形。案，殷虚卜辞有 ✤ 字，其文曰："癸未，卜贞，醱豐"（《殷虚书契后编》卷下，第八页）。古 ✤、玨同字，卜辞玨字作丰、羊、羋三体，则 ✤，即豐矣。又有 ✤ 字……及 ✤ 字…… 此二字即小篆 ✤ 字所从之 ✤……此诸字皆象二玉在器之形。古者行礼以玉，故《说文》曰：豐，行礼之器。其说古矣……盛玉以奉神人之器，谓之 ✤ 若豐，推之而奉神人之酒醴，亦谓之醴。又推之而奉神人之事通谓之禮，其初当皆用 ✤ 若豐二字（卜辞之醱豐，豐字从酒，则豐当假为酒醴字），其分化为醴禮二字，盖稍后矣。①

郭沫若也同意王氏此说，认为在金文里可以看见用的是豐字，礼是后起的字。郭氏认为从字的结构上来说，豐"是在一个器皿里面盛两串玉，具以奉事于神，《盘庚篇》里面所说的'具乃贝玉'就是这个意思。概礼之起，起于祀神"②，因此字形部首为示，后来礼的对象扩展到对人、对

---

① 王国维：《观堂集林·艺林六》，《王国维全集》第八卷，浙江教育出版社、广东教育出版社 2010 年版，第 190—191 页。

② 郭沫若：《十批判书》，东方出版社 1996 年版，第 96 页。

吉、凶、军、宾、嘉各种行为的仪制。

从《礼运》的记载看，在对礼的起源追溯中提到先人茹毛饮血，物质生活极端贫乏，其时人同禽兽之异几稀，当然是没有礼的。所谓"昔者先王未有宫室，冬则居营窟，夏则居橧巢。未有火化，食草木之实，鸟兽之肉，饮其血，茹其毛。未有麻丝，衣其羽皮"。后有圣王制造工具和屋室，解决了生存问题。"后圣有作，然后修火之利，范金合土，以为台榭宫室牖户，以炮以燔，以亨以炙，以为醴酪，治其麻丝，以为布帛，以养生送死，以事鬼神上帝"。在解决世间生存的问题后，进一步发展起来了沟通上天和先祖的仪式，"故玄酒在室，醴盏在户，粢醍在堂，澄酒在下。陈其牺牲，备其鼎俎，列其琴瑟管磬钟鼓，修其祝嘏，以降上神与其先祖，以正君臣，以笃父子，以睦兄弟，以齐上下，夫妇有所。是谓承天之祜"。

第一节 礼之文

一 礼生于情

礼的内涵是什么？孔颖达在《礼记·序》中说：

> 礼者，经天纬地，本之则大一之初；原始要终，体之乃人情之欲。夫人二资六气，下乘四序，赋清浊以醇醨，感阴阳而迁变。故曰：人生而静，天之性也；感物而动，性之欲也。喜怒哀乐之志，於是乎生；动静爱恶之心，於是乎在。精粹者虽复凝然不动，浮躁者实亦无所不为。是以古先圣王鉴其若此，欲保之以正直，纳之於德义。犹襄陵之浸，修堤防以制之；覃方用切驾之马，设衔策以驱之。故乃上法圆象，下参方载，道之以德，齐之以礼。①

---

① 阮元校刻：《十三经注疏》，中华书局 1980 年版，第 1222 页。

　　从这里看，礼本自天地太一、体于人性情志，用德义为导向，起到规范情志，去除浮躁恣睢的作用。但礼的规范中不能缺乏情志，对“不能《诗》，于礼缪”，孔颖达疏为：“以《诗》能通达情意，得则行礼审正。若不能习《诗》，则情意隔绝，於礼错缪，言行礼必须《诗》。”① 这是说礼是需要情意感发，才能进入礼的情境中，而不是呆板、机械地完成形式化的礼仪模式，这也是“兴于《诗》”的意味之所在。礼并非要抑制人的性情，而是要使受到《诗》感发的“性情中人”不流于恣肆浮浅，唐君毅说：“由礼记之论礼乐，必以性情为根；故礼记之言礼乐之意，恒超乎礼乐之仪文。”②

　　《礼记·檀弓下》有云：“人喜则斯陶，陶斯咏，咏斯犹，犹斯舞，舞斯愠，愠斯戚，戚斯叹，叹斯辟，辟斯则踊矣。品节斯，斯谓之礼。”描述了人的喜乐之情若任其流肆，由乐而不露、歌咏直至手舞足蹈，尽情宣泄后的情绪会走向反面的愠怒唉戚、悲叹抚心、暴跳不安，所以毫无节制的任情使性是不能使人心安的。这是对情与礼的极好说明，所以须节之以礼，“品节斯”，郑玄注“舞踊皆有节”，孔颖达疏：“品，阶格也。节，制断也。斯，此也。此之谓於哀乐也。”③ 郑、孔二氏皆解节为对哀乐之情、舞踊之态的节制，以合于礼。进一步，似可把节视为“若合符节”“发而皆中节”之节，节的含义可以从节断的强制性约束进入自由的节拍、节奏。

　　这段话可以与《中庸》参看：“喜怒哀乐之未发谓之中，发而皆中节谓之和，中也者，天下之大本也。和也者，天下之达道也。”《中庸》此句可以看作对这个问题的进一步究问和阐发。郑注：“中为大本者，以其含喜怒哀乐，礼之所由生，政教自此出也。”④ 郑玄认为中含喜怒哀乐，礼与政教的发生来于此中，此注未免含混，不能解释为何“未发谓之中”，进而成“天下之大本”。依郑注，则含此四情者可为人，甚至为飞

---

① 阮元校刻：《十三经注疏》，中华书局 1980 年版，第 1614 页。

② 唐君毅：《中国哲学原论·原性篇》，中国社会科学出版社 2005 年版，第 58 页。

③ 阮元校刻：《十三经注疏》，中华书局 1980 年版，第 1304 页。

④ 同上书，第 1625 页。

禽走兽，则何以为中为本？

孔疏："言喜怒哀乐缘事而生，未发之时，澹然虚静，心无所虑而当於理，故'谓之中。"[1] 说理比郑注稍胜，但其理近于老释，如"澹然虚静"近老，"喜怒哀乐缘事而生"近佛，于儒家之道多有未契，"心无所虑而当于理"断非儒家之理。因此，孔疏解"本"为"情欲未发，是人性初本"、解"和"为"言情欲虽发而能和合"[2] 都未能明彻其中的道理。

再看朱子《四书章句集注》的注释："喜、怒、哀、乐，情也。其未发，则性也，无所偏倚，故谓之中。发皆中节，情之正也，无所乖戾，故谓之和。"[3] 朱注甚明，以未发之四情为本有之性，迥异于孔疏"缘事而生"之说；我们知道，缘之一字的意义来自佛教，为"因其而生""援其而起"之意，尤其是龙树以来的大乘佛教缘起中空义，否定物之自性，当然也否定心之自性，则"缘事而生"之性与情自性为空，皆依他事而起。先不论于自性一论上释、儒二家之理孰为优胜，但其分野是清楚无疑的。朱注以性无偏倚为中，又大异于孔疏以虚静释中，澹然虚静、无为而放，无疑是老庄义，儒家所求之道与老庄之道在某些层面有相通处，但追究到核心或终极处未必是同归而殊途，儒家并不拒斥老庄去除一切功利心后得以自然呈现的审美与自由，只不过认为尚有更高、更根本、更持久的自由，故其心无时不自新又新以不离于道，而任之于虚静恐终害此道。总之，朱注是把性与情落到了实处，这也可与《大学》互证，非专治心之释道二家。接下来的解说中节为性情之正就顺理成章了，唐君毅因此说："先秦儒学之传中，孔孟之教原是性情之教，《中庸》《易传》诸书，承孟学之传，皆兼尊人之情性。"[4] 再结合《中庸》总旨"天命之谓性"，朱注"大本者，天命之性。天下之理皆由此出，道之体也。达道者，循性之谓，天下古今之所共由，道之用也。此言性情之德，以明道不可离之意。"[5]

---

[1] 阮元校刻：《十三经注疏》，中华书局 1980 年版，第 1304 页。

[2] 同上书，第 1625 页。

[3] 朱熹：《四书章句集注》，中华书局 2001 年版，第 18 页。

[4] 唐君毅：《中国哲学原论——原道篇二》，台北学生书局 1978 年版，第 80 页。

[5] 朱熹：《四书章句集注》，中华书局 2001 年版，第 18 页。

二　礼文之美

礼作为儒家之文仪的重要部分，礼与文常常在同一语境中出现，并富有内在的联系。在《礼记》中，"文"字出现的频率很高，据王黎黎统计，《礼记》中的"文"除人名之外，共出现了79次，有仪式、形象、文饰、华美、文雅、文辞、善、与武相对八种意思。[①] 王黎黎认为，第一条中"文"与"礼"意义相通，"礼"即"文"的形式化体现二、四、六条"文"与"礼"都突出了形式感，"文"以直观形象呈现出美的形式；第三条"文"与"礼"都强调对事物的修饰；第五条"文"与"礼"都是规范着行为的道德准则。

西周礼文之美已经不复见于世，但从《诗》中还是可以管中窥豹，瞥见其一端。《诗经·小雅·都人士》描写了西周礼仪熏陶下的有礼有容之士："彼都人士，狐裘黄黄。其容不改，出言有章。行归于周，万民所望。"这里"都"字是美的意思，譬如同为《诗经》中的"彼美孟姜，洵美且都"（《郑风·有女同车》）、"不见子都"（《郑风·山有扶苏》）。都不仅是外表之美，也是德性之美称，如"士惟都人，孝悌子孙"（马瑞辰《逸周书·大匡解》）。[②] 因此美色、美德都称为都，都人乃美士之称；"都人士"之士可能指贵族，"都人士"应为作为美士的贵

---

① 王黎黎：《礼文之美：〈礼记〉美学思想研究》，硕士学位论文，首都师范大学，2008年，第10页：1. 仪式、规矩，礼仪，礼文。"立权度量，考文章，改正朔，易服色，殊徽号，异器械，别衣服，此其所得与民变革者也。"（《大传》）2. 某事某物的（表现）形式，形象，文理。"先王之立礼也，有本有文。忠信，礼之本也；义理，礼之文也。无本不立，无文不行。"（《礼器》）3. 文饰。"东方曰夷，被发文皮，有不火食者矣。"（《王制》）"是故君子服其服，则文以君子之容，有其容则文以君子之辞，遂其辞则实以君子之德。"（《表记》）4. 丰富多彩，繁多，色彩，华美，华丽。"君子之于礼也，有所竭情尽慎，致其敬而诚若，有美而文而诚若。君子之于礼也，有直而行也，有曲而杀也，有经而等也，有顺而讨也，有摲而播也，有推而进也，有放而文也，有放而不致也，有顺而摭也。"（《礼器》）5. 文雅。"礼乐交错于中，发形于外，是故其成也怿，恭敬而温文。"（《文王世子》）6. 文辞，字体，文字，文章。"诗书不讳，临文不讳，庙中不讳。"（《曲礼上》）7. 善（美，善）。"故三年之丧，人道之至文者也。"（《三年问》）8. 与武相对。"张而不弛，文武弗能也；弛而不张，文武弗为也。一张一弛，文武之道也。"（《杂记下》）

② 程俊英、蒋在元：《诗经注析》上册，中华书局1991年版，第718页。

族。章为辞藻，与"出口成章"之章同义，郑玄笺注为"其动作容貌既有常，吐口言语又有法度文章"①。周这里指周的都城镐京，根据《毛诗序》的解释，诗歌怀念周代都城之人服装仪态从容有常，符合仪节而众民归心。朱子在《诗集传》中的评点也深有体会："乱离之后，人不复见昔日都邑之盛，人物仪容之美，而作此诗以叹惜之也。"②

礼的形式规定繁复多章，在样式、色彩、声律、时节等诸多方面都有严格的搭配，在不同情境中得到或庄重、或雅致、或华美的美学效果，与礼所希望达到的目的形成对应。如《礼运》：

> 天地之经，而民实则之。则天之明，因地之性，生其六气，用其五行。气为五味，发为五色，章为五声。淫则昏乱，民失其性。是故为礼以奉之：为六畜、五牲、三牺，以奉五味；为九文、六采、五章，以奉五色；为九歌、八风、七音、六律，以奉五声。为君臣上下，以则地义；为夫妇外内，以经二物；为父子、兄弟、姑姊、甥舅、昏媾、姻亚，以象天明，为政事、庸力、行务，以从四时；为刑罚威狱，使民畏忌，以类其震曜杀戮；为温慈惠和，以效天之生殖长育。

单独的礼仪形式具有明显的美感，在由系统的礼仪样式组成的礼仪社群中也体现出某种美学特征。在郝大维（David L. Hall）、安乐哲（Rogger T. Ames）合著的《由孔子而思》（*Thinking Through Confucius*）中，提出了一个很有意思的看法，认为与西方追求形式逻辑的秩序不同，以礼仪为中心的中国古代社会秩序带有明显的美学色彩，甚至是美学优先于理性的。逻辑或理性秩序是一套抽象的既定模式，这种模式也符合西方传统的理性主义实践观；审美秩序建立在美学化的实践观上，这意味着实践是在

---

① 程俊英、蒋在元：《诗经注析》上册，中华书局 1991 年版，第 718 页。
② 同上。

具体和特定要素构成的语境中持续的创造过程，是无须概念中介的专注和体验。① 因此礼仪社会的秩序建构更多诉诸道德、传统、典范，而不依赖于上帝意志、自然法和实证法的强制规范。这个说法的有趣之处在于，礼仪社会建构所基于的诸要素中，审美成为重要的元素。对于审美，系统性的理论研究是美学。

　　我们知道美学作为学科是德国哲学家鲍姆嘉通（Alexander Gottliel Baumgarten，1714—1762）建立的，美学 Ästhetik 一词来源于希腊语 aisthetikos。德语的形容词是 Ästhet，除了美感的意思外，还有雅致、文雅、美观的意思。这里需要分辨的是，Ästhetik 的原意是感性学，鲍姆嘉通把美学定义为研究感性的学科，"美学的对象就是感性认识的完善"②，朱光潜解释说这"实际上指凭感官认识到的完善"③，完善的概念来自莱布尼茨和沃尔夫，指协调、和谐、完整。康德认为鲍姆嘉通把完善设定为目的，而美成为依存物，康德将美的目的性改造为：美是一个对象的符合目的性的形式，但感觉到这形式美时并不凭对于某一目的的表现，这个二律背反表明美没有明确目的而却有符合目的性。但是后来康德提出"美的理想"，改善了这个二律背反的说法。美的理想就是审美趣味的范型，是评估审美对象和审美判断的理念，这似乎与柏拉图的观点相似，但康德在审美判断的最高标准之外，还强调了其基于形象显现的个体想象力。理想概念是一个观念性概念，涉及理性，理想之物就是完善之物，因而带上了目的性。这样在某种意义上康德回到了鲍姆嘉通，关联点就是人的自我理性能力，这在黑格尔那里得到进一步的说明，只有人才能意识到自己的存在和目的，因为人不仅是"自在"的，而且是"自为"的，只有人才能达到理想美所要求的"道德精神的表现"。④ 可以看到，康德的美学判断是在诉诸经验主义的感性论美学和诉诸理性主义的理性论美学之间进行了

---

　　① David L. Hall，Roger T. Ames，*Thinking Through Confucius*，New York：State University of New York Press，1987，pp. 132-138.

　　② 朱光潜：《西方美学史》，人民文学出版社 1979 年版，第 289 页。

　　③ 同上书，第 290 页。

　　④ 同上书，第 387 页。

中和，美依存于感性和理性，但并不完全受制于二者，在感性直观和知性统觉之外的想象力原发和创造地构建审美活动的基础。美学 Ästhetik 的形容词是 Ästhet，除了美感的意思外，还有雅致、文雅、美观的意思，这就带上了人的气息，表现了感性学、美学中人的因素。美学因此具有了人文色彩。

礼的美学特征可以从这个角度得到诠释，它的理想性、目的性与其外在形式的和谐统一带来了庄严感和美感。这种感受有别于纯粹形式的自然美，也有别于抒情和自娱的个体内在审美形式，只能从伦理、神圣、社群的理想精神的表现上去理解。比如讲述天子之礼，《礼记·经解》首选从其德说起，德为礼的基础或目的性；再说其形式谐和有度的美感；再证之以《诗》，达到诗、礼互证；最后以和、仁、信、义说明其效果。

> 天子者，与天地参，故德配天地，兼利万物，与日月并明，明照四海而不遗微小。其在朝廷则道仁圣礼义之序，燕处则听雅颂之音，行步则有环佩之声，升车，则有鸾和之音。居处有礼，进退有度，百官得其宜，万事得其序。诗云："淑人君子，其仪不忒。其仪不忒，正是四国。"此之谓也。发号出令而民说，谓之和。上下相亲，谓之仁。民不求所欲而得之，谓之信。除去天地之害，谓之义。义与信，和与仁。霸王之器也。有治民之意而无其器，则不成。①

鲍姆嘉通从美学讨论对象诗中得出审美的真实性，诗的真实是可然的真实，即不含有虚假成分，但又并非完全靠形式逻辑来确定的一种真实性，也可叫作可能的、或然的真实，这可以归于亚里士多德《诗学》对可然律的规定，与逻辑认知的真实形成了显著的区别。对诗的审美可以与维柯所说的共通感相比较，二者都不靠逻辑推导却真实无欺；二者的培养不是靠确定之物、实用之物，而需要的是可能之物的熏陶；二者都不是抽象出来的概念，却具有普遍性——同理，礼仪的真实也不是这样一种非实

---

① 郑玄：《仪礼注疏》，《文渊阁四库全书》卷五十第一〇二册，台湾商务印书馆1986年影印本，第3—4页。

用的真实，或者可以称为一种象征意义上的真实。每一个礼仪动作都指向某种意义，表达某种愿望，并由参与者的诚敬而产生尊严感，由形式的谐调产生美感。这种尊严感和美感不仅是个体性的感受，而是一种共通感，通过这种共通感建立起个体间的认同和协作关系，将社群维系为一个礼仪的共同体。

第二节　《诗》、礼互解

一　以礼解诗与诗礼互证

在先秦儒家之文中，诗与礼均为文，因此二者之间常有互证互解之例。这源于二者所本皆为道，皆为道在人间社会的表现。在《论语·八佾》中，有孔子与子夏的对话，子夏问到《诗经》里的一句话：“‘巧笑倩兮，美目盼兮，素以为绚兮。’何谓也？”其句出自《卫风·硕人》“手如柔荑，肤如凝脂，领如蝤蛴，齿如瓠犀，螓首蛾眉，巧笑倩兮！美目盼兮！”，“素以为绚兮”一句《毛诗》不载，疑为逸诗。

孔子答曰：“绘事后素。”郑玄注：“绘画，文也。凡画绘，先布众采，然后以素分其间，以成其文。”[1] 绘画需先施以色彩，再用白素分布其间。这与朱熹的注解不同，朱熹注为“绘事，绘画之事也。后素，后于素也。《考工记》曰：‘绘画之事后素功。’谓先以粉地为质，而后施五采，犹人有美质，然后可加文饰。”[2] 也就是说绘画先得有素色为质底，然后才能施加彩笔。

孔子以绘事比拟诗句，当然不是要讨论绘画，而意在引申。子夏不愧是孔门以文学著称者，当即回应道：“礼后乎？”这个回应得到孔子的赞叹：“起予者商也，始可与言诗已矣。”子夏的回答涉及礼，郑玄注：“喻

---

① 何晏：《论语注疏》，《文渊阁四库全书》卷三第一九五册，台湾商务印书馆1986年影印本，第7页。

② 朱熹：《四书章句集注》，中华书局2001年版，第63页。

美女虽有倩盼美质，亦须礼以成也。"①这是以彩为质底，然后以礼约之成之，因此白素象征礼。孔安国也持此解："孔子言绘事后素，子夏闻而解，知以素喻礼，故曰礼后乎。"②朱熹对绘事理解不同，当然不会同意以彩为质，"素以为绚"为："素，粉地，画之质也。绚，采色，画之饰也。言人有此倩盼之美质，而又加以华采之饰，如有素地而加采色也。"因此，"礼必以忠信为质，犹绘事必以粉素为先"③。

孔子以礼解诗的时代背景是春秋时期，其时西周礼乐已衰，但犹有余风。西周礼乐典章中，乐、诗往往合用，曲调、节律相和相成。举凡会宾、宴饮、观礼、祭祀、出游等都有赋诗应答活动，在此一大的文化背景里面，诗乐难分，礼乐一体。而《诗》大多并没有确定作者，也并不重视作者为谁，《诗》被视为承贯共同价值观念和政治取向的典籍，因此诗句是可以阐释和印证这些观念的例证。春秋时代赋诗引诗风气尚存，而"赋诗断章，余取所求焉"（《左传·襄公二十八年》），即在酬诗应答中引譬连类、取诗之一章或一句解说和论证己志和发见群志也是常事。

孔子认受的天命就是维护和复兴西周礼乐文化制度，因此常常以礼解诗、以诗证礼就不难理解了。朱自清认为春秋时诗与乐的分离已经开始，诗由以声为用转为以义为用，而这一转变是始于孔子的。春秋中叶，政治形势与周初已经大异于周初，"王者之迹熄而《诗》亡"（《孟子·离娄下》），周平王东迁，政令不及于天下，天子朝聘、采诗、驯狩等活动停止，赋诗颂乐的活动也基本停止了。孔子是否删诗尚无定论，不过当时《诗》三百已结集是无疑的，但孔子用对诗的解说离其本义已经相差甚多。钱穆在《孔门之诗教》中说："毋宁孔子之于诗，重视其对于私人道德心性之修养，乃更重于其在政治上之实际使用……故诗至于孔门，遂成为教育工具，而非政治工具。至少其教育的意义与价值更超于政治的意义

---

①　何晏：《论语注疏》，《文渊阁四库全书》卷三第一九五册，台湾商务印书馆1986年影印本，第7页。

②　同上。

③　朱熹：《四书章句集注》，中华书局2001年版，第63页。

与价值之上。此一变迁，亦论诗者所不可不知也。"①这里钱穆没有说出的是这教育是目的为何的教育，儒家的诗教是为了塑造具有理想人格的君子，这也是礼教希冀达成的目的。

以礼解诗，其内在原因是礼与诗有内在相通之处，可互解互证，子夏因论诗而知礼，故"可与言诗"，也就是说，通过论诗到达了对礼的理解。这里有两种可能：第一，诗是到达礼的途径，因而是作为理解礼的工具，这表现在后人多评价儒家诗论为"实用理性的""工具论的""功利的""泛道德主义的"等；第二，诗与礼同为求取更高者或曰更本源者的途径，不是通过诗理解礼，而是通过诗理解更高者或更根本者，再由此高度或本处反观，则礼的理解成为当然之事。同理，以诗解礼也是如此。

《礼记·孔子闲居》中，子夏向孔子请教《诗》："孔子闲居，子夏侍。子夏曰：'敢问，《诗》云：恺弟君子，民之父母。何如斯可谓民之父母矣？'孔子曰：'夫民之父母乎！必达于礼乐之原，以致五至，而行三无，以横于天下，四方有败，必先知之。此之谓民之父母矣。'"

子夏引《诗·大雅·泂酌》"凯弟君子，民之父母"诗句问夫子，为何事可以称得上民之父母？凯为乐，弟为易，诗句是赞美成王行乐易之德。孔子回答说，必须要到达礼乐的原本，即至于"五至"，何谓"五至"？"志之所至，诗亦至焉。诗之所至，礼亦至焉。礼之所至，乐亦至焉。乐之所至，哀亦至焉。哀乐相生。是故，正明目而视之，不可得而见也；倾耳而听之，不可得而闻也；志气塞乎天地，此之谓五至。"郑玄注"志，谓恩意也。言君恩意至於民，则其诗亦至也。诗，谓好恶之情也。"②此注拘于成王之地位而解"志"为"恩意"也无不可，但解为"诗言志"之"志"更妥，且与"志之所至，诗亦至焉"可以印证。至于"诗言志"之"志"解说很多，但无外乎情志、志向、志意之类，在此句语境里，并根据句末"志气塞乎天地"，当指引发诗的情志或志意，诗也引发了礼，并相继而生发乐、哀两种情绪，无疑，此五者都是由某种"共通感"所联系，因而能够相互引发而达于氤氲相生的境域；孔颖达疏

---

① 钱穆：《中国学术思想史论丛》卷一，台北东大图书公司 1977 年版，第 137 页。

② 阮元校刻：《十三经注疏》，中华书局 1980 年版，第 1616 页。

为"以此五者，君与民上下同有，感之在于胸心，外无形声，故目不得见，耳不得闻"①，可谓得宜。值得注意的是，这里的"至"是"达于适当而相互维系、生出"，并非"极致"之意。因此，民之父母，即行凯弟之君子，以及民众都在这五者所构成的情境中，上德下达、下意上达，是儒家礼制所构想的理想境界。

接下来孔子以无声之乐，无体之礼，无服之丧谓之三无；并取《诗》中"夙夜其命宥密"（《诗·周颂·昊天有成命》）说明无声之乐，"威仪逮逮，不可选也"（《诗·邶风·柏舟》）说明无体之礼，"凡民有丧，匍匐救之"（《诗·邶风·谷风》）说明无服之丧。这里的无声、无体、无服指"无须形式上的"声、体、服，而是"行之在心，外无形状"（孔疏）。② 这是对《诗》习读后，对比礼、乐所得到的互参互解。而其中的联系如前所述，是基于人所有之的同感。

对于诗与礼，《礼记·仲尼燕居》有很详细的论述：子曰："礼也者，理也，乐也者，节也。君子无理不动，无节不作。不能《诗》，于礼缪。不能乐，于礼素。薄于德，于礼虚。"③

就这段话来说，如果说诗对礼起到的是工具性的用途，则"不能《诗》，于礼缪"就难以理解了。缪通谬，郑玄注："缪，误也。素，犹质也。歌《诗》，所以通礼意也。作乐，所以同成礼文也。崇德，所以宴礼行也。"④ 歌《诗》而逮礼意指通过赋《诗》、引《诗》而了解、通达礼的意义，"不能《诗》，于礼缪"，从字面上看，《诗》是通礼的必要条件，赋诗、引诗是礼仪的形式之一，因而可以理解成诗是礼的手段。但深入下去，孔子开头说"礼也者，理也"。这就把礼从礼仪规范、制度条文的器上升到了形而上的层面。诗所通达的不是形式化的礼仪，而是礼仪所代表的意，即"通礼意"。更明确地说，"礼意"即"诗意"，即"书意""春秋意"，"意"作为价值层面，是诸种儒家之文、之艺所指向的共同目

---

① 阮元校刻：《十三经注疏》，中华书局 1980 年版，第 1617 页。

② 同上。

③ 同上书，第 1614 页。

④ 同上。

的——这里的目的当然不可以作实用性的目的来认知，而是“必至于是而不迁”的共由之善端和善果。

二　楚简《诗论》：以《诗》解礼的新证

晚近出土的上博楚简《孔子诗论》中多有《诗》、礼二者互解互证的例子。2001 年《上海博物馆藏战国楚竹书》（一）出版后，引起了极大关注。题名为《孔子诗论》的简文，李零认为是《子羔》篇的一部分。就题目而言，楚简整理者李零、马承源等认定为孔子诗论，裘锡圭根据字形认为应读为“卜子”，但后来已经改变此观点，转而同意较公认的“孔子”之题。

《诗论》的作者争议较大，至今未有定论。据孔子述而不作的传统，《诗论》应非出孔子之手，而是孔门后学引孔子言论并加以阐发而成，类似于《中庸》。李学勤、姜广辉根据孔门中子夏长于文学而认定子夏为《诗论》作者①，廖名春说作者为子羔者②，陈立认为是再传弟子所写。③

据孔门弟子才具和志向而论，子游、子夏被孔子许为孔门四科中文学科佼佼者。④《论语》《礼记》等传世文献中多有孔子与子夏就《诗》进行的问答之语，《汉书·艺文志》等史料也记载子夏传孔门《诗》学，而当时的文学除了《诗》，还包括六艺中的其他典籍文献，因此子夏传承的不只是今天意义上的文学，而且是作为典章的“文”。子夏以来，传《诗》学于曾申、李克等，直至荀子，最后到毛亨《诗序》，而《诗序》被很多学者认为是子夏所作，楚简《孔子诗论》的基本观点多与《毛诗

① 李学勤：《〈诗论〉的体裁和作者》，《上博馆藏战国楚竹书研究》，上海书店 2002 年版，第 51—57 页。姜广辉：《初读古〈诗序〉》，《国际简帛研究通讯》2002 年第 2 期。转引自刘信芳《孔子诗论述学》，安徽大学出版社 2003 年版，第 80 页。

② 廖名春：《上博〈诗论〉简的作者和作年》，《齐鲁学刊》2002 年第 2 期。转引自刘信芳《孔子诗论述学》，安徽大学出版社 2003 年版，第 81 页。

③ 陈立：《〈孔子诗论〉的作者与时代》，《上博馆藏战国楚竹书研究》，上海书店 2002 年版。转引自刘信芳《孔子诗论述学》，安徽大学出版社 2003 年版，第 81 页。

④ 《论语·先进》：“德行：颜渊、闵子骞、冉伯牛、仲弓；言语：宰我、子贡；政事：冉有、季路；文学：子游、子夏。”又《史记·仲尼弟子列传》司马贞《索隐》：“子夏文学著于四科，序《诗》，传《易》。又孔子以《春秋》属商。又传《礼》，著在《礼志》。”

序》有内在关联，对《孔子诗论》是否《毛诗序》祖本有很多争议，但二者思想之间多有关联是无疑的。

第5简："清庙王德也至矣敬宗庙之礼以为其本秉文之德以为其业。"①句读可断为"《清庙》，王德也，至矣。敬宗庙之礼，以为其本，秉文之德，以为其业。"《诗经·周颂·清庙》颂扬文王之德，具体说来，是其对于宗庙之礼的虔敬作为其本。有枝节（冯胜君）、端绪（邴尚白）、文武功业（董莲池、刘信芳）等各种解读，②但都是在以礼之虔敬为根本的基础上，发展出继承文德、推进功业的此等含义。

第16简："吾以《葛覃》得氏初之诗，民性固然，见其美，必欲反其本。"③《周南·葛覃》诗末"害澣害否，归宁父母"是全诗主旨，澣或为浣，意为洗衣，害为曷的假借字，归宁为省亲，程俊英引《左传·庄公二十七年》杜预注："宁，问父母安否。"④诗句表现洗衣女回家的欣喜不胜之情，《诗论》对诗句进行了阐发，陈剑、廖名春把简文"氏"解释为"祇"，即敬，"氏初"即敬始、敬初这类儒家常见观念。《葛覃》之诗以根与藤蔓枝叶的关系抒写子女与父母的人之本性。由父母家庭是礼的最小单位和源始的发端，是人性本有的特性，认识到其美好的人会因此而返其本溯其源。

第24简："吾以《甘棠》得宗庙（廟）之敬，民性古（固）然。民性固然。甚贵其人，必敬其位；悦其人，必好其所为。恶其人者亦然。"⑤《召南·甘棠》一诗主旨是怀念召伯，《韩诗外传》"诗人见召伯之所休息树下，美而歌之"。⑥召伯行教于南国，居于甘棠之下而不扰民，后人睹物思人怀想其德，感念其人，敬其树而不忍伤。因此《诗论》中，孔子

① "业"字李零读为质，见李零《上博楚简三篇校读记》，中国人民大学出版社2009年版，第32页。
② 刘信芳：《孔子诗论述学》，安徽大学出版社2003年版，第141—144页。
③ 同上书，第192页。李零断为："吾以《葛覃》得氏初之诗、民性固然，见其美，必欲反，一本夫葛之见歌也。"见李零《上博楚简三篇校读记》，中国人民大学出版社2009年版，第15—16页。
④ 程俊英、蒋在元：《诗经注析》上册，中华书局1991年版，第8页。
⑤ 刘信芳：《孔子诗论述学》，安徽大学出版社2003年版，第232页。
⑥ 程俊英、蒋在元：《诗经注析》上册，中华书局1991年版，第38页。

评《甘棠》之诗要旨为持敬，宗庙之礼的内核在于投入敬意，如果认可一个人，必然会对其所在的位置保持敬意，认同他的行为，反之亦然。

三　以色喻于礼

李零将《诗论》原序中的第 10 简与第 12 简拼在一处："《关雎》之改，《樛木》之时，《汉广》之智，《鹊巢》之归，《甘棠》之褒，《绿衣》之思，《燕燕》之情，曷曰动而皆贤于其初者也？《关雎》以色喻（俞）于礼，〔□□□□□□□□〕10〔□□□□□□□□〕好，反纳于礼，不亦能妃乎？《樛木》福斯在君子……"12。①

李零读"改"为"妃"，匹配之义，即《关雎》诗中之"好逑"。马承源读为"怡"，表怡悦之意。李学勤训为"改"，表从男女爱情之"色"到礼的更易。廖名春、王志平也都训为"改"，廖解为移风易俗之改，王解改为求或述。饶宗颐《竹书〈诗序〉小笺》指出改字屡见于卜辞，不能释为"配"，据《说文·攴部》"改"与"攺"分为二字，因此疑改可能借为"卺"，并引《说文·己部》："卺，谨身有所承也"，引《礼记·昏义》："妇至，婿揖妇而入，共牢而食，合卺而酳，所以合体同尊卑以亲之也。"因此饶宗颐认为"'合卺'所以示立夫妇之义，成男女之别，为礼之大体、示敬慎重正而亲之，故卺字训谨身有所承。合卺是共用一瓢以饮酒，示夫妇合体。《关雎》之改似可读为'关雎之卺'"。②

以上各家对"改"的解释各异，但妃、怡、改、卺诸解都能在《关雎》诗歌的语境中说得通，这几个解释都包含了情的因素，但又不止于情，而是对情的发展和超拔，这个要旨在简 10 接下来的"《樛木》之时，《汉广》之智，《鹊巢》之归，《甘棠》之褒，《绿衣》之思，《燕燕》之情"中是一以贯之的。廖名春认为《樛木》之时，《汉广》之智，《鹊巢》之归是对好色本能的超越；《甘棠》之褒是对利己本能的超越；《绿

---

① 李零：《上博楚简三篇校读记》，中国人民大学出版社 2009 年版，第 16 页。又，依楚简文献的文字输入和引用惯例，□为所缺字，▮为竹简的墨钉。

② 刘信芳：《孔子诗论述学》，安徽大学出版社 2003 年版，第 170—171 页。

衣》之思，《燕燕》之情是对见异思迁本能的超越。① 因此，这里的"皆贤于其初者也"表示对始于自然生发的情思和本能的升华。这与"发乎情，止乎礼"（《论语·八佾》）可以相互参看。

"《关雎》以色喻于礼"，原为"《关雎》以色俞于礼"，对俞字有两种读法。李守奎认为应读为"逾"，指好色超过了好礼；其他学者均读为喻，即譬喻。孔子教学生，并非是用概念来进行定义，也不是用逻辑加以推演和论证，而是就身边的事物和例子随手俯拾，对欲说之理随时揭发，所谓"能近取譬，仁之方也"（《论语·雍也》），这里"近"是手边、身边的日用常行，进而可以理解为人所生活的一切场景和情境。为什么对礼与仁的指示可以以能近取譬的方式进行？或者用康德的句式礼与仁的能近取譬如何成为可能？譬只是一种方式上的比喻或只具有比喻的功能性特征吗？如果是这样，那么性、礼、近之间就只具有外部的相似性，那么我们可以问：所谓"近"并非某个固定物或情境，而有千千万万种可能性，甚至可以是任意一种物或情境，而任意物或情境之间是不可能在外部形式上都具有相似性的。没有内在的、本质的关联性，礼、仁、近的取譬是无法成为可能的。

我们可以回到《诗》的语境中看待这个问题，《诗·大雅·烝民》云："天生烝民，有物有则。"《毛诗正义》："烝，众。物，事。则，法。"② 朱子《诗集传》："言天生众民，有是物必有是则。盖自百骸九窍五脏，而达之君臣父子夫妇长幼朋友，无非物也。而莫不有法焉。如视之明、听之聪、貌之恭、言之顺、君臣有义、父子有亲之类，是也。"③ 钱穆在《国学概论》中解释"格物"引用朱子的话："夫'天生烝民，有物有则。'物者，形也，则者，理也。形者，所谓形而下者也；理者，所谓形而上者也。'④ 这样意思就非常清楚了，天地万物，都有物、则二者，也就是形式与理则，形式的相似是无从可能的，但理则的相通是可能的，

① 刘信芳：《孔子诗论述学》，安徽大学出版社2003年版，第177页。
② 阮元校刻：《十三经注疏》，中华书局1980年版，第568页。
③ 朱熹：《诗集传》，中华书局1958年版，第214页。
④ 钱穆：《国学概论》，商务印书馆1997年版，第221页。

在儒家系统里甚至是确然不移的，否则孔子的"吾道一以贯之"（《论语·里仁》）就无从说起了。

因此，格物致知不是知识考索或科学分析，而是通过对物的格致求得其理则，也就是从形而下的物中体会、感悟、实践形而上的道。这里的物可以是日用之物，也可以是诗书春秋，我们在面对一物、行使一事、操执一艺的时候，都是与道发生联系的契机，即我之自性、物之自性、道之自性三者的贯通。这里可以借用海德格尔的话头作一个开始，对于物性，我们知道知识研究或科学分析是把物作为一个研究对象，这时的物是固定的、静态的、抽象的，用海德格尔的话说，是现成的（vorhanden）。而一物在手、被用起来后，其状态就改变为上手或称手的（zuhanden），这种状态才是物是其所是的本真状态。它不能孤立地通过概念界定、逻辑推导来进行理论分析，而只能与手结合在一起获得其物性，也就是说通过与人的生存发生关联，物获得共同性和整体性，"从根本上说，从未有一个用具'存在'。用具的存在总是属于用具的整体，在此整体中它是其所是"①。作为用具的物即是如此，海德格尔的物性分析是根于存在论，作为存在者的物或用具是孤立、静止的，只有当其"上手"，参与到人的生存状态之中，才获得了通向存在的时机，才有机会到达是其所是的本真状态。上面的分析揭明了物是在情境中存在，上手、劳作、技艺都是手的动作、身体的动作、人作为此在的行为，同样在此行为中人与物、与他者、他人、世界相互关联起来，"近"就是情境，是物我、人我、境我之间的相互依存和相互成就，这是人的根本生存和思想方式。从这个意义上说，"譬"就是情境中的设身处地、换位互置、互解互证，等等。

因此色与礼能够相喻，从生存论上来说，二者相互依存、相互启发、相互激活而开启出一个境域：色因礼而可长可敬、可信可持；礼因色而可爱可见、可近可亲，在此境域中色与礼都更能成为自身。

按以《诗》解《诗》的路径追究下去，在"有物有则"的视域中，

---

① ［德］海德格尔：《存在与时间》，陈嘉映译，生活·读书·新知三联书店1999年版，第80页，译文据《海德格尔全集》第二卷有改动，Martin Heidegger：*GESAMTAUSGABE BAND*2 *SEIN UND ZEIT*, Frankfurt am Main，1977，S. 92。

色、礼指向的是则这一更高的价值，"天生烝民，有物有则"句后紧接诗句是"民之秉彝，好是懿德"。《毛诗正义》："彝，常。懿，美也。笺云：秉，执也。……然而民所执持有常道，莫不好有美德之人。"① 朱子《诗集传》："是乃民所执之常性。故其情无不好此美德者。……昔孔子读诗至此而赞之曰，为此诗者，其知道乎。"② 懿德即美德，被视为人所秉有的常道。

再通过其他儒家文献的相互参照看喻与譬，饶宗颐参照马王堆帛书《德行》篇："辟（譬）而知之，谓之进之；弗辟（譬）也，辟（譬）则知之矣，知之则进耳……榆（喻）而知之谓之□，□弗榆（喻）也，榆（喻）则知之，知之则进耳。榆（喻）之也者，自所小好榆（喻）虖所小好，茭（窈）芍（窕）【淑女，寤】眛（寐）求之。思色也。求之弗得，晤（寤）眛（寐）思伏，言其急也。繇（悠）才（哉）繇（悠）才（哉）辗转反厕（侧）。言其甚□□□如此其甚也。……繇色榆（喻）于礼，进耳。"③ 由这段话可以看到，由譬、喻可以而知之、进之，譬、喻成为因小知大、由近及远的方式和途径，同时从大处、远处又可以反观和反照细微处、近处，这是"以色喻于礼"的深层含义。

"反纳于礼，不亦能改乎？"是一个小的总结，纳不是形式逻辑的归纳，而是情境上的涵纳，《关雎》起于情思，纳于礼境，无论解"改"为妃、怡、改、否，都表现了情的升华，而带有价值的取向。而从情到礼熏陶有成、有所进阶的是君子，即《诗论》紧接的"《樛木》福斯在君子"，君子能于色、礼二者皆乐，且意绪升华而进阶不止，正与《樛木》"乐只君子，福履绥之"相应称。因此，《诗论》论《关雎》之诗由情着手而止于礼，由"好色"之自然到"好礼"之自觉的转渡具有内在的合理性和流畅感。相形之下，《毛诗序》"后妃之德"的说法难免予人以穿凿、比附之感。

再看李零列于此段的简14，"其四章则俞矣！以琴瑟之悦，凝好色之

---

① 阮元校刻：《十三经注疏》，中华书局1980年版，第568页。

② 朱熹：《诗集传》，中华书局1958年版，第214页。

③ 刘信芳：《孔子诗论述学》，安徽大学出版社2003年版，第180—181页。

愿；以钟鼓之乐，□□□□□"，俞字有多解：为逾（李零）、愉（马承源）、喻（李学勤）、谕（俞志慧），于诗论大旨恐无大别。"琴瑟之悦，凝好色之愿；以钟鼓之乐，□□□□□"这四句应该是从《关雎》"窈窕淑女，琴瑟友之""窈窕淑女，钟鼓乐之"，琴瑟、钟鼓均为礼仪之属，比拟好色之愿，则俞解为喜悦之愉、比拟之喻均通，《诗论》对《关雎》的评说也从情意的感发到性情的陶冶，进而到德性的自觉，在情与礼的同一中抒情与修礼并非二事，"发乎情，止乎礼"的止与"止于至善"之止都是"到达"的意思，是理应到达、必会到达，"必至于是而不迁之意"。这也是"《关雎》乐而不淫，哀而不伤"（《论语·八佾》）的意义所在。

　　"发乎情"不仅以简10首句"《关雎》之改"表现出来，也表现为整个《诗论》的开篇。这一点可以参考《孔子诗论》的简文排列，对于首句的选择有三种：一、以李学勤为代表的不少学者把"《关雎》之改"以下的简10列为《诗论》首句。二、李零在《上博楚简三篇校读记》中以简1为《诗论》开篇，即"〔□□□□□□□□□□〕行此者，其有不王乎？▌孔子曰："诗无吝志，乐无吝情，文无吝言〔□□□□□□□□□□□□□□□□□□□□□□。"廖名春、黄人二等人亦持此说。三、姜广辉、范毓周以简4开篇，即〔孔子〕曰："《诗》其犹平门软？贱民而逸之，其用心也将何如？曰《邦风》是也……"

　　三种排序出现的首句中，"《关雎》之改"论情爱；"诗无吝志，乐无吝情"论情志；"《诗》其犹平门软？"是说《诗》以兴观群怨而周知广闻。三种排序都将《诗论》的开篇定为起兴于情的诗句。其中包含的论旨是：诗因情而起——但并非情之泛滥而不可抑止，而是对将情置于适当的位置。

　　这也表现在《诗》的排序，以《关雎》一诗开篇并非偶然，而是经过审慎的考量和抉择，以体现整理者和编排者（一般认为是孔子）的观念。简10、《孔子诗论》《诗经》在观念上是相应的，在主旨上是一脉相承的。

结　语

　　先秦儒家之文产生的思想土壤是三代文明演进中的突破性革命，夏文质朴简陋，殷文尊神信命，至周代始有郁郁葱葱的人文景观。放在世界性的背景中，轴心时代兴起了人之为人的价值反思，史华慈所言的"超越的突破"出现了，这是为人类精神立法的时代。先秦儒家之文产生于这样一个思想变革大时代中，带有非常鲜明的时代特征，表现为对价值根据的强烈诉求和不断追问。因此孔子的"从周"并不只是对西周的礼乐制度、文仪等具体化、形式化的内容进行继承和发扬；更重要的是，周代礼文所表现出的人文意识和德性观念启发和唤起孔子承负此文此命的天命意识。在孔子之前，儒家或为王官、或为史巫、或为陪臣，自孔子起方成为一系精神法则的自觉创造者和持守者，并以人格形态和价值理想的充分实现为儒者的天赋之责，因此有日新不已、明德于天下的深远怀抱，规定了中国精神发展的基本方向。

　　在孔子的时代，礼崩乐坏是一个基本的现实背景，在这样的社会局势中要树立起价值轨范，斥霸道兴王道、斥功利兴仁义，教化对象上至君王、下至黎民，这显然是一种理想主义的精神取向。儒家以人文立教，其内涵也不可以视为单纯经验性和历史性的。孔子作为人所体认、呈现、确立的道因其理想性而成为超越性、终极性的，因而是天道；此道需要人心的呈现、行为的实现，因而是人道。人道之"立极"乃为至善，在人身上呈现为向善的生存形态而与日常生活、社会秩序和艺术创作相勾连。儒家论文、论诗、论礼、论乐总是以尽善尽美为旨归，即因至善是善与美的兼备与谐和，是理想性的达成。故而至善可以说就是天道的终极性原则，人不能奢求一定能"止于至善"，但当人服膺于至善而向此而行，就已经在实现着善。天道与天命是由人弘扬的，"知天命"即对天命所赋的理则有所感应而对我之为我、人之为人的意义产生自觉，如此真正实现我之所是、人之所是才成为可能。以天命为准则而达到不断的自我发现和自我觉悟，有限的存在者方能进入生存（Existenz）的真态，使存在本身（das Sein selbst）的意义得以敞现。从取向上说，我向着天命之途正道而行，我之实现亦是天命之证实，而存在者的自我实现也是对存在本身意义的真实显现。

"形而上者谓之道，形而下者谓之器"（《易传·系辞》），在儒家的价值维度中，人文之教所涵盖的《诗》《礼》《书》《易》等首先绝非是工具性的，也不仅仅是知识性或审美性的，而是修己之德、体证天道的进阶。这里的进阶就是道路，道路是向道之途，走在这条道路上就是向道、体道、证道之行，道（路）（Weg）就是道，道因此保留了形上的价值意味且不失实践意义和具体语境。在儒家看来，人对理想性、超越性的实践深深根源于生存形式，并在《诗》《书》《礼》《易》《春秋》所构成的生活世界和文本世界中无时不在、随处而现。在"勿意，勿必，勿固，勿我"的至诚投入中，生存意识与生存情境中时间构成达成了微妙的感通，生存活动才可能是应于时且发而中节的。这可以称为艺术化的生存，也是"游于艺"的真谛，在诗、礼所营造的富于美感和尊严感的生活样态中成就自己为一个真正的人。

"发乎情"，"止乎礼"，一发一止实非二事，诗文、礼文之为"艺"而非"器"，是因其皆为道之显者，情、志、性、道一体同源，因而在《书》《礼》《论语》《春秋》、楚简《诗论》中多有诗、礼的互证互解。在诗、礼中兴发生成的德感是生存境域中的原发体会和生动经验，这种美好、真实的德性不断在诗与礼中得到时机化、艺术化的实现和维护。因而儒家思想中，道德既非呆板的教条，亦非权威的训示，而是至善之道在人心上的感发、显示和落实，是呈现于生活世界中的真情和实境。

如果现在和未来的人类毕竟不是一种全无精神性、理想性的生物，则虽处礼崩乐坏之世而见证此精神性、理想性的美好与可信总非全无可能。儒家所忧心与关心的，或亦在此。

附　　录

知识学的价值内核[①]
——对先师余虹先生《文学知识学》的精神性解读

摘　要　余先生的知识学建构并不采信一种强调"客观"或"价值中立"的研究进路，而是关注作为精神性活动的文学在人的生存语境中的价值建构。知识学的论述体现了余先生的一贯用心，其触及的某些根本性难题与断裂处更凸显了中国学人的时代命运。

关键词　文学知识学　生存价值论　精神

一

两年多来，先生的文字和谈话时时在经意与不经意间打开我的内心，予我以无尽的追思和祈念。《文学知识学》在陶东风教授等先生友人热忱担纲，并马元龙、秦晓伟等同门齐心勠力下编订付梓，是可告慰先生、有示于学界的莫大善举。面对这本厚重的著作，我的阅读开始了多次，却总被难以平复的心绪牵引到文本之外，这本书是先生的未竟之作，也是我永远不能完成的阅读。此书以"知识学"为名，我们知道，余先生之前的著作多以"思与诗""精神""归家"等为题，所编刊物如"立场""问

---

①　本文为吴兴明教授所主持的"余虹的学术与思想"圆桌讨论发言，原刊于《中外文化与文论》2011 年第 5 期。

题"等刊名也透射出强烈的精神指向与思想旨趣，"知识学"的进路似与先生惯有的治学风格有别，但细察之下，《文学知识学》的论述并不采信一种强调"客观"或"价值中立"的研究，与知识社会学（Wissenssozi-ologie，sociology of knowledge）的方法尤为歧出异路，[①] 其着力之处体现出先生的一贯用心，更在聚讼纷纭的学科难题上有深入的发掘与开示。

从引言部分看，作为针对文艺学学科的教材，余先生提出了课程基本内容与目标，在"一、文学理论与文学知识"中以文学道理（与现象对举）、系统性（与零碎化对举）、论证性（与盲从对举）、历史性（与割裂历史对举）四种要素将文学知识与文学常识区分开来，[②] 显示出清晰的知识学建构意图，并将知识学的对象具体化："文学理论即有关文学道理的知识"，这已经明确了文学理论的知识属性。我们知道，知识概念在西方学术史上的出场便是以争论的形式，苏格拉底反驳并否定了泰阿泰德给知识下的三种定义，却未给出自己的定义，[③] 自是之后知识的认定、效用、类型等成为长期的争论话题。对知识作为人类认知和理解能力的研究，经验主义、观念论（Idealismus，也被称为唯心主义）、理性主义（Rationalism，认为知识源于理性的推导和论证，如斯宾诺莎、莱布尼茨）等都产生过重大影响，进入后学时代，各种新见更层出不穷，蔚为壮观。但书中并没有在"何为知识"的问题上进行本体论式的追问，反而引入了"知识何为"的问题，即"二、文学理论的意义和功能"，指出文学理论不仅扮演文学的知识学对象的角色，并且"文学理论是理解和构想文学的思想方式，它提供有关文学的知识"。这里似乎出现了一个逻辑上的悖论：作为知识对象的文学理论如何能为作为主体的文学提供知识？要理解这一点，返回去看上文曾提及的文学理论作为知识在于其"有关文学

---

① 余先生在《中国文论与西方诗学》中对中西文学知识结构作了详尽考察和比较，从中可以窥见其所持的知识学观；进一步的讨论可参看吴兴明教授的《人文学研究的知识学之路》，载吴兴明《中国古代文论的知识谱系》，巴蜀书社 2001 年版。

② 余虹：《文学知识学》，北京大学出版社 2009 年版，第 4—5 页。

③ 泰阿泰德提出的三种定义是：感性知觉、真意见、真意见加逻各斯（说明或解释），见汪子嵩等《希腊哲学史》第二卷，人民出版社 1993 年版，第 917—954 页。［古希腊］柏拉图《泰阿泰德 智术之师》，严群译，商务印书馆 1963 年版。

道理"，这可以看作对文学知识的某种界定（但并非定义）。接下来有一句说得很重的话："文学是人的生活方式之一。没有理解过的生活是不值得过的。理解文学与自觉地设计文学是人类的天命。"① 可以看出，这段话深受海德格尔思想的影响，从人的在世生存、人作为能在去理解文学、直到对天命（Geschick）的回应。这是余先生"知识学"的一个独特之处，对生活/生存思路的引入于此发端，而实际上，这条思路或隐或现地贯穿于整部著作。这句话中的"理解""设计"与前文的"理解""构想"完全形成呼应，甚至可以直接把前文的文学理论代入其中，那么，文学理论与人类的天命就成为一个不可分割的意义整体。从此处回应作为知识对象，文学理论如何能够提供知识，是由于在余先生对知识学的设定和考量中，并未将对象置于主客体二分的二元模式下，知识对象与知识主体是一种共在（Mitsein）关系，这一点通过《文学知识学》的第三章到第七章（作者、作品、读者、世界、语言）可以更清楚地看到，而其中最为特出的无疑是生存（Existenz）分析的引入。

　　余先生对海德格尔思想的钟爱可以追溯到《诗与思的对话——海德格尔诗学引论》一书，之后有多篇论文涉及该领域，《中国文论与西方诗学》《艺术与归家》等名作的研究路径也都奠基于海德格尔以来的现象学—生存论。在《文学知识学》中可以看到这样的文字："作者创作的被抛状态"② "阅读的在世性""作品的在世性及其作品世界"③，不用多作摘录，我们即可感受到本书的生存论气息；而在广义现象学的层面上，书稿直接引述了英伽登的作品语言层、尧斯的接受美学、伽达默尔的哲学阐释学等学术资源进行知识学体系的建构。这里的体系只是一种方便说法，表明其为由内在一致的逻辑组织而成的知识整体。当写到体系的时候，引出了知识整体采进行解释，但我又发现在所谓"后现代"的学科语境下，整体的说法也颇为可疑，然而余先生建构文学知识学的努力难道仅仅表现为一些闪光点而无法予以整合——犹如散落而不能贯串的珠子？至为可惜

---

① 余虹：《文学知识学》，北京大学出版社 2009 年版，第 5 页。
② 同上书，第 60 页。
③ 同上书，第 89 页。

的是，《文学知识学》在第五章"读者"之后戛然而止，第六章"世界"、第七章"语言"、第九章"文学的意义和价值"等重要内容只能成为永久的期待。但在此书写作之前，余先生所发表的文章对文学理论中一些根本性的问题已多有讨论，这些收入本书的文章是《文学知识学》正稿部分的重要补充，或者用解释学的说法，构成了理解正稿中知识学建构所不可或缺的前视域。

二

部分文章论及后现代语境中的文学研究，如全球性的文学终结与文学性的蔓延、20世纪80年代后中国文学理论的意识形态解构趋向等等。值得注意的是，余先生并未停留在将后学作为分析文学/文化现象的理论工具的层面，而是注意到构成时代语境的后学本身，并对该语境中的学科生存状况进行了敏锐的剖析。余先生指出，20世纪以来思想领域的理论与经济领域的商品一样，都处于严重过剩的状态，而其背后是资本主义社会商品生产和市场扩张的强力逻辑。我们知道早在19世纪马克思对资本主义生产带来的社会关系和观念的变化就做出过富有洞见的描绘："生产的不断变革，一切社会关系不停的动荡，永远的不安定和变动，这就是资产阶级时代不同于过去一切时代的地方。"① 知识生产呈现出完全不同于前资本主义时代的数量增长和更新频率，这得益于韦伯所言的现代知识的专业细分和现代社会的科层化规制；而进入发达资本主义阶段，学科主体和专业边界被消解，出现了大规模的学科裂变与知识的越界扩张。在原产地西方，理查德·罗蒂（Richard Rorty）以《文学理论回顾》为题撰写了美国比较文学学会（ACCL）2004年度报告，罗蒂作为学科史见证者回顾了"文学理论"的发展，其肇始于20世纪70年代美国高校对后尼采哲学的阅读和接受，现今学科范式已从哲学范式转变为以福柯和文化研究为代表的多学科和跨学科范式，文本解读的视角游动于哲学、语言学、社会学、人类学、心理分析等学科之间，分析的对象从文学文本扩展为文化、社

---

① ［德］马克思、恩格斯：《共产党宣言》，中央编译局编译，人民出版社1997年版，第30页。

会、意识形态等。① 在不断的越界、变形与再造中，文学理论似乎已日益生长为一个面目模糊的学科，"文学" 显然不再是其唯一的甚至首要的知识学主体——与之相对应的是，在指称和表述上批评理论（Critcal Theories）也有取代文学理论（Literary Theory）之势。② 学术版图中原本只占据边角位置的美国在第二次世界大战后成为资本主义的新型典范，其原创性思想部分舶自欧洲（如哲学），部分来自少数族裔（如后殖民），经过美国知识机构的高效加工、包装和行销而成为世界知识市场的主要产品，从而实现了知识生产、消费的全球分工。

　　后现代或发达资本主义社会知识生产模式的促成来自内在和外在的双重焦虑，出版或死亡（Publish or Perish）的学术评价和职位晋升机制是现代体制中的知识人面临的严酷现实，这与创新或死亡（Innovate or Perish）的商品、技术的市场生存逻辑是一致的。这类文学知识的机制被余先生归入理解文学三种途径中的人学途径，进而指出这种膨胀至于过剩现象是理论生产与运用上的过度。上帝/神圣作者死亡之后，绝对者不再成为人的根源和依据，人必须逼迫自身成为绝对者，使人的理性和感性能力的无限扩张具有了合法性，一无敬畏的现代人在无限反思的启蒙神话中开始无节制地释放书写的欲望和能力。③ 换句话说，现代人要为自己立法，而这恰恰是人本主义给予自身的幻象。余先生指出，出现在中国的理论过剩现象与在中国发生的一切现代现象一样，是以畸异于西方的样式出现的，因为中国知识界只是忙于吞咽进口知识产品却消化不良，最终收获的只是一个变化万千的西洋镜而并未真正将其化为自身的养分。为何中国尚无真正意义上的知识生产？余先生答以无胆识则无反思、无理论，这涉及余先生的文学价值观："文学的本质是自由。'自由'是人开拓并完善

---

① Richard Rorty, "Looking Back at 'Literary Theory'", in *Comparative Literature in an Age of Globalization*, ed. Haun Saussy, Baltimore: The Johns Hopins University Press, 2006, pp. 63-64.

② 赵一凡：《西方文论讲稿》，生活·读书·新知三联书店 2007 年版，第 2 页。

③ 余虹：《理论过剩与现代思想的命运》，载《文学知识学》，北京大学出版社 2009 年版，第 277—287 页。

自己的生存条件，自由是最为根本的价值。”① 勇气是自由的必要条件之一，即使现代理论弊病丛生，中国也“太需要”现代形态的理论及其伴生的独立精神与反思能力。而现状是，实质上处于前现代、前自由状态的中国文论界不能明辨或有意无视西方文论作为历史性知识的差异，而时有在“一体化”冲动中将神学、人学、语言学三大路径混为一谈的囫囵之举。

三

对无反思的批判其实是对中国现代性的批判，反思作为启蒙运动的重要工具和醒目成就是对理性的肯定和张扬，其合法性建立在对中世纪神学统治的反动之上。“作者的超越性能在的凸现主要是一种现代现象”②，余先生引述启蒙赋予人以自由的康德观点，并结合了海德格尔的能在概念，联系到前文对文学自由本质的论说，表达出深受现代性鼓舞的一面。但余先生同时对神性（精神的神圣性）怀有明确的认同感，在这里牵涉到一些人文学科的根本性难题，从而显现出十分强烈的张力。

以文学知识的视野为中心，余先生借维特根斯坦的家族相似说明文学并非一个种类，没有作为种类共性的实然性本质，但作为确立人的生存价值的精神性活动有其应然性本质，“文学本质的确定必须……有生存价值论的根据”③。对于生存价值论余先生并无展开论述，但从生存论和价值论自身逻辑出发，其意义在于解答生存语境中人是其所是的价值问题，而“价值思想的源头在古希腊哲学那里就出现了，柏拉图、亚里士多德已经在一切价值所共有的善/好（Gutsein）的意义上对价值概念进行研究”④。善/好的价值意义在余先生热爱的海德格尔的思想中被生存论化，尤其是在后期思想中往往表现为在诗与艺术中方能充分、纯粹呈现的神圣性

---

① 余虹：《在事实与价值之间——文学本质论问题论纲》，载《文学知识学》，北京大学出版社 2009 年版，第 225 页。

② 余虹：《文学知识学》，北京大学出版社 2009 年版，第 63 页。

③ 余虹：《在事实与价值之间——文学本质论问题论纲》，载《文学知识学》，北京大学出版社 2009 年版，第 223 页。

④ *Brockhaus Enzyklopädie in 24 Bände*, Band 24, F. A. Brodehaus, Mainheim, 1993, S. 88.

（Heiligkeit），而这一点恰是先生悟入极深并精研于斯的所在。在多篇论文、伦理批评、艺术评论、社会批评中均可看到先生的诗思从现代性反思深入到对神圣精神的召唤。

从知识社会学的角度而言，对现代性中神性缺席的典型描述来自马克思："一切固定的古老的关系以及与之相适应的素被尊崇的观念和见解都被消除了……一切神圣的东西都被亵渎了。"①韦伯的祛魅（Entzauberung，disenchantment）更是耳熟能详的经典表述。但海德格尔以纯哲学的方式进入，将这一问题带入事关存在的终极论域。余先生对海德格尔现代性批判的认同具有内在的深度，即精神气质上的吸引与哲思上的同路。如此围绕海德格尔所生发的争议亦是先生所无可回避的。在初见先生时，曾就一个困扰已久的问题贸然请教于先生：海德格尔的纳粹经历是否与其思想有着某种隐在的关联？我至今记得先生长时间的默然，那或许包含着一位以求真为己任的思想者的深切痛楚。先生回答，人非神而皆有缺点和过失；或许真需要一位完全的超越者以为人之标榜与裁定者？——先生未对此下定论。

当语及现代中国学术与社会时，先生的批评在反思与神性的双重维度展开；同时先生对中国传统多有批评性论说，这在学理上造成了相当的困难：我们对于西学而言是一个他者，对于传统也是一个他者，则我们所用以反思的依据何在？就诠释学的角度而言，"传统"（Überlieferung）作为由语言和观念承载的流传之物构成理解的前见结构，脱离传统将使自我理解与理解他者都成为不可能，换言之，如无对传统的深刻认受，则无法真正理解外来思想，更勿论全盘接受西方的反思或神性观。海德格尔在接受《明镜》周刊采访时明言："思想只有通过具有同一渊源和同一使命的思想来改变。"②关于西方人，"只有一个上帝能救渡我们"，对于中国人何尝不如是。伽达默尔在与哈贝马斯关于传统与权威的论争中说道，传统自

---

① ［德］马克思、恩格斯：《共产党宣言》，中央编译局编译，人民出版社1997年版，第30—31页。

② 孙周兴选编：《海德格尔选集》（下），熊伟译，上海三联书店1996年版，第1313页。

身也在持续的变化中，我们以变革和守护的方式与传统发生关联。① 余先生或持一种变革的传统观，全球西化的浪潮中，主动现代性或被现代性、做中国人抑或世界人、国族文化的续断存亡……是现代中国学人无法却之也不忍却之的时代命运。我们可以看到西学东扩的汹汹进程与某些学者在激进与保守之间的多次转向，施特劳斯（Leo Strauss）的政治哲学是其时新版本。余先生对此亦有所回应，在细致的思想史梳理后，对施特劳斯氏借助自然正当（natural right）克服尼采、海德格尔式虚无主义的努力流露出几许期望。作为以"如古人那样理解古人"为标榜的新起学派，施特劳斯及其追随者并未得到西方古典语文学和古希腊哲学主流学界的认可，影响力限于其自名自号的"政治哲学"。如果略加分辨，施特劳斯批评启蒙理性的自大，而图以古典美德弥救之的确有所用心，但我们即使在自然正当的基础上认可善先于权利，如果没有对自由意志（freie Wille）的承认和运用，善在人的身上生长并落实如何成为可能？ 施特劳斯学派以俗白教诲—隐微教诲的区分来释读柏拉图对话录，就方法论而言，其微言大义的读法既不能借助作为该方法对立面的理性和实证主义，也难于由语文学（Philologie）给出支持。这个"回归本义"的解读模式并未脱离现代解释学的樊笼，而只是把书写者两分为说白话者和说暗语者，用以替代现代对话理论中的对谈者。余先生并未跟进柏拉图式的"写作艺术"与政治实践，而只是表达了对施特劳斯返回古典理想的同情，从而将这种呼应限定于心性领域。

在先生的知识学建构中，对价值问题的投入使文学知识呈现为人的精神自由和审美自由的佐翼，并在艺术评论中化作炽热的生命激情和超越理想，在社会文化评论中实现了对现实问题的真实介入和公共关怀。先生长期的学术写作和精神求索中，一些缝隙乃至断裂处或许是更为深刻的所在，如国族传统与普世价值、现代性启蒙与神圣精神、个体生存的永恒孤独与超越信仰，唯大志与大勇之士才有遭遇与直面此等艰险峻拔之精神境遇的可能：这不仅是先生走过的道路，也是当代人尤其是当代中国学人必然承负的天命。

---

① Hans-Georg Gadamer, "Replik", in *Hermeneutik und Ideologiekritik*, Hg. von Karl-Otto Apel, Frankfurt am Main, 1977, S. 307.

辛卯追思

从网络上的照片看，今天的北京被浓雾笼罩，匹年前那萧瑟清冷的天空恍若隔世。数年间流落辗转于海内域外，以期思有所感、学有所得，于今所成者几无而所遗耆多憾，愧对先师教诲。昔时读余师书，有不解处，未肯下自省责己之功夫，而常胶结纠缠于概念理论之证明——而今思之，余师文字皆出于自家心性之慧识与生命之体验，非此不能契入，并非知识论所能涵摄，余师书中的幽曲哲思与浓烈诗怀皆本于此。尝听人戏谑之语：令师的书好是好，就是太"神"：发挥有余而客观论证未足。此为智者以智巧理性为衡断裁量之论，人亦以此论调及于苏格拉底、柏拉图、尼采、海德格尔；却不知一种学问、一种思想的真实最终并不取决于概念与逻辑，若人与学两分，则其学、其文的宏富精巧反倒证明或人为佞人，或学为曲学。很多人说：当今之世，要么成为同谋，帮凶帮闲；要么同此浑浊，与世推移；而余师以其行证其文，岂非以身践力行为此晦暗污浊之世燃起一线光亮？或有人悯余师之情而疑余师之行，岂知激烈之抉择皆有必发之心因，如屈子、巨川、静安辈，其品行才性愈纯，志向怀抱愈大，其伤其痛愈深。故余师有《我与中国》《一个人的百年》等文，以私人际遇来解释余师之决绝恐失其大端。"像一个人样地活着太不容易了"（《一个人的百年》），言虽简易，却字字血泪，"有尊严地活着"才能称为人，此语是对"中国人"而发，亦是对所有的"人"而发。

弟子廖恒记于辛卯年己亥甲午日（2011 年 12 月 5 日）

儒墨的思想辩争与历史分际①

——何炳棣《国史上的"大事因缘"解谜》商论

一　墨者之殇与问题的提出

何炳棣先生 2010 年在清华大学的演讲中通过重建秦墨史将墨家再次带入思想史的视野，何先生将秦专制集权统一郡县帝国的建立与传衍视为全部中国历史上最重要之事，而此过程中"墨者竭忠尽智协助秦国完成统一大业，而本身却消融于时代政治洪流之中"是为国史之大事因缘②。此说与王国维先生所持"中国政治与文化之变革，莫剧于殷、周之际"相异③，也不同于其师陈寅恪先生以"新儒学之产生及其传衍"为思想史大事因缘之论④。此三种说法前者有关墨家，后两者系于儒家，其牵涉至深至广，极能提示思想史的一些关键处，对于中国文化的现代命运亦不无镜鉴，本文拟就儒墨两家的思想歧异与辩争着眼，对此问题作一初步辨析。

何先生在结论部分提到三点墨家由显学转为衰微的原因：其一为墨子理想过高，难为常人接受；其二为时代巨变不利于墨学及墨者；其三为秦献公与墨者的特殊因缘。第三点阐述献公所需与墨者之用恰相遇合，这一具有历史偶然性的事件使二者际遇均发生决定性的转折。第二点表现为墨家以兼爱非攻、无私救世的情怀投入历史更革，却反为时代洪流所吞噬，此一点最能体现墨家的悲剧性命运，也是何先生最感痛切的；如果说悲剧意味着有价值之物遭到毁灭，那么墨者以一种积极的方式参与了致其自毁的过程——相对于无可抗拒的外力，这无疑增进了墨者的悲剧色彩。其中

---

① 本文由"墨子思想的普世性和当代性"会议（北京大学高等人文研究院，2011 年）提交的论文修改而成，原发表于《切磋四集》，华夏出版社 2014 年版。

② 何炳棣：《国史上的"大事因缘"解谜——从重建秦墨史实入手》，清华大学演讲稿。

③ 王国维：《殷周制度论》，见《观堂集林》，中华书局 2010 年版，第 451 页。

④ 陈寅恪：冯友兰《中国哲学史》审查报告三。

值得注意的是，事功层面的极大成功反而促成了墨者团体的衰微乃至消亡，这一历史的吊诡能否仅仅归因于时代洪流与墨家理想的冲突？其与墨家思想自身的关系究竟如何？甚或可以理解为其内在逻辑在历史语境中的展开和完成？①

　　按何先生所述，墨者在秦，在军事（尤其是器械）、户籍（在尚同思路下展开的连坐制）、县制推广等方面均有深度介入和长远影响，"墨家为秦所用以其专长"，入秦后即被作为专业人才进入各官僚机构，其功效日显而声名渐匿，因秦一元专制下并不允许其他团体发展。入秦的墨者属于墨家"从事"一派②，即蒙文通先生所谓"秦墨"，而其仕秦初衷在于扶持当时尚居弱势的秦国抵抗强邻，更重要的是有机会施行尚同的政治理念，而终于使秦的一元化中央集权政体得以成长和完善。墨者在秦的技术性服务与制度性建设两个层面工作都取得了成功，何先生认为墨家湮灭的原因在于"秦制在政治上实现了墨家尚同的理想，但此制度背后的伦理观念未被秦国考虑"，这可以理解为墨家之殇只是历史的错置而与墨家思想自身无涉。这里可以问的是，伦理与政治是否可以打为两截分说？如果可以分说，墨者只是被工具性地利用，其伦理未得伸张，非但不能以其理想引导秦政，即使基本的制约也难以达成；如果政治伦理为一体，则只能是墨家伦理中本有的问题在其政治实践中暴露并发展到致命的程度。何先生说道，秦富国强兵之后变为战国时期主要的侵略国，与墨家理想即已起冲突，而墨家思想的完全销声敛迹是自始皇采纳李斯之议禁绝百家诗书和以吏为师，这不能不说与墨家思想尤其是"尚同"有相当程度的关联。

二　形上之分："天志"与"天命"

　　先秦诸子之有形上观照者，皆以天道为最高根据，但天的形象和含义

---

　　①　蒙文通先生认为墨学不彰为其所含宗教思想难以验证之故，并认为儒墨二家思想多有融汇，见蒙文通《论墨学源流与儒墨汇合》，见氏著《先秦诸子与理学》，广西师范大学出版社2006年版，后文对此有所讨论。

　　②　按《韩非子·显学》言，墨子死后，墨分为三，秦墨之外，何文中另两派为"论辩""说书"，分事游说从政与学说专播，此即蒙文通据《庄子·天下》《吕氏春秋·去宥》所称的"南方之墨""东方之墨"，见蒙文通《论墨学源流与儒墨汇合》，《先秦诸子与理学》，广西师范大学出版社2006年版，第80—81页。

则在各家思想中呈现出极为不同的面貌。在墨家的思路中，为防止"下比"蒙蔽上听及"千人千义"争斗乱政，"是故欲同一天下之义"，以达成"治天下之国若治一家，使天下之民若使一夫"的治效（《尚同·下》）①，这体现的是策略性、技术性的治理方略。而从基本理念上说，墨家思想以是否能致民之利、国之利为旨归，此种功利主义（Utilitarianism）的倾向冯友兰、胡适、牟宗三、李泽厚等现代学者均有相关论说。墨家考量的重点是国家、社会、个人行为结果的利弊，表现为物质生活的富庶与否，非乐、薄葬、非攻、兼爱都是在此标准下提出的。能为墨家思想提供更深入支持的是兼爱，除"交相利"之外，兼爱有其形而上的支撑："戒之慎之，必为天之所欲，而去天之所恶。曰天之所欲者何也？所恶者何也？天欲义而恶其不义者也……顺天之意何若？曰：兼爱天下之人。"② 墨子认为，对天的敬拜祭祀不分国界，"天"兼天下而食，因此天兼爱天下之人，则人秉承天意而兼爱世人，是明"天志"而行；墨子树立了一个"执其规矩以度天下之方圆"、赏善罚暴的天的观念。

对于墨子的"天志"，徐复观评论说，这一思想带有平民意味和宗教色彩，而墨子以经验主义的方法去证明天志、鬼神的存在，并不具有说服力；③ 如果我们从墨家自己的陈述来看，墨子自谓法夏而不法周，但夏人以命为尊，不事鬼神，不尚仪式，墨家则非命，其天志、鬼神的人格性、实存化更近于殷商的天帝、鬼神观念。墨家同样以三代圣王为"顺天意而得赏者"（《天志》），但其"天意"一直与神力纠葛在一起，而未能如其所愿建立起普遍的世间伦理与道德法则，最终只能将全部希冀诉之于权力集中的王权，"是故选择天下贤良圣知辩慧之人，立以为天子，使从事乎一同天下之义"（《尚同》）。

《公孟》中，墨子与儒家学者公孟子论辩，从祭礼（"执无鬼而学祭礼，是犹无客而学客礼也"）、治国（"古圣王皆以鬼神为神明，而为祸福，执有祥不祥，是以政治而国安也"）、择君（"夫知者，必尊天事鬼，

---

① 孙诒让：《墨子闲诂》，中华书局 2010 年版，第 90 页以下。

② 同上书，第 208 页。

③ 徐复观：《中国人性论史·先秦篇》，上海三联书店 2001 年版，第 283 页。

爱人节用，合焉为知矣"）诸方面论述鬼神之义，与公孟子学祭祀而远鬼神、准于义而非祸福形成了鲜明对比。儒家的天道观因何所据？商周之际天的观念经历了根本性的变革，商人祭祀的上帝不是超然的普遍神，而是与本族群有亲缘关系的氏族神；或如傅斯年之见，商王自居为帝之子孙，因而把帝置于宗祀系统内。① 与殷商相异，周人的上帝观念多出了德性维度，并以此为政权的合法性依据，商之丧国是由于"尔德不明"（《诗经·大雅·荡》），上帝也从商的族群神转变为"监观四方，求民之莫""维彼四国，爰究爰度"（《诗经·大雅·皇矣》）的全民神。其目的固然是周为政权转移所作的自我辩护，但重要的是形成了天命靡常，唯德是依的天命观②。

许倬云《西周史》引傅斯年对书写周初事迹的《尚书·周诰》12篇的统计，"命"字共一百又四处，73处指天命或上帝之命，而殷革夏命，周改殷命均为提到天命时最常见的说法。此处所列12篇"周诰"，天命观念在周初的重要，由此可知一斑。③ 天作为至上神使用主要始自周初史料，金文、《诗经》、《尚书》、《周易》等被考信为西周所作的篇章中，天的出现频率远高于帝④。顾立雅（H. G. Greel）详考"天"字意义的沿革，认为天本为周人所用，本义为大人、贵人的象形字，后来用作祖先大神，进为多数神的集团，以其居于上而称为天；周克商后，渐成商人原用帝之异名⑤。此说与陈梦家论点相近，在周人这里，天、天命的观念表现出明显的宗教伦理化特征，即尚德、尚理、尚民的价值取向，迥异于殷商时代上帝的喜怒不定和尚力唯亲。

既然有德之人才能成为天的辅佐者，也就是天命所归的王者，"崇德象贤"（《尚书·微子之命》）成为周文极重要的一维。在论述天与人的关系时，有"天视自我民视，天听自我民听""维天惠民""天矜于民，

---

① 许倬云：《西周史》，生活·读书·新知三联书店1994年版，第99—100页。
② 钱穆《中国历代政治得失》指出天命转移的思想出自周，如"天命靡常"（《诗经·大雅·文王》），"皇天无亲，惟德是辅"（《尚书·蔡仲之命》）等表述。
③ 许倬云：《西周史》，生活·读书·新知三联书店1994年版，第103页。
④ 顾立雅：《释"天"》，《燕京学报》1936年第18期。
⑤ 同上。

民之所欲，天必从之"（《尚书·周书·泰誓》）。这是建立在"惟天地万物父母，惟人万物之灵"（《泰誓》）的观念上，由于天被赋予了道德意志，人对天的敬畏变得更为明晰和理性，而一味地献媚讨好于天并无作用；天是公正无私的，"明明上天"（《诗经·小雅·小明》）对人世的监察主要依据的是人的德行："敬之，敬之，天维显思，命不易哉，无曰高高在上，陆降厥士，日监在兹"（《尚书·周颂·敬之》）。在位者是天命的承担者，与商巫时代不同，周代的王者并不需要特殊的能力主导占筮行为以与神灵沟通求得吉凶祸福之道，并以之作为统御民众、维护政权的工具。周王只有行明德保民之道，才能祈天永保天命："凡求固守天命者，在敬，在明明德，在保人民，在慎刑，在勤治，在毋忘前人艰难，在有贤辅，在远检人，在秉遗训，在察有司；毋康逸，毋酖于酒，事事托命于天，而无一事舍人事而言天，祈天永命，而以为惟德之用。"（《尚书·周诰》）虽然商周二朝与至高者的沟通都是通过祭祀，但商之上帝喜怒无常、难知难测，因而商人与上帝的关系表现为畏神、佞神；而周与天的沟通是通过天德降命、人君禀受，中间的纽带是德，有德者有其位，人的自识与成德成为主题，西周成就灿烂的人文景观无疑有赖于此。

孔子从周，其对天命的观念亦本于周，但孔子时代德位一致已不复可能，儒者汲汲于复礼而不见用于有国者，退而述圣王之道，并以两种形式对后世产生莫大影响。其一为对天命的内化，《诗经·周颂·维天之命》："维天之命，于穆不已"，郑康成笺："命，犹道也"，朱子《诗集传》注："赋也。天命，即天道也。"孔子"五十而知天命"即以自身所学所践与此天命天道相印证而知己、知天，及天人之尺度符节。孔子厄于宋，而发"天生德于予，桓魋其如予何？"（《论语·述而》）中间有几重意味：首先，天命"总是在那里"的，天命作为存在的终极意义或最高道理是恒在的。其次，天赋万物以则，对此理此则的感受和印证就是与天命发生了联系，或者说与天命相逢。最后，既然得遇天命，即对"我之为我"（人之为人）之意义产生自觉，则我之为我有了实现的可能。且天命为至境，我向此境，则我能向上不已，从取向上说，天命与我一体而殊无分别，因此我之实现亦是天命之实现。孔子知"道"，因而道亦"知"孔子，故孔子说："不怨天，不尤人，下学而上达。知我者其天也"（《论语·宪问》）。此一"内圣"的进路经子思、孟子发明为天命之性（《中庸》），并在宋代得以重光。其二为孔子作《春秋》，此一"外王"的进路通过三家传释对两汉制度产生了决定性作用。

三　人伦之别："兼爱"与"差等"

王国维指出周人所立的新制主要为立子立嫡之制、庙数之制、同姓不婚之制。这几项是周用来纲纪天下的主要制度，而其核心在于纳上下于道德，而合天子、诸侯、卿、大夫、士、庶民以成一道德之团体。周制是对商季"纪纲之废，道德之隳极矣"的反动，而"以上诸制，皆由尊尊、亲亲二义出"，"此其所以为文也"。[①] 墨家薄葬、尚俭、非乐，反对这些礼仪制度，牟宗三曾引唐君毅"次于人文"之言予以评点[②]。对周文的反对实际上是对尊尊之等、亲亲之杀的否定，以兼爱观之，亲疏、等级自然泯然无存，在墨子看来，亲疏之别带来的只能是人人自利其利、自亲其亲，既悖于天志，也在个体、家庭、等级之间造成争斗，兼爱可以看作墨家理想的核心要素与充分表达，也是同为显学的儒墨两家争论的焦点。

但墨家泛爱兼利，何至于"以此教人，恐不爱人；以此自行，固不爱己"（《庄子·天下》）？从物质匮乏的角度可以为之解说，墨子重视物质生产，追求国家富庶，在实现此目的之前要求实行一种俭朴生活方式，是循其实用主义与功利主义思路的应有之义。而"以自苦为极"则带有强烈的道德苦行色彩，何先生在总结墨者悲剧成因的第一点中以"理想过高"概言之，并引《天下》篇为参考，《天下》篇言："墨翟、禽滑厘之意则是，其行则非也"，与何先生一致，对墨者理想持肯定的评价，只是认为墨徒的行为主张太过不近人情，"使人忧，使人悲，其行难为也"。

只有在儒家那里才对墨家理想本身提出了质疑，孟子与夷之的辩论以夷之受教（"命之亦"）告终（《孟子·滕文公上》），但夷之厚葬其亲，与墨家主张本已冲突，虽然夷之用"爱无差等，施自亲始"自辩，但如

① 王国维：《殷周制度论》，见《观堂集林》，中华书局 2010 年版，第 478、472、468 页。
② 牟宗三：《中国哲学十九讲》，上海古籍出版社 1998 年版，第 61 页。

孟子所言已为“二本”，不过夷之的所行与所信的不一致，既使其理想失色，也使这场辩论不能针对一个纯粹的墨者或一个纯粹的墨家理想而发——当然也可以说，夷之所呈现出的不纯粹或许是墨家理想本身的不纯粹，夷之若葬亲以薄则心有所未安，这一点隐藏在夷之的兼爱信仰背后。

孟子在《尽心上》中直接就墨家理念进行了驳斥：“杨子取为我，拔一毛而利天下，不为也。墨子兼爱，摩顶放踵利天下，为之。子莫执中，执中为近之，执中无权，犹执一也。所恶执一者，为其贼道也，举一而废百也。”这段话至少有几层意思：一、杨子为我与墨子兼爱，一不为，一为之，都趋于极端而失中。二、执中为近道，因其知“权”，即不执于一而“叩其两端”方得其宜。三、进而，“执中”之“中”不可固化为某一观念的、或事实的、或历史的现成物，朱子注为“执中而无权，则胶于一定之中而不知变，是亦执一而已矣”，析之甚明。四、“执一”之所以贼道害道，是因其举一废百，“百”可以理解为“其他的”“别样的”，更可以解释为因时而变化、更易。朱子言此中为“时中”，并举禹“三过其门而不入”、颜子“居陋巷”二例，如将禹、颜子的行为抽离其所处的时代和语境，则“三过而不入”近墨而“居陋巷”近杨（《朱子语类》卷第六十《孟子十》）。五、从这个意义上说，兼爱说取消一切差别，隐藏有某种独断论、决定论的危险。

《为中国文化敬告世界人士宣言》（牟宗三、徐复观、张君劢、唐君毅合撰）中说：“理想之不足，是在理想伸展为更大之理想时，才反照出来的。”（第七节）① 如果对勘儒墨二家理想，兼爱本是恻隐之心的扩大，但不能脱离自然人情，以至于抹去个体之别、差等之序，而造成个体、社会的均平化、板结化、模式化，而此理想的善愿则不能不有转为恶果之忧②。兼爱意在爱人，何以竟成“反天下之心”，并非无端无由。何先生墨家“理想太高”之语或含有对墨家衷愿的同情与对墨者道德的敬意，

---

① 牟宗三、徐复观、张君劢、唐君毅：《为中国文化敬告世界人士宣言》，《唐君毅全集》，九州出版社 2016 年版。

② 《朱子语类》卷第四《性理一》：“如人浑身都是恻隐而无羞恶，都羞恶而无恻隐，这个便是恶德。这个唤做性邪不是？如墨子之心本是恻隐，孟子推其弊，到得无父处，这个便是‘恶亦不可不谓之性也’。”

而推本究极、止于至善言之，墨家理想不是"太高"，而是"不足"的。钱穆先生通过析读后期墨者著述如《经》《经说》《大取》《小取》，认为："墨家兼爱，初本于'天志'，其后乃转为'万物一体论'。"① 此一说似与程子"仁者以天地万物为一体"及《西铭》"民胞物与"相类。朱子指出：民胞物与的根基处是理一分殊，民、吾之间即有分殊了，否则何需"同胞"之？物、吾之间亦有分殊了，否则何需"吾与"之？故杨龟山疑其近于兼爱是不成立的（《朱子语类》卷九十八《张子之书》）。

　　按《淮南子·要略》，墨子曾就学于孔子，或按《汉书·艺文志》，诸子皆出于王官，则儒墨二说本为同源，经过战国时期的思想演化，蒙文通、钱穆都认为儒墨两家在辩难的同时互为影响和吸收，并达成了相当程度的融合，如《礼运》的"大同"思想与墨家理想已经颇为接近，可能是孔子后学接受了墨家思想。而朱子对《礼运》多有批评，认为其不仅不出自孔子，也不出自子游、子夏（《朱子语类》卷八十七《礼运》），这里体现的仍然是亲亲之仁这一由差序生发、推及普遍的仁与无差等的兼爱的巨大分歧。

　　蒙文通认为，先秦诸子中，称引《诗》《书》者除儒家之外，唯见于《尚同》《天志》，此部分为东方之墨所著，而《韩非子·五蠹》称"今儒、墨皆称先王兼爱天下"，故兼爱为东方地区的共同思想。东方指邹鲁六艺传衍之地，如前所述，二家之源流不无交叉融汇，需要辨析的是，这里可以划分出"思想史"与"思想本身"两个视角，从前者看，学术的流变是历史的事实，从后者看，义理的究竟是道理的真实；无论儒、墨，均以法天之常道为本而行安民之使命，因此，在辨析二家同异的问题上，"思想本身"即道理的真实应被置于"思想史"之先，只有在这个意义上，孟子辟杨墨、驳兼爱才能够得到恰如其分的理解，也只有在此意义上，宋儒辟佛老不能仅视为一个时代性的思想主题或文化本位问题，而须看作对人之为人、人类社会之为人类社会的根本道理的辩明和澄清——也由此"承继道统"获得了义理上的真实性。

---

① 钱穆：《墨辩探源》，《中国学术思想史论丛》（二），生活·读书·新知三联书店 2009年版，第 154 页。

四　结语：历史遭际与思想的命运

儒墨两家不仅是作为思想者，而且是作为实践者而进入历史，何炳棣的墨者入秦说展开了一个十分有意义的视野，我们可以看到，墨家的天志、兼爱、尚同的背后是通过理性计算的功利论思想，继而有种种制度与技术的设计，如"上之所是，必皆是之；所非，必皆非之"（《尚同上》）的自上而下的强制性集权。在战国的大争之世中，王权的扩张是时代性的需要，此一背景之下，墨者为秦献公所用，助秦完成霸业，之后在秦的统一帝国中衰微湮没，其遗痕只能在农民运动（李泽厚《中国古代思想史论》）或侠客（徐复观《中国人性论史·先秦篇》）中偶有所见。依何先生的说法，中国历史的最重一笔为墨者所书，而墨者殉身践道的志行以身殉道消终结，这固然是历史吊诡的一大悲剧，更大的吊诡是，墨家理想成就了一个二世而亡的帝国，这一并不复杂的现象不仅昭示了行霸道者不可长久，更是对一种思想或理想自身的提醒。秦制之下，所亡者非唯墨氏一家，民间所藏百家之书尽毁，"有敢偶语《诗》《书》者弃市，以古非今者族"（《史记·秦始皇本纪》），如此树立起来的权威不可谓不"尚同"，而当其覆灭之时，才知道这样一种"同"原来不过是抽离了人心之同然的徒有其表罢了。

对秦后墨家思想的去向，蒙文通另有看法，他认为黄老学是稷下学派融合而成的杂家，墨学也在其中，且认为对兼爱的吸收是黄老学在汉初压倒百家的重要原因，蒙文通引《汉书·艺文志》"以孝治天下，是以上同"，将汉代推崇《孝经》的原因也归结于墨家之泛爱①。如果接受蒙文通的说法，那么何炳棣所惋惜的墨家理想在汉初得到了实现的机会，汉承秦制，政法苛严，在陆贾、曹参进言之下又行黄老之道，以清静无为、与民休息矫正法治之苛，有文景之治，但随后的七国之乱提示黄老学的无为而治对秦制的反动仍然是矫枉过正的失中。按何、蒙，墨家先后与秦制、汉之黄老相结合，皆只能得一时之效；正如孟子言"逃墨必归于杨"，在

---

①　蒙文通：《略论黄老学》，《先秦诸子与理学》，广西师范大学出版社 2006 年版，第206—207 页。

两个极端之间的摇摆、挖补并非长久之道。至于说东汉行孝道是受了墨家影响，根据前文对亲亲之爱与兼爱的辨析，恐怕很难说是成立的。

在汉初的秦制、黄老的并行中，以何、蒙之说皆不脱墨家的影子，直至董仲舒以"正其谊不谋其利；明其道不计其功"重申儒家道义论，以"德主刑辅"重申德治的教化论，在墨法的功利主义、黄老的无为之术之外，立中道而行更化，方有汉制之建立，而文教与政治得以统一。

思想学术与历史的关系往往呈现出相当复杂的面貌，其与国族命运相表里，是从历史的遭际上来说，而思想是否有长远乃至恒久的生命力，在于其对人之为人、人类生活之为人类生活的根本用心上。经由六经、孔子、思孟，儒家在"内句"上使人的"禀彝"与"天命之性"得到明澈的呈现，人的性分之所由、所持、所向有了坚实可靠的根据和道路，修齐治平本为一事，无非是天命之性在人心与人间秩序的落实。墨家尚贤，虽强调人的主体性，但这只限于人作为"能在"（此处用作主体意志及智性上的意愿和能力，而不是海德格尔意义上消解主客体的"本真或本己"），但无法对人之为人的根本有所砥定，也就是说，相对于天志，墨家的人，即使是圣王，也只是在"能"的意义上而非"性"的意义上成立。这导致了墨家无法在根据性的层面上立住，而随历史的洪流所俯仰乃至湮没。

在"外向"上，儒家格致诚正，修齐治平的思路根植于亲亲、仁仁的等差之爱，最终指向天命之善、明德之明，而建立起人伦与政治一体、天人不相分离的社会秩序与群体生活。作为历史中的人总是无可选择地生活于某一时代中，礼仪典章的制度往往是因时而损益的，儒家对周文有其向往和维护，但礼为"天理之节文"，更为根本的是制礼作乐所依据的理义，如果将"好古"理解为现成的"复古"，则不免于王莽之祸。儒家与政府的关系是以义合而非以利合，"故为政在人……仁者，人也，亲亲为大。义者，宜也，尊贤为大。亲亲之杀，尊贤之等，礼所生也"（《中庸》），《释名》："义，宜也。裁制事物，使各宜也。"义之于儒者，在己为明本分，修己以安人；在政为循礼教，使人各止其所、各居其分；在应事接物为识事理之当然①。在君主制的时代，儒者之行义表现为得君则行道，不得则守先待后，居易俟命。因此儒家与既有制度既是经的关系，也是时的关系，在历史的不同时代儒家的声音可能是维护性的，也可能是批判性的，可能发为更化鼎新，也可能发为汤武革命，儒家原则在千差万别的社会形态和政治时势中有适时、合度的表达。

八百年前，朱子论《大学》明德新民之意，说："正如佛家说，'为此一大事因缘出见于世'，此亦是圣人一大事也。千言万语，只是说这个道理。"（《朱子语类》卷第十七《大学四·或问上》）当一种思想使世道人心得以安立，使政治秩序得以绵远，这种思想就成为该民族精神生活和社会生活的价值来源与根据，从这个意义上说，微儒家，则无中国，因此中国的历史就是儒家的历史，儒家的命运就是中国的命运。百年以来，中国在历史遭际和文化命运的双重意义上处于"千年未有之大变局"，而此命运之所系，非斯人之徒而谁与？

---

① 如程子说："中不可执也，识得则事事物物皆有自然之中，不待安排，安排着则不中矣。"（《四书章句集注》）

"华化西学"：青年贺麟的黑格尔译述①

摘　要　1936 年贺麟首次移译黑格尔，其译旨在"化西"：融会西学而求得中国文化在新时代的复兴，属于当时保守主义、全盘西化与会通中西三种路向中的第三条路径。中西碰撞与交汇的进程已延拓百年，在思想与现实双重意义上，于今仍是至为关键的课题，重温贺麟的工作无疑极有裨益。本文重点讨论贺麟对黑格尔哲学中两个关键词——矛盾（dialectics，德文 Dialektik，今译"辩证"）与太极（Absolute，德文 der absolute Geist，今译"绝对精神"）的归化译法，并将其置于贺麟所效法的宋儒"化佛"的思想史脉络及贺麟"新心学"的整体框架之中，以检讨贺麟译事的理路与得失。

一　贺麟的"化西"之志

1936 年是进入全面抗战的前一年，是年，力倡精神抗战的贺麟作为黑格尔的译介者声名鹊起，其移译的开尔德（E. Caird, 1835—1908）《黑格尔》、鲁一士（J. Royce, 1855—1916，今译乔塞亚·罗伊斯）《黑格尔学述》先后面世。在贺先生诞辰 110 周年之际，二书并为一册列入《贺麟全集》重新印行（2012 年），此距上海商务印书馆的首版已有 76 年。在西学东渐的大潮中，贺麟的角色不仅是汉译德国哲学的代表人物，更为重要的是，贺麟的译事旨在"化西"，以期融会西学而求得华族文化在新时代的复兴。中西碰撞与交汇的进程已延拓百年，在思想与现实双重意义上，于今仍是至为重大的课题，重温贺麟的工作无疑极有裨益。

近现代的中国时世激荡，频经国变，作为时代精神滥觞的学术更革之剧亦为古来所未有，道咸以降经今文学日显，至廖季平、康南海为极，随戊戌之败，纳新世界于旧系之途断绝，作为传统学术主干的经学渐趋衰竭，学术复为天下裂。其分途要之有三：一为默守中国固有之学问，如蒙

---

① 本文原发表于《中国图书评论》2015 年第 9 期。

文通之守经，钱穆之守史；二为否弃本土传统而一意从西，如胡适之、陈序经的全盘西化论；三为以中为本兼采西学而求贯通，如《学衡》发起者梅光迪、吴宓及撰稿人王国维、陈寅恪。此三分的路向间有交叉，或学者于不同时期有所移易，如王国维辛亥前后的变化。就贺麟治学主旨而言，于第三条路向是一以贯之的，这根源于其教育背景和学术经历。清季以降，蜀中经史之学素盛，与贺麟同时代的乡贤蒙文通、刘咸炘的从学与为学经历主要在川内，俱为传统意义上的经史大家。贺麟的兴趣则集中于宋明理学，幼年时即随父亲诵习《朱子语类》《传习录》，表露出天赋的思辨能力。及贺麟考入清华学校，正值南北之学纠葛争辩于 "保守" 与 "开明" 之际，北平更为东西新旧学术交汇之中心。贺麟于清华颇受益于梁启超的中国哲学史课程，并得到留美归国的吴宓译述工作的启发和鼓励，结合自己以义理之学为本的旨趣，贺麟确立了译介西方古典哲学的学术进路，并奉为终身志业。

　　贺麟于 1926 年出国，先后在美国奥柏林（Oberlin）大学、芝加哥大学、哈佛大学研习哲学。在当时的美国哲学界，19 世纪后期传自德国并兴盛一时的绝对唯心主义（Absolute Speculative Idealism）已失去王座，而以皮尔士、杜威等人力倡的实用主义为尊[1]。贺麟留美之时，美国新黑格尔主义巨擘鲁一士已逝世十年，但鲁一士素得詹穆士（William James，1842—1910，今译威廉·詹姆斯）等实用主义名家推重，身后影响所及，奥柏林大学所用哲学史教本正为氏著的《近代哲学精神》（*The Spirit of Modern Philosophy*）。鲁一士 "流畅而富有情趣的笔调" 使贺麟初次对黑格尔哲学萌生了兴趣，并译出该书 "黑格尔之为人及其学说概要" 部分，作为《黑格尔学述》的第一节。鲁一士特别表彰黑格尔的《精神现象》（今译《精神现象学》），以其 "少独断保守性而富于自由精神" 故[2]，贺麟虽无缘亲炙鲁一士，但留美四年间，先后得到奥柏林大学耶顿夫人、芝加哥大学米德教授、哈佛大学霍金和路易斯的授课和指点，对这部黑格

---

[1]　参见涂纪亮《美国哲学史》第一、二册，河北人民出版社 2000 年版。

[2]　贺麟：《我学习〈精神现象学〉的经过》，载中国社会科学院哲学研究所西方哲学史研究室编《贺麟先生百年诞辰纪念文集》，中国社会科学出版社 2009 年版，第 6—13 页。

尔哲学的奠基之作多有所获。留美之后，贺麟赴柏林大学从学于德国新黑格尔主义重镇哈特曼以求深造，哈特曼对辩证法的阐说对贺麟启发尤大。归国后，贺麟陆续译出鲁一士《近代理想主义演讲》（*Modern Idealism*）专论《精神现象》的第五章，分为五小节，与前述"黑格尔之为人及其学说概要"组成了《黑格尔学述》的主要内容。①

　　贺麟之重视《精神现象》，除了学理上的投契，更以"时代的兴趣居多"。贺麟在美国时即留心国内政局，曾于"东方学生会"作英文报告《中国革命的哲学基础》为北伐助势；归国未及一月遭遇九一八事变，贺麟应吴宓之邀作长文《德国三大伟人处国难时之态度》，张扬歌德、黑格尔、费希特唤醒国民抵御外侮的民族精神，分7期连载于《大公报》②。据徐梵澄先生回忆，曾向蒋复璁引荐贺麟，《德》文又颇得陈布雷欣赏，遂说动蒋介石拨款成立西洋哲学名著翻译委员会，风云际会之下，贺麟出任委员会主任，译述事业得以顺利开展③。抗战时期的中国与黑格尔时代的德国具有高度的可类比性：强敌入侵而内部四分五裂、亟须民族振发而世风人心颓败；在此局面中，贺麟主张武力之外尚需文化的抗战，施行"学治"培植精神自由之基础，以"学术建国"作为政治军事之本源。

　　黑格尔哲学富有强烈的历史感，甚至认为哲学就是世界历史所给予人的教训与精神轨迹，其矛盾法（dialectical method）长于以严谨缜密的方式分析、调节、征服冲突，贺麟译介此学，意在为处于历史变局、矛盾丛生的中国提供唤起民族精神自觉、依理则而实现自我超拔与发展的范例。经过"五四"和新文化运动的中国旧学沦隐而新学未立，与"学术开明运动"和"浪漫主义文艺思潮"之后的德国多相似处，学术与文艺的重建更可资比较和镜鉴。

二　作为格义的"矛盾"

　　贺麟译 dialectics（德文 Dialektik）为矛盾法，而不取日本译名"辩证

---

① ［美］鲁一士：《黑格尔学述·译序》，贺麟编译，世纪出版集团、上海人民出版社2012年版。

② 彭华：《贺麟年谱新编》，《淮阴师范学院学报》（哲学社会科学版）2006年第1期。

③ 孙波：《徐梵澄传》，社会科学文献出版社2009年版，第412页。

法"，是基于翻译理念：打破中西新旧、文言白话、直译意译的界限，此三条原则系于贺麟 "化西" 的一贯用心，而 "西洋哲学中国化，订正译名为首务之急"。贺麟进一步申说移译西学概念的可行之法：在文字学上宜取 "有来历之适当名词以翻译西字"，在哲学史上宜取 "中哲史上适当的名词"，而对转译自日文的名词则 "须严格批评，不可随便采纳"①。近代日本是东亚绍引西学的先导，中国译界移用日本译名所在多有，贺麟诋斥这一现象，乃是看到这一移用缺乏语源与中哲史的基础，反而妨害中西之间的理解与互识，因此贺麟的主张和实践是对译界日本译名泛滥的辨析和矫正，而非狭隘民族情感的表达。

矛盾一词原出自《韩非子·难一》，贺麟取其 "夫不可陷之盾与无不陷之矛，不可同世而立" 之意，以传达黑格尔对谢林式的含混便捷的同一哲学（die Identitaetphilosophie）的反对。黑格尔与谢林为图宾根大学同学兼密友，谢林天才横溢，甫出道即享有盛名，黑格尔在耶拿时期与谢林的合作多被视为附骥，甚至被误以为谢林的学生，以黑格尔的独立倔强，不难理解其在第一部重要的著作《精神现象》中明确以谢林为目标，用矛盾法剖解世事的复杂性与艰难性，批判谢林囫囵的方便法门与虚假同一性。具体而论，有矛盾的实在观：凡真实的必经正反合历程而达到合理的有机统一体；有矛盾的真理观：真理的本性即是矛盾的，贺麟举庄子 "方死方生，方生方死" "生也死之徒，死也生之死" 例释之；有矛盾的辩难法：贺麟举芝诺、苏格拉底惯用 "以子之矛陷子之盾" 之法盘诘追问，破伪存真。矛盾之译名优于辩证，即在于能准确描述精神现象常陷于两难，却不得不 "寻疵抵隙" 以求超拔的本相，此意非以假设或推论为法式的辩证所能涵括。

黑格尔创作《精神现象》时，欧洲正处于浪漫主义文学高潮期，政治上风云激荡，由启蒙运动和法国大革命传达的自由理想与个体理性在德国表现为天才崇拜与对自我意识的追索。康德认为，人之能够认识世界的秩序在于人的知性（Understanding）自有条理，"如何可以了解宇宙万

---

① ［美］鲁一士：《黑格尔学述》，贺麟编译，世纪出版集团、上海人民出版社 2012 年版，第 173 页。

物"的问题就被转化为"如何可以了解自我",此为唯心论的滥觞(贺译为"欲知宇宙,在知自性。真实的世界应根据自我之真性与基础而说明之")。与费希特的唯道德论和浪漫派的主观狂诞不同,黑格尔在修正康德的基础上,结合时代体验转向重视活动、行为、创造的经验的唯心论。人有心故能知,而心瞬息万变,人有知时,当下刹那已然逝去,人之所知不过是"方逝刹那"到"当前刹那"的过渡而已,而于次一刹那方能知此一刹那——故"吾人不能直知当下之我,只能覆观已往之我"。这是意识无穷矛盾的原则,自我必分化为无数刹那之我,而在此意识与精神的历程中求得贯通,方有"具体的共相"(Concrete universal),自我即意识历程之有机的总知。因此,意识生活的原则和精神生活的本性即"自我分化"(Self-differentiation),理性的无穷活动和劳烦即自我意识生活之普遍的否定(Negativitaet)和对这些矛盾冲突的战胜与克服。精神生活如此,社会生活亦然,"一切意识举莫不诉诸其他意识",意识具有交感共鸣之公开性,此为意识的普遍性或共相(Allgemeinheit)。①

　　进入精神的生活史,黑格尔笔调转为情感浓深与志气激昂,表露出时受浪漫主义影响的一面,此派小说主人公作为时代精神的含义远大于作为特殊个人的。黑格尔将精神进化历程描述为"宇宙魂(Weltgeist)的列传":初为"小我"的意识样法,从野人、主奴、斯多葛到怀疑派;次为入世奋斗之士,从追求快乐的浮士德、趋赴"内心法则"的先觉之士与激进改革者如席勒之《群盗》、浪漫侠义之士塞万提斯到投入志业寻找真我的学者和艺术家;而真正的精神世界直到个体自我与社会精神贯通一致的自由民族意识方才开始,"精神之真生活乃在不断超拔过失、故我之遗憾矛盾以创造新我之历程里"。②

　　矛盾以外,贺麟在多个译名上发挥自定的翻译原则,诸如译谢林之"同一哲学"为"齐物哲学"、译康德 moral order/das Sittengesetz 为"天理"而不取"道德律"、译 Kritik 为"批导"而不取"批判"(取《庄

---

① ［美］鲁一士:《黑格尔学述》,贺麟编译,世纪出版集团、上海人民出版社 2012 年版,第 187 页。

② 同上书,第 251 页。

子·养生主》"批郤导窾"之意）、译 the doctrine of antinomies 为"纯理矛盾说"而不取"二律背反"之日译。贺麟早在 1925 年就于《东方杂志》发表《严复的翻译》，在严复著名的"信、达、雅"之外增加"比"的原则①，并在《黑格尔学述》中予以细化和实践。

所谓"比"可以理解为比量、拟配，即在本土的语义和思想传统中寻找与外来词汇相恰合的词语，这一方法实际上就是早期汉译佛经中盛行的格义之法，汉末至魏晋的常依玄学译释般若之理，如以"无"译"空"、以"本无"释"性空"之类。在异质文化的交流中，格义是不可避免的方式，尤其在相遇初期，本能的反应是基于自有之理义寻绎外说，以求得初步的理解与互识，用现代诠释学的语言来说就是视域融合。格义的另一层含义是将异质文化引导、容纳进本土文化的尝试，贺麟坚持格义的方式，主张译事中"不得已时方可自铸新名，但须极审慎"即表现了思想交往中以我为主、不离传统的旨趣，这与新派人物显然相去甚远，胡适即认为贺麟译斯宾诺莎《伦理学》中的名词与时代相隔太远而不予采用，背后则是对中西文化观念的根本性差异。

汉译佛典的一个教训是：格义因附会、牵强的弊病往往"迂而乖本"，鸠摩罗什、僧肇之后渐遭弃用，而代之以佛理与儒道在义理上的辨析与区隔。但格义之后，异质思想与本土文化的相互碰撞、影响与合流从未停止，各家的原道、别宗、判教也时而行之，如三家同言"静"、言"观"、言"性"，其泾渭之分至伊川始明。汉传佛教至隋唐已体备而精，若不能知何者可调而适之、何者须辨而辟之，即令韩子"人其人，火其书，庐其居"之言得行，亦无以救世道人心。这一工作至朱子集大成，三教的大本与微旨为之显廓，儒家的形态亦为之一新，而中国人的精神世界与社会生活亦得以重新安立。面对佛教东传带入的新问题，宋儒对六经进行了再阐释，推重"四书"而详究竟释天理性命之学，格义一变而为会通。贺麟以宋明理学为"化佛"的中国哲学，并视之为历史上思想与

---

① 张祥平、张祥龙：《从唯心论"大师"到信奉唯物主义的革命者——记翻译家、哲人贺麟》，载中国社会科学院哲学研究所西方哲学史研究室编《贺麟先生百年诞辰纪念文集》，中国社会科学出版社 2009 年版，第 198—199 页。

精神交流的成功案例，其生逢佛教之后又一次外来思潮的挑战而以"华化西洋哲学"自任，则引宋明理学为同调是题中应用之义了。

三　太极：会通的尝试与终止

贺麟的这一工作集中表现在对黑格尔哲学的根本概念 der absolute Geist（现译绝对精神）的译名上①，严复《述黑格尔唯心论》（1906 年）首次介绍黑格尔哲学，译 Absolute 为无对待、无偏倚的"皇极"，后在《天演论》中又译为太极，贺麟对此译名的考量基于对黑格尔哲学的理解。在宇宙魂这一"战将"在层层矛盾中战而胜之并进入真正的精神世界后，自由民族与有组织的国家成为个体公民的客体自我，个体的真实只能在民族意识和国家精神中寻找。这就是备受现代学界诟病的黑格尔"国家主义"的来源，而实际上批评者多未就此有真正的了解和真知，黑格尔写作《精神现象》时，正是耶拿战争炮火隆隆之际，普鲁士军惨败，法军铁蹄踏进耶拿，黑格尔目睹了巡视全城的拿破仑这一"马背上的宇宙魂"（Weltgeist zu Pferde），胸中五味杂陈，既不乏亡国之悲，又有当时德国人多以"世界公民"自居的意识，而对拿破仑式的盖世英雄改建世界怀着莫名的仰视。虽然对德国前景感到悲观，黑格尔仍坚持以知识延续国脉，并努力于哲学这一"日耳曼民族的特殊天职"①。黑格尔的"国家精神"仍然处于矛盾的进程，从希腊城邦、日本古国这种理想的小共和国进化到霸国主义（imperialism）之后，民权与政府公权的冲突加剧，"精神的自我教育"即启蒙的后果是精神变为"一大群自由平等的个人"，如此则代表全体意志的君主必然被覆灭，追求绝对自由的大革命和恐怖应运而生，社会又回到私意盛行的无政府主义和普遍战争的原始状态②。这

---

① 案：《黑格尔学述》中，译为"太极"的计有 Absolute、The Absolute、Geist、Absolute Idee，又，贺麟、王玖兴译《精神现象学》在术语索引中写为 Geist、das absolute（商务印书馆 1979 年版，第 284 页），应为 der absolute Geist，据 Hegel, *Phänomenologie des Geistes*, Frankfurt am Main，1973。

① ［英］开尔德：《黑格尔》，贺麟编译，上海人民出版社 2012 年版，第 58 页。

② ［美］鲁一士：《黑格尔学述》，贺麟编译，世纪出版集团、上海人民出版社 2012 年版，第 248 页。

一悲剧并不能被作为客体的社会宪法所终止，而需要主体精神的更高综合以达到真正的社会组织，黑格尔举出康德、费希特寻求道德基础为例，但如此之“天国”与“天理”没有实现于人间的可能，因此仍然属于烦闷意识之一种。黑格尔最后把目光投向宗教，宗教代表了“社会我”（the social-self）而非“个体我”对于宇宙的解释，在原始宗教、希腊宗教之后，新生的初期基督教思想降世，上帝精神在形器、罪恶、黑暗、错误的入世受苦中而超越之，由此促成精神与有限形器世界的调和并永存于教会之中，贺麟将这一绝对存在的意识称为降衷世间的太极。

《译序》中详述了译 The Absolute 为太极的缘由，贺麟重“比”的译事原则并非中译西学的单向格义，亦以此衡量“西人之治中国哲学者”。举凡“太极”一名的西译，除音译外，诸如 The Great Extreme（意为“大极端”，MC Clatchie 译）、The Grand Terminus（意为“太端”，James Legge 译）、The Supreme Ultimate（意为“无上究竟”，J. P. Bruce 译）、Das Urgrund（意为“太本”，Zenker 译）、Das Erhabene Aeussersto（意为“崇高的极端”，Hackmann 译），贺麟认为以上译名均不甚妥帖，其因在于西人拘泥于西语文法，多将“太极”拆分为“太”“极”两个单字分别译之再经组合，反而失去太极的本义，而“极”常常训为“中”而非“极端”，不易找到西文单字相对应。唯一为贺麟称许的例外是 Glies，他在庄子的翻译中，将太极译为 The Absolute，这与贺麟的西文汉译契若符节。更重要的是，Glies 所取的也是本土语言中的固有概念，而未为译事生造新词。虽不知贺译是否由 Glies 启发而至，但二者共旨而同归，堪为译事中双向格义的范例。

严复已经直感到太极与 Absolute 的关联，但严氏义理粗疏，反而导致了译名的滥用，有时竟将形容词 absolute 也作此译，以至有译绝对善/至高善（“...wiht absolute goodness”）为“孕太极而无对”的昧理之举。贺麟沿袭了严氏的译名，但尽量限制在谨严的范围内使用，以贯通其由格义入而以会通出的意旨。

贺麟认为，抽象名词 Absolute 与太极均为绝对无上之意，二者均表示形上的道体，并举朱子与陆象山信为例：“圣人之意以其究竟至极，无名可名，故特谓之太极，犹曰举天下之至极无以加此云耳"。这里贺麟解释说，朱子之说虽不算绝对唯心论，"但确是一种绝对论（Absolutism），凡绝对论者莫不有其太极，认之为究竟实在"①，此为二者可资比较的根基，兹举译文为例：

　　　　绝对唯心论的要旨：万物，凡有生之伦，一切自然，以及个人的或社会的意识，皆所以表示那唯一无上的太极的意义，而此太极的经验乃为一切普遍必然的理想所决定。太极乃直接表现于吾人的自我意识里，只要这自我意识是合理的。……黑格尔的太极是有意识的，自觉的，此自觉的太极必取个体的形式。太极之显现于人心必定是整个的个体或包蕴许多自觉的个体的系统。②

再如：

　　　　一个哲学要解释内心生活的大本，同时又要说明外界经验的泉源，则其势必至于寻出一个无人格的太极以求贯通一致……这个太极虽无人格，却又与自我的真义息息相通。③

　　这两段话中多次出现的黑格尔"太极"，其表达的绝对无上、为普遍之理而落实于个体、无人格而有自觉等义项与朱子太极说多有可比处，且依此可译 The Infinite 为"无极"，则"无极而太极"与 The Absolute and The Infinite 亦可相应，无怪贺麟以此为可行之道。但贺麟并非满足于简单的格义，而是对二者的差异有所省察，早在 1930 年，贺麟就写作了《朱熹与黑格尔太极说之比较观》，该文刊于《大公报·文学副刊》第 147 期

---

① ［美］鲁一士：《黑格尔学述》，贺麟编译，世纪出版集团、上海人民出版社 2012 年版，第 170 页。

② 同上书，第 220 页。

③ 同上书，第 275 页。

（1930 年 11 月 3 日）①，后收入《学述》附录。该文对两家的太极观辨略如下：其一为"朱子有时认心与理一，有时又析心与理为二"，故朱子"似唯心又似唯实，似一元又似二元"；其二，朱子之理常纠葛于气而不若经历正反合矛盾而达致的纯理或纯思（reine idee）之纯粹性；其三，朱子太极由"涵养须用敬"而来，故重道德自主而不离知识，黑格尔则只认道德为社会意识，而以宗教为超善恶的绝对意识与德、政之本。

　　贺麟以"太极"译述黑格尔的"儒化西学"尝试，当时即聚讼纷纭，《学述》附录收入了素痴（张荫麟）《关于朱熹太极说之讨论》的商榷文章，该文批评贺麟析朱子之太极为二，将理与心打为两橛而不能贯通，此与朱子本意偏离。且黑格尔之"绝对观念"只是心、只是精神，而朱子太极为寓于气中的抽象法则而已。之后贺、张有另文往复辩论自濂溪至朱子的宋儒太极说之转变。

　　回过头去看这桩学术公案，张荫麟的批评颇为中肯，但以抽象法则说太极却另有偏失，而贺麟之以唯心论发挥太极说，实有更宏大的抱负。贺麟在 1945 年出版的《近五十年来的中国哲学》（原名《当代中国哲学》）中对学界总体状况进行评述，自中国旧传统而出者涉及康有为、谭嗣同、梁启超、章太炎、欧阳竟无、梁漱溟、熊十力、马一浮诸贤，绍述西学者涉及张颐、严复、胡适、张东荪、金岳霖、郑昕、陈康、沈有鼎、谢幼伟、唐君毅、牟宗三、方东美、洪谦等时哲。借钱穆对康南海"考证学中之陆王"的评语，贺麟将康、梁、谭划入"粗疏狂诞的陆王之学"，而将熊、马归于"精密系统的陆王之学"，贺麟视此段儒家哲学的发展仍为宋儒"化佛"之余绪，因而能基于佛学的精研而调节儒释。② 而近代以来陆王学大盛在于既有的政治、社会和精神秩序解体后，"无旧传统可以遵循，无外来标准可资模拟"，环境及情势瞬息万变，个人意识及民族自觉

---

　　① 案：《康德、黑格尔哲学在中国的传播——兼论我对介绍康德、黑格尔哲学的回顾》中记此文刊于《大公报》149 期，见贺麟《近五十年来的中国哲学》，上海人民出版社 2012 年版，第 127 页；《贺麟年谱新编》亦从此。《学述》中记为 147 期，经查证《大公报》原刊，以《学述》所记为是。

　　② 贺麟：《近五十年来的中国哲学》，上海人民出版社 2012 年版，第 30 页。

的安立成为时代的大问题，故以返之于内以求主体之建立的心学应时而兴。

这一思路足为贺麟自己学术路径的注脚，"化佛"之业既已卓有成绩，而现今时代的紧要课题则是"化西"了，回顾《比较观》一文，贺麟自述其研究特点为"走中西哲学比较参证、融会贯通的道路"①。这一"以中释西、以西释中"的路径源于旧体系已无法应对时代变局，故"欲求儒家思想的新发展，在于融会吸收西洋文化的精华与长处"、以西洋哲学之正宗发挥中国正宗之理学，贺麟深信此路可行，盖因"东圣西圣，心同理同"②。因此，在翻译的同时，贺麟发表多篇文章创立新说，大抵是以新黑格尔主义的绝对唯心主义、陆象山"宇宙即吾心，吾心即宇宙"、王阳明"心外无物"相参印，并初步构建起以心为体，以物为用的"新心学"。

随着神州鼎革，这一初见成绩的会通尝试戛然而止，从二十世纪六十年代译出的《精神现象学》来看，贺麟已弃太极而用绝对精神、弃矛盾而用辩证——这并不是学术思路的转变所致，在"译者导言"中，贺麟仍孜孜以"格物致知"解说由现象求本体的精神现象学③。遗憾的是，今天广为人知的是作为翻译家与黑格尔专家的贺麟，那个效法宋儒、以"华化西学"自任的哲人已淹没在历史的雾霾之中。贺麟的衷愿和努力终其一身未能有继，类似的情形在冯友兰身上亦可得见，那一代大陆学人由格义而至会通之途终止后，而独于海外新儒家尚有遗存。

余　论

1805—1807 年，黑格尔撰写并出版《精神现象学》；1936 年，贺麟所译《黑格尔学述》问世，且与张素痴（荫麟）就宋儒太极说辩论正酣。时黑格尔、贺麟皆 35—37 岁，正当创造力最富之年，二人皆处国事于水

---

① 贺麟：《近五十年来的中国哲学》，上海人民出版社 2012 年版，第 127 页。

② 贺麟：《儒家思想的新开展》，载贺麟《文化与人生》，上海人民出版社 2012 年版，第 15 页。

③ ［德］黑格尔：《精神现象学》，贺麟、王玖兴译，商务印书馆 1979 年版，第 10 页。

火之际，有志于立新说以救时弊、以传后世；观二人思路与文风，虽皆以理性思辨名世，而情感与笃志未尝不贯穿其间。黑格尔氏的工作使人与人、人与世、人与天的关系得到合于理性的建构，并树立起永恒精神战争中以神圣天职战胜小我的天命；与之相对，贺麟以中西互释重建儒学的尝试中道而殂，其开花结果之样貌亦无从想象，哲人思想之际遇常与国族命运相表里，于此可增一范例。

再向前溯，南宋乾道六年（1170 年），朱子葬亡母祝夫人于建阳，于墓侧筑寒泉精舍，其间初成《太极图说解》。太极图为濂溪得自道士（南轩以为太极图为濂溪自悟并传于二程子①，另有传自陈抟说，束景南认为传自张伯端），但未附从道教丹道化的太极说，而据《易传·系辞》予以重解。朱子综合伊川《易传序》与濂溪《太极图》《图解》，释太极为总天地万物之理，"无极而太极"为"无形而有理"而区别于道教无中生有的宇宙论；因之以下，道器理气之分、本末精粗之别、体用一源之旨亦得而明。

陈寅恪先生在"《中国哲学史》审查报告三"中，由冯友兰以新实在论发明朱子学而论及宋儒化佛事。陈先生以新儒学之产生与传衍为秦以后中国思想演变之唯一大事因缘，而新儒家之大成，在于吸收改造外来之学说并不忘本民族之地位。贺麟虽然认为用"新酒旧瓶，旧酒新瓶"之喻调和中西文化的说法"不甚切当易滋误会"②，而持"体用合一"的观点，但认为"道或理只是纯体或纯范型而非用，都只是抽象的概念"，并比拟三纲五伦为柏拉图的理念，又与陈寅恪为王静安挽词中所述全无二致。贺麟既视中体西用论为"机械的凑合"，又视全盘西化论为自我奴化，而自期"直接贡献于人类文化"或"文化本身"，故于中西文明本体的沟通上用力甚勤。

七十余年后的今天，平心检讨这一工作的得失，贺麟以黑格尔哲学与理学的最高范畴互解，也曾说到黑格尔之"太极"本于宗教而以道德为

---

① 张栻：《太极图解序》，《朱子全书》第十三册，上海古籍出版社、安徽教育出版社 2002 年版，第 82 页。

② 贺麟：《文化的体与用》，《近代唯心论简释》，上海人民出版社 2009 年版，第 200 页。

相对，恐为朱子斥为异端，又黑格尔重知识而轻道德，故严刻寡恩而不似朱子涵养用敬而习成的雍容和豫。但对此本体与路径上的差异，贺麟不免用心过切而急于弥合，以致由朱子入而以陆王出，甚而误读朱子为陆王；贺麟于近世推重马一浮，许其扭转"反荀反程朱的陆王之学"而为"程朱、陆王得一贯通调解的理学或心学"，然若考诸程朱、陆王本意，恐未必能赞同此语。这在思想史上并非孤例，以牟宗三为代表的现代新儒家意欲打通儒家与康德，亦难以处理"老内圣"与"新外王"的关系，只能以"坎陷"而"曲通"，甚至判朱子"别子为宗"，此皆近现代思想史上尚未消化的大关节。

可以看到的是，文明本体的互识与会通洵非一日之功，佛教东传千余年后方有新儒家之建立；宋儒之化佛，在于既能有所吸收，也能有所区辨，此一大旨，或为理学虽常遭"援释入儒"之讥而能不失正鹄、开辟新局面者。欧西之学与中国的接触已近五百年，近百年来冲撞尤剧——而中国与传统，中国与世界的课题当然远未完结。

学术分科，经典变迁与人文教育①

一　从学术分科到文道分离

中国最早的中文系在北京大学成立，据北大中文系官网：

> 北京大学中文系的前身是京师大学堂中国文学门。1898 年京师大学堂创办之初，即有"文学"科目，但并无作为一种独立组织形态的系科。1910 年分科大学开办，中国文学门正式成立。1919 年改称中国文学系，并实行选科制。②

所谓"选科制"，是依照美国大学学制进行的学制改革，从"文学"科目到文学门，再到中国文学系，可以视为中国现代学科体系创生的一个案例。开办京师大学堂是戊戌变法期间的新政之一，以"中学为体，西学为用，中西并用，观其会通"作为办学方针，京师大学堂的学术分科在不同时期多有变化：1896 年孙家鼐《奏筹办京师大学堂大概情形折》的"十科分学"方案中除道学科、文学科外，皆为"讲求实务"之学；1898年梁启超起草了《京师大学堂章程》，以经学第一，理学第二，文学列第九；1901 年张之洞在《筹议变通政治人才为先折》中以日本"六科分立"制为蓝本提出以经学为首的"七科分学"方案，其中无文学一科；1902 年张百熙制定的《钦定京师大学堂章程》"七科分学"设"文学

---

① 本文原发表于《肇端发始见人文　第一届"儒家人文与素质教育"研讨会论文集》，四川大学出版社 2015 年版。

② 1917 年 10 月 15 日，北京大学召集会议，议决着手学制改革，依照美国大学学制，采用选科制度。具体办法规定七项：一、各科皆有系统之编制。二、学生以习满若干单位为毕业，不必拘定年限。三、预科四十单位，以四分之三为必习科，以四分之一为选科。选科皆由各预科主任因程度而指定之。四、本科八十单位，半为必习科，半为选科。五、本科学生入校时，皆须择定本科教授一人为导师。六、选科于本门专治一系外，更当兼治与专科有重要关系者，其尚愿旁治他学者亦听之。七、凡前一学年之平均分数在甲等者，本学年可择选科规定之最多单位。此为我国大学行选科制之始。见 http：//www.wst.net.cn/history/10.15/1917.htm。

科"，将经学、史学、理学、诸子学、掌故学、词章学、外国语言文字学涵括其中；1904 年张之洞会同荣庆、张百熙制定的《奏定大学堂章程》提出"八科分学"，重列"经学"为群学之首，囊括五经、论孟、理学诸门，而文学科亦得以保留，并涵盖中外文史诸门，此一"癸卯学制"为清廷首肯，沿用至辛亥革命。①

京师大学堂的分科在十年不到的时间里多次变动，背后是围绕戊戌维新各方势力的急剧消长，"文学"一科的内容与地位也随着主事者的替换而不断变化。中间发生过一次有意思的插曲，变法失败后，京师大学堂作为新政的幸存者仅开设诗、书、易、礼、春秋课程，余者皆废，这种形式上的"复古"无疑只能从去维新之旨，安朝廷之心上去理解。

1912 年，蔡元培担任教育总长，发布《普遍教育暂行条例》，废除小学读经科，同年在《对于新教育之意见》中提出："忠君与共和政体不合，尊孔与信教自由相违"，蔡氏既认为尊孔读经是宗教的而须摒除之，便力倡在公共教育中"以美育代宗教"。早在 1906 年，王国维为深受鸦片之祸的中国开出的药方里就有"宗教与美术"，王氏以为："美术者，上流社会之宗教也。……美术之慰藉中，尤以文学为尤大。"② 而对文学的重视更早可见诸梁启超的"三界革命"说，《论小说与群治之关系》已经将小说视为"新民"最重要的途径。③ 如果说晚清黄遵宪、康有为、梁启超等人的"诗界革命'尚可以视为对传统文学的改良，到新文化运动，文学已经正式成为一种革命性的力量，这既是文学内部白话文对文言文的革命，更是以此为载体的社会整体运动。以《新青年》为阵地，陈独秀

---

① 相关论著如左玉河《从四部之学到七科之学：学术分科与近代中国知识系统之创建》，上海书店出版社 2004 年版；陈平原《新教育与新文学》，陈平原《中国大学十讲》，复旦大学出版社 2002 年版；赵灵芝《西方学科分类在中国的引入——以张之洞的"八科分学"为例》，硕士学位论文，大理理工大学，2007 年。

② 《去毒篇——鸦片烟之根本治疗法及将来教育上之注意》，《王国维全集》第十四卷，浙江教育出版社、广东教育出版社 2010 年版，第 63 页以下。

③ 梁启超《论小说与群治之关系》："欲新一国之民，不可不先新一国之小说。故欲新道德，必新小说；欲新宗教，必新小说；欲新政治，必新小说；欲新风俗，必新小说；欲新学艺，必新小说；乃至欲新人心，欲新人格，必新小说。何以故？小说有不可思议之力支配人道故。"《新小说》1902 年第 1 期。

的文学革命、胡适的白话文运动发出"时代的强音"，虽然新文化运动以"德先生""赛先生"为口号，但这一狂飙突进的运动最主要的助推力可以说是"文学"的；换言之，陈、胡作为运动掌旗者，并未表现出"德赛二先生"应有的稳重与理性，而恰恰在鼓吹中带入了强烈的感性色彩。陈、胡时分任北大文科学长、文学院院长，陈氏《文学革命论》（1917年）斥韩昌黎以迄曾文正之"文以载道"观为"谬见"，并联合胡适，以及钱玄同、刘师培等章门弟子将号为"古文正宗"的桐城派排挤出北大。林纾、姚永概等"选学妖孽，桐城谬种"一去，新文化派把持中枢，从此南北学风更为对峙乃至分裂，而举国之文化、伦理、政治风气日趋激进。

在中国转向现代的急剧变动中，文学，尤其是中国传统艺术观念中被视为"俗文学"的小说、戏剧地位亦随之上升，对民众而言，文人、作家的影响远胜于学院派的学者，这自然是"现代性"的内在属性，梁启超《译印政治小说序》引乃师康有为《日本书目志识语》之语："仅识字之人，有不读经，无有不读小说者，故六经不能教，当以小说教之；正史不能入，当以小说入之；语录不能谕，当以小说谕之；律例不能治，当以小说治之。天下通人少而愚人多，深于文学之人少而粗识之无之人多。"①在康梁看来，"今日急务，其小说乎"是"启蒙"的内在要求，此"启蒙"的目的在于"新道德"，小说之所以重要，在于有"熏""浸""刺""提"四种力，"抑之支配人道也"②。梁氏之所借重小说的无非是文学的感发、渲染与传播能力，而欲以此推动的"公德"说在理论上并不成熟，甚而俟后不乏自我否定与矫正之语，也即是说，文学这一极富情感的载体宣传的是一种极为幼稚的思想，此恐未必能达成开启民智的初衷，反致旧道德已为摧破，而新道德无有以立的局面，则社会伦理的急剧失范也就无法避免了。更重要的在于，国人尚未真正明白容纳与消化"德赛二先生"的长期性与复杂性，却先照搬近现代西制，将所有学科置于同一平面，均为"客观"的知识对象，无所谓价值高低之分，在

---

① 梁启超：《译印政治小说序》，《清议报》第一册，1898 年刊。

② 梁启超：《论小说与群治之关系》，《新小说》1902 年第 1 期。

中国社会、政治与文化的整体转型中反而导致共同价值根基的抽空与自身传统的断流，终至在"好画最新最美的图画"的激情下而自我革命为"一张白纸"。

1952年院系调整后，北大国文系改称中国语言文学系，这也是现在中文系的全称，在这个按专业性质设置的教学与行政单位里，基本上是文学、语言、古文献三大块；与经师大学堂更名北京大学后的首任校长严复主政时期相比较，当时北大文科标举义理、考据、辞章合一的"桐城义法"，现在义理一块完全被剔除了。桐城派宗宋学，程伊川有云："古之学者一，今之学者三，异端不与焉。一曰文章之学，二曰训诂之学，三曰儒者之学。欲趋道，舍儒者之学不可。"① 此"儒者之学"对应的即是桐城派所言的"义理之学"，如前所述，经已不居尊位，而本于义理以维护文化统绪的桐城派在蔡元培主政时期亦被驱离，文、道分裂已成势所必然。关于大学学科体系中义理之学的安排，一个值得回顾的提法是1906年，时年二十九岁的王国维撰《奏定经学科大学文学科大学章程书后》，批评张之洞"八科分学"的根本之误"在缺哲学一科而已"。王国维认为应设经学、理学、史学、国文、外国文学五科，而每科皆以"哲学概论"为方法论科目，这里的哲学特指形而上学部分，所举西哲为叔本华、康德，中哲为理学诸子，王国维明言此学为人类的根本需要，因此当为各科所共法。除史学外，另四科还以中西哲学史为必修科目；经学科除了一门印度哲学史外，与理学科目完全一样，经学以"群经之不可分科"而无专门内容。② 因此，王氏虽引经学家"六经，天下之至文"与文学家"约六经之旨以成文"之语，力主合并经学与文学于同一所大学中，而置经学科为首以示尊经之意，实际上是将哲学放在学制的核心位置。王国维赴日学术转向之后，不复此说，辛亥之后流行的大学学制形式上最接近的反而是王氏已弃之旧说，不过，义理之学并未如王氏所期望的由此而彰，而

---

① 《近思录》卷之二《为学大要》，陈荣捷：《〈近思录〉详注集评》，台湾学生书局1998年版，第123页，此一思想戴震、姚鼐、章学诚等皆有所发挥。

② 《王国维全集》第十四卷，浙江教育出版社、广东教育出版社2010年版，第32页以下，王氏批评的对象是作为全面学制体系的《奏定学堂章程》，包含但不限于大学堂章程。

众所周知，王国维自己后来也放弃了哲学。[①]

简言之，中国传统学术以典籍为分类标准，四部以经为首是传统学术的价值定位，清末的学术与教育分科初衷是借维新之机施行"中体西用"之旨，经过戊戌变法、辛亥革命、新文化运动，在形式上逐步演变成近代东西洋的学科分类体制，由于近代西学是一种基于客体对象的知识系统，在"尊经"这一价值定位被剥离后，"中体"已成空中楼阁，虽有学衡派等文化保守主义者、陈寅恪、贺麟等中西会通论者在高等教育体制内外时有反弹，[②] 但大势如此，由"西用"到"西体"已成为时人可见的结局。

二　中文系经典教育现状一瞥

说现在的中文系义理之学的缺失，需要分辨的问题是，我们知道中文系是有理论的，文学理论就是一个单独的学科方向。理论与义理的不同在于，首先，作为专业方向的理论仍然受制于狭义的学科范畴，无法为整体的人文学科提供奠基性的思想；其次，现在的理论资源主要来自西学的译介而缺乏重要的原创性成果，[③] 就文学理论而言，这一点在王国维、钱钟书之后尤其明显。上述现象的成因用今天流行的话说，既有中西学术的系统性差异，又有古今价值与范式的分别，这自然不仅是中文系的问题，而是人文学科面临的共同问题。现代学术分科导致的专门化早已经成为学术研究与知识教育的最大"现实"，而经典，也就是为人类文明奠定根基的伟大著作难以在现有的学术分科中找到位置：所谓经典，一定是整全性的，而不是如现在通行的那样，被分割为碎片化的材料，由文史哲等专业

---

① 王氏《殷周制度论》虽为"殷墟文字研究之结果"，但自述"此文于考据之中，寓经世之意，可几亭林先生"（《王国维全集》第十五卷，浙江教育出版社、广东教育出版社 2010 年版，第 336 页）。该文着眼于社会变革间的制度安排与道德秩序，洵有寄托，王国维由哲学转入经史，前后皆不脱于价值根本的探寻，因此其学虽变而旨唯一贯。

② 贺麟对陈寅恪"旧瓶装新酒"之论颇有讥评，但其"华化西学"之说无疑走的是从格义到会通的路径，与陈氏相异处在于"调新酒于旧酿"而无关瓶事；如果说陈氏的会通之论是基于思想史的，贺麟则是形而上学的。

③ 这里所说的"重要性"和"原创性"并不在于"现实"中的地位，因此政治正确与否、学界主流与否、有海外影响与否均不是衡量标准。

各取所需——这种"客观化"与"对象化"的知识学是价值意义上的全然颠倒，从而使这种知识的合法性反而成疑，即使在西方，这种出自中世纪的理智论的"纯粹理智"观也被视为空洞的而非实践的，是客观主义迷误。① 义理之学在于阐明和发挥经典本义，以经典自身为归的，是"我注六经"的；理论则将经典视为可随意摆布的材料，是"六经注我"以成己说。从经典生命力与理论生命力的长短来看并不难理解，无论何种学说，如果不能直面经典本身，并在切己与时代的意义上予以阐明，则不能够说是成功的。在这个意义上，从义理到理论，不能不说是一个下降的过程。

这种人文学的主张并非一种"中国特色论"，也不是反对专精研究的囹圄论调，以"现代大学之母"柏林大学为例，"二战"后柏林大学分离为柏林自由大学、柏林洪堡大学，前者的人文学院现下设八个系所，涵盖哲学、希腊与拉丁语文学、一般文学与比较文学、德语与荷兰语语文学、罗曼语语文学、英语语文学、戏剧学、文化与传媒学②；后者将哲学、历史学、欧洲民族学、图书馆与信息科学划入哲学一系，德国文学、德国语言与语言学、北欧语言文学、罗马语族语言文学、英美语言文学、斯拉夫语言文学、古典语文学划入哲学二系。③ 又如德国最古老的大学之一的图宾根大学，其哲学系下属古典学和艺术学、亚洲学与东方学、历史学、现代语文学、哲学—修辞学—媒介学五个方向。④ 在德国高校的建制中，文学、艺术、史学、古典学、汉学等方向的毕业生拿到的学位往往是哲学学位，相当程度上保持了哲学作为人文学根基的"母学"地位，为日益分化的现代学科提供了共同的精神基础与价值指向。

与之相对，中国的情况复杂得多，变局频生、文化断裂是百年来的基本景象，无论与内在传统还是与外部世界均呈现为时或断裂、否弃乃至隔

---

① Hans-Georg Gadammer "Replik", in *Hermeneutik und Ideologiekritik*, Hg. von Karl-Otto Apel, Frankfurt am Main, 1977, S. 304.

② http：//www. geisteswissenschaften. fu-berlin. de.

③ https：//www. hu-berlin. de/einrichtungen-organisation/fakultaeten-und-institute，更早的分科里社会学、艺术学等组成哲学三系，后独立出来。

④ http：//www. uni-tuebngen. de/fakultaeten/philosophische-fakultaet/fachbereiche.

绝的样态。二十世纪九十年代中期，经商热最炽烈的时候，不知道由于什么原因，一些高校突然开始办文科基地班，或许也是意识到这一问题，就我自己的经历来说，在这种力图打通文史哲的教学中受益很大，但后来回想起来，更多的是遗憾。比如说，我们当时大一大二都跟历史系基地班一起上课，授课教师则来自文史哲三个系，在座的丁老师那时候就给我们上课和启蒙。但哲学课程也就只有中国哲学名著研读、西方哲学名著研读、科技哲学三门，史学课程只有中国古代史、中国近现代史两门，虽然有幸碰到了非常好的老师，但由于课程门数和课时均太少，也没有时间安排专书的细读，所受的哲学、史学教育的影响就日渐消退，甚至荡然无存，又退回到学科的壁垒里去了。

后来有人分析认为，跟经济上的改革开放类似，基地班、实验班的开设多少受了港台高校与海外华人地区的影响，那些地区的政治运动与社会变革幅度较小，对传统文化的保留和重视远好于当时的大陆。现在台湾大学文学院仍大致沿袭了民国时期北大的系所设置，中文、外文、历史、哲学、艺术、人类学等系所都在文学院，在形式上跟德国、法国高校注重人文学科的整体性、多以哲学为中心比较类似，台大文学院也是以培养人文学专才为主要教责，而实际上文学院的各系作为教学和科研实体，又是独立运行的。两年前跟台湾大学中文系主任李隆献教授座谈，说到台大中文系的课程设置中，中国传统典籍所占的比重远远超过大陆高校，让人抱有衣冠南渡的观感和敬意，同时又提出一个担忧：台湾学术界古典研究的传统一直未断，但是否有搁置甚至放弃义理而完全文献学化的情状？李教授说他们也很关注现实、社会等，但总的印象是，经典在台湾主要还是作为一种知识性的研究对象，而对经典研究感兴趣、报考的人数近年来一直处于下降中。高雄师大经学研究所蔡根祥教授很自豪该所是全世界唯一一所能够开全十三经课程的机构，但对经学的作用也只表述为文化传承。经典教育、研究、推广在台湾起到的涵养个人性情、敦风化俗作用是很明显的，用这次会议的话头来说，就是在培养人的素质、修养上功不可没。但另一方面是，在重要的现实问题，比如在文化归属与身份认同中，台湾的经典教育起到的作用有几何？在德国上语言班时，进来一个插班的同学，语言老师问过姓名后向大家介绍说，这是来自中国的某某，该同学用缓慢而坚定的语调说：我来自台湾。后来一起上下课多了，知道他是台大研究生毕业，读书期间在台北故宫博物院兼职两年，谙习中国古典艺术与文化，在语及"中国"时，他会说"你们中国"，但同时他又往往用"国文"一词而非"中文"，中间蕴含的国族建构和身份认同是十分复杂而有意味的话题。

大陆高校中文系的经典教育的很多例子呈现出希望与困难并存的复杂局面，如有的在入学考试中开设了传统典籍的相关科目，广涉经史子集的内容，用意在强调经典的重要性，但考试形式上尚有待进一步的完善；有的开设经学相关课程，但师资与课时还难以满足课程内容的要求；有的学生毕业论文选作《〈论语·学而篇〉释读》《荀子的人性论与教化思想》《〈齐物论〉研究》等题目，有时被分到古代文学组答辩，有时分到文献组，有时分到文学理论组，但实际上都不合适，学生得分也很受影响。这也说明在目前学科分割的情况下，文史哲的院系内部开展经典教育所必然遇到的瓶颈和限制；值得关注的是，近年来经典教育在高校体制内部的整合迹象，如各地高研院、国学院、博雅学院的创立、经典读书班的开展、古典学的成立、民间书院的出现等。破除学科壁垒的通识教育已经得到一定程度的认同与发展，这跟与会的诸位学者的工作密切相关；中间当然有非常大的空间，也有很多待解的问题。

总的感想是，在一个价值取向上的世俗社会、专业细分的现代社会、文化景观上的大众社会，尤其是现代转型中的当下中国，经典教育是一个至关重要又至为艰难的主题。在现代性理论肇始之初，马克斯·韦伯、涂尔干就致力于对现代生活的社会共识与道德基础的反思与探求；而经典的意义在于，作为人类生活所成就的典范，经典使个体的主观自由成为有价值指向与基本轨辙的，共同体也因此得以塑造。经典之为经典，乃为各个时代所共享，或者说，如果把每个时代视为一次重新出发，则经典是每一次出发与再创造所共有的意义根源与连续性保障。如果说"现代性"是人类自身发展的成果，则一种"好的现代性"仍然需要经典对于人类共同伦理的理解与显明作为根基。就文学而言，审美作为人的感性能力被现代学术中的文学分科一再张扬，但如果我们承认人的完整性，则文学的意义在于善感发人心，此“兴于诗”之义，而必与礼、与义相合配，① 也即使文学富于真正的理想性而成为完整的人性表达，才能通过文学找到更好的自己，文学也才能为个体生活与共同生活提供真正的滋养。这需要重新审视既有的学术与教育分科，在整全意义上回到经典并再次出发，而经典能够给予的价值当然不仅是个体的，而且是整个文明的。

---

① 同理，近年李泽厚《己卯五说》“审美代宗教”说仍可视为王、蔡之余绪，但实际上，孤立化的审美既不能代替宗教，更不能代替伦理，而王、蔡皆受叔本华、席勒影响，伽达默尔《真理与方法》对席勒“审美区分”或“通向审美的教育”进行了严厉批评。文学史、艺术史里“魏晋时期是审美的自觉”一说甚为流行，但考诸当时情状，如竹林七贤之辈，审美实则并未稀释其内心的不安与痛苦，这样一种无奈于时世的逃避如果被美化为“自觉”，则极易导致消极的甚或自否定的虚无。

参考文献

中文文献

1. 中文著作

古籍类（含今人注疏）：

班固：《汉书》，中华书局 1964 年版。

陈鼓应：《庄子今注今译》，中华书局 2001 年版。

陈澔：《礼记集说》，中国书店 1994 年版。

程颢、程颐：《二程集》，中华书局 2004 年版。

程树德：《论语集释》，中华书局 1997 年版。

戴震：《孟子字义疏证》，中华书局 1962 年版。

丁纪：《论语读诠》，巴蜀书社 2005 年版。

《读四书大全说》，中华书局 1975 年版。

段玉裁：《说文解字注》，上海古籍出版社 1981 年版。

范文澜：《文心雕龙注》，人民文学出版社 1962 年版。

高明：《帛书老子校注》，中华书局 1997 年版。

郭庆藩：《庄子集释》，中华书局 1970 年版。

焦循：《孟子正义》，中华书局 1987 年版。

毛亨：《毛诗传笺通释》，马瑞辰撰，陈金生点校，中华书局 1989 年版。

毛亨：《毛诗正义》，郑玄笺，孔颖达疏，上海古籍出版社 1990 年版。

皮瑞锡：《经学通论》，中华书局 2004 年版。

阮元校刻：《十三经注疏》，中华书局 1980 年版。

《诗广传》，中华书局 1981 年版。

《诗集传》，中华书局 1958 年版。

司马迁：《史记》，中华书局 1959 年版。

王安石：《诗义钩沉》，邱汉生辑校，中华书局 1982 年版。

王夫之：《张子正蒙注》，中华书局 1975 年版。

王先谦：《诗三家义集疏》，吴格点校，中华书局 1987 年版。

王先谦：《荀子集解》，中华书局 1988 年版。

杨伯峻：《论语译注》，中华书局 2002 年版。

杨伯峻：《孟子译注》，中华书局 1996 年版。

姚际恒：《诗经通论》，顾颉刚标点，中华书局 1958 年版。

张载：《张载集》，中华书局 1978 年版。

《周易外传》，中华书局 1988 年版。

《朱子语类》，中华书局 1986 年版。

朱熹：《四书章句集注》，中华书局 2001 年版。

《诸子集成》，上海书店 1996 年版。

近现代著作类：

蔡元培：《中国伦理学史》，东方出版社 1996 年版。

程俊英：《诗经译注》，上海古籍出版社 1985 年版。

程俊英、蒋在元：《诗经注析》，中华书局 1991 年版。

冯友兰：《中国哲学史》：中华书局 1961 年版。

高亨：《诗经今注》，上海古籍出版社 1980 年版。

郭沫若：《十批判书》，东方出版社 1996 年版。

郭沫若：《中国古代社会研究》，河北教育出版社 2004 年版。

胡适：《中国现代学术经典·胡适卷》，河北教育出版社 1996 年版。

吕思勉：《中国制度史》，上海教育出版社 2002 年版。

牟宗三：《心体与性体》，上海古籍出版社 1999 年版。

牟宗三：《智的直觉与中国哲学》，台湾商务印书馆 1974 年版。

牟宗三：《中国哲学的特质》，上海古籍出版社 1997 年版。

牟宗三：《中国哲学十九讲》，上海古籍出版社 1998 年版。

牟宗三：《中西哲学之会通十四讲》，上海古籍出版社 1998 年版。

钱穆：《国史大纲》，商务印书馆 2005 年版。

钱穆：《国学概论》，商务印书馆 1997 年版。

钱穆：《孔子传》，生活·读书·新知三联书店 2002 年版。

钱穆：《论语新解》，巴蜀书社 1985 年版。

钱穆：《先秦诸子系年考辩》，上海书店 1992 年版。

钱穆：《中国学术思想史论丛》卷一，东大图书公司 1977 年版。

钱钟书：《管锥编》，生活·读书·新知三联书店 2001 年版。

钱钟书：《谈艺录》，中华书局 1984 年版。

容庚：《金文编》，中华书局 1985 年版。

唐君毅：《中国香学原论·原性篇》，中国社会科学出版社 2005 年版。

王国维：《观堂集林》，《王国维全集》第八卷，浙江教育出版社、广东教育出版社 2010 年版。

闻一多：《诗经通义》《诗经新义》《风诗类钞》。——均收入《闻一多全集》，湖北人民出版社 1993 年版。

熊十力：《存斋随笔》，上海远东出版社 1996 年版。

熊十力：《读经示要》，中国人民大学出版社 2006 年版。

熊十力：《原儒》，中国人民大学出版社 2006 年版。

徐梵澄：《陆王学述》，上海远东出版社 1996 年版。

徐复观：《中国人文精神之阐扬》，广播电视出版社 1996 年版。

徐复观：《中国人性论史·先秦篇》，上海三联书店 2001 年版。

徐复观：《中国艺术精神》，华东师范大学出版社 2001 年版。

徐中舒：《甲骨文字典》，四川辞书出版社 1989 年版。

章太炎撰，庞俊、郭诚永疏证：《国故论衡疏证》，中华书局 2008 年版。

朱光潜：《诗论》，生活·读书·新知三联书店 1998 年版。

朱光潜：《西方美学史》，人民文学出版社 1979 年版。

宗白华：《意境》，安徽教育出版社 2000 年版。

当代著作类：

20 世纪儒学研究大系编辑委员会主编：《儒道比较研究》，中华书局 2003 年版。

北京大学哲学系主编：《中国哲学史资料简编》，中华书局 1973 年版。

陈来：《古代思想文化的世界》，生活·读书·新知三联书店 2002 年版。

陈来：《古代宗教与伦理》，生活·读书·新知三联书店 1996 年版。

陈来：《竹帛〈五行〉与简帛研究》，生活·读书·新知三联书店 2009 年版。

陈桐生：《〈孔子诗论〉研究》，中华书局 2004 年版。

方克立、李锦全主编：《现代新儒家学案》上，社会科学出版社 1995 年版。

葛兆光：《域外中国学十论》，复旦大学出版社 2002 年版。

葛兆光：《中国思想史》第一卷，复旦大学出版社 2001 年版。

耿幼壮：《书写的神话：西方文化中的文学》，中国人民大学出版社 2006 年版。

郭齐勇：《郭齐勇自选集》，广西师范大学出版社 1999 年版。

郭绍虞：《中国历代文论选》，上海古籍出版社 1979 年版。

郭绍虞：《中国文学批评史》，上海古籍出版社 1979 年版。

黄克剑：《黄克剑自选集》，广西师范大学出版社 1998 年版。

黄克剑：《由“命”而“道”——先秦诸子十讲》，线装书局 2006 年版。

蒋庆：《政治儒学》，生活·读书·新知三联书店 2003 年版。

劳思光：《新编中国哲学史》，广西师范大学出版社 2005 年版。

李春青：《诗与意识形态——西周至两汉诗歌功能的演变与中国诗学观念的生成》，北京大学出版社 2004 年版。

李春青：《在文本与历史之间——中国古代诗学意义生成模式探微》，

北京大学出版社 2005 年版。

李零：《长沙子弹库战国楚帛书研究》，中华书局 1985 年版。

李零：《郭店楚简校读记》，北京大学出版社 2002 年版。

李零：《简帛古书与学术源流》，生活·读书·新知三联书店 2004 年版。

李零：《上博楚简三篇校读记》，中国人民大学出版社 2009 年版。

李零：《中国方术考》，东方出版社 2001 年版。

李泽厚：《论语今读》，安徽文艺出版社 1998 年版。

李泽厚：《中国古代思想史论》，安徽文艺出版社 1995 年版。

李泽厚：《中国近代思想史论》，安徽文艺出版社 1995 年版。

刘梦溪：《传统的误读》，河北教育出版社 1996 年版。

刘信芳：《孔子诗论述学》，安徽大学出版社 2003 年版。

罗根泽：《中国文学批评史》，上海书店 2003 年版。

雒启坤：《诗经散论》，商务印书馆 2002 年版。

裘锡圭：《中国出土文献十讲》，复旦大学出版社 2004 年版。

桑兵：《晚清民国的国学研究》，上海古籍出版社 2001 年版。

上海大学古代文明研究中心编：《上博馆藏战国楚竹书研究》，上海书店出版社 2002 年版。

屠友祥：《言境释四章》，上海人民出版社 1998 年版。

王靖宇：《中国早期叙事文论集》，“中研院”中国文哲研究所筹备处，1999 年。

王晓路：《西方汉学界的中国古代文论研究》，巴蜀书社 2003 年版。

王晓路：《中西诗学对话——英语世界的中国古代文论研究》，巴蜀书社 2000 年版。

王岳川：《现象学与解释学文论》，山东教育出版社 1999 年版。

王运熙、顾易生：《中国文学批评通史·壹　先秦两汉卷》，上海古籍出版社 1996 年版。

吴兴明：《某智·圣智·知智》，上海三联书店 1993 年版。

吴兴明：《中国传统文论的知识谱系》，巴蜀书社 2001 年版。

萧兵：《孔子诗论的文化推绎》，湖北人民出版社 2006 年版。

杨煦生：《逃向世界》，世界图书公司 2009 年版。

叶嘉莹：《古典诗词讲演集》，河北教育出版社 1997 年版。

叶嘉莹：《中国古典诗歌评论集》，广东人民出版社 1982 年版。

叶维廉：《中国诗学》，生活·读书·新知三联书店 1992 年版。

余虹：《革命·审美·解构》，广西师范大学出版社 2001 年版。

余虹：《思与诗的对话——海德格尔诗学引论》，中国社会科学出版社 1991 年版。

余虹：《艺术与归家：尼采、海德格尔、福轲》，中国人民大学出版社 2005 年版。

余虹：《中国文论和西方诗学》，生活·读书·新知三联书店 1999 年版。

俞志慧：《君子儒与诗教》，生活·读书·新知三联书店 2005 年版。

张祥龙：《从现象学到孔夫子》，商务印书馆 2001 年版。

张祥龙：《海德格尔思想与中国天道》，生活·读书·新知三联书店 1996 年版。

张祥龙：《孔子的现象学阐释九讲——礼乐人生与哲理》，华东师范大学出版社 2009 年版。

张祥龙：《思想避难：全球化中的中国古代哲理》，北京大学出版社 2007 年版。

张祥龙：《中华古学与现象学》，山东友谊出版社 2008 年版。

张永清：《现象学审美对象论：审美对象从胡塞尔到当代的发展》，中国文联出版社 2006 年版。

赵沛霖：《兴的起源》，中国社会科学出版社 1987 年版。

朱东润：《中国文学批评史大纲》，上海古籍出版社 2001 年版。

2. 丛刊、集刊

陈学超主编：《国际汉学集刊》，中国社会科学出版社 2004 年版。

《国际汉学》编委会编：《国际汉学》，商务印书馆 1995 年版。

余虹主编：《问题》，中国人民大学出版社 2003 年版。

余虹、徐行言主编：《立场》，人民文学出版社 2006 年版。

3. 译著

［法］艾田蒲：《中国之欧洲》，许钧、钱林森译，河南人民出版社 1992 年版。

［意］艾柯：《诠释与过度诠释》，王宇根译，生活·读书·新知三联书店 2005 年版。

［法］安田朴：《中国文化西传欧洲史》，耿昇译，商务印书馆 2000 年版。

［美］安乐哲：《和而不同：比较哲学与中西会通》，北京大学出版社 2002 年版。

［古希腊］柏拉图：《文艺对话集》，朱光潜译，人民文学出版社 1959 年版。

［法］保罗·利科：《解释学与人文科学》，陶远华等译，河北人民出版社 1987 年版。

［法］保罗·利科《诠释的冲突》，林宏涛译，桂冠图书公司 1995 年版。

［美］本杰明·史华兹：《古代中国的思想世界》，程钢译，江苏人民出版社 2004 年版。

［德］卜松山：《与中国作跨文化对话》，刘慧儒、张国刚等译，中华书局 2000 年版。

［法］德里达：《论文字学》，汪堂家译，上海译文出版社 2005 年版。

［法］弗朗索瓦·于连：《道德奠基》，宋刚译，北京大学出版社 2002 年版。

［法］弗朗索瓦·于连：《圣人无意：或哲学的他者》，闫素伟译，商务印书馆 2004 年版。

［法］弗朗索瓦·于连：《迂回与进入》，杜小真译，生活·读书·新知三联书店 1998 年版。

［法］福柯：《词与物》，莫伟民译，上海三联书店 2001 年版。

［德］伽达默尔：《真理与方法》，洪汉鼎译，上海译文出版社 1992

年版。

〔英〕葛瑞汉：《论道者——中国古代哲学论辩》，张海晏译，中国社科出版社 2003 年版。

〔美〕顾立雅：《孔子与中国之道》，高专诚译，大象出版社 2000 年版。

〔德〕海德格尔：《存在与时间》，陈嘉映、王庆节译，生活·读书·新知三联书店 1999 年版。

〔德〕海德格尔：《在通向语言的途中》，孙周兴译，商务印书馆 2004 年版。

〔美〕郝大维、安乐哲：《汉哲学思维的文化探源》，施忠连译，江苏人民出版社 1999 年版。

〔美〕郝大维：《通过孔子而思》，何金俐译，北京大学出版社 2005 年版。

〔德〕黑格尔：《美学》，朱光潜译，商务印书馆 1958 年版。

〔德〕黑格尔：《精神现象学》，贺麟、王玖兴译，商务印书馆 1979 年版。

〔德〕黑格尔：《历史哲学》，王造时译，上海书店出版社 2001 年版。

〔德〕康德：《纯粹理性批判》，邓晓芒译，人民出版社 2004 年版。

〔德〕康德：《判断力批判》，宗白华、韦卓民译，商务印书馆 1964 年版。

乐黛云、陈珏编选：《北美中国古典文学研究名家十年文选》，江苏人民出版社 1996 年版。

〔法〕米歇尔·福柯：《知识考古学》，谢强、马月译，生活·读书·新知三联书店 1998 年版。

〔美〕浦安迪：《中国叙事学》，陈珏整理，北京大学出版社 1996 年版。

〔美〕史景迁：《文化类同与文化利用》，廖世奇、彭小樵译，北京大学出版社 1997 年版。

〔法〕谢和耐：《中国与基督教》，耿昇译，上海古籍出版社 2003

年版。

　　［法］雅克·德里达：《书写与差异》，张宁译，生活·读书·新知三联书店 2001 年版。

　　［美］宇文所安：《他山的石头记》，田晓菲译，江苏人民出版社 2003 年版。

　　［美］宇文所安：《中国文论：英译与评论》，王柏华译，上海社会科学院出版社 2003 年版。

　　［美］张隆溪：《道与逻各斯》，冯川译，四川人民出版社 1998 年版。

　　4. 学术期刊论文及中文博士（后）学位论文

　　陈桐生：《从出土竹书看"诗言志"命题在先秦两汉的发展》，《文艺理论研究》2007 年第 5 期。

　　陈桐生：《从战国初期儒家人性论思潮看〈孔子诗论〉价值》，《湖北大学学报》（哲学社会科学版）2006 年第 1 期。

　　陈桐生：《〈孔子诗论〉的论诗特色》，《文艺理论研究》2003 年第 5 期。

　　陈桐生：《上博简〈孔子诗论〉对诗教学说的理论贡献》，《陕西师范大学学报》（哲学社会科学版）2006 年第 4 期。

　　陈桐生：《新的先秦说理散文发展观——以七十子后学散文为枢纽》，《学术研究》2009 年第 1 期。

　　陈桐生：《哲学·孔学·诗学——谈〈性情论〉与〈孔子诗论〉的学术联系》，《中国哲学史》2004 年第 4 期。

　　程勇：《简论汉代经学视野中的儒家文论》，《学术月刊》2001 年第 8 期。

　　程勇：《先秦儒道文论叙述中的显性话语与隐性话语》，《文艺理论研究》2003 年第 4 期。

　　丁纪：《20 世纪的"原儒"工作》，《四川大学学报》（哲学社会科学版）2003 年第 3 期。

　　董朝刚：《论中国古代文论与儒、道思想》，《唐山师范学院学报》2006 年第 1 期。

彭亚非：《先秦论"文"三重要义》，《文史哲》1996 年第 5 期。

彭亚非：《原"文"——论"文"之初始义及元涵义》，《文学评论》2005 年第 4 期。

［美］苏源熙：《"礼"异"乐"同——为什么对"乐"的阐释如此重要》，《中国学术》2003 年第 4 期。

［美］苏源熙：《默契还是预约？——结构、解构的中国梦》，《中国学术》2001 年第 1 期。

［美］苏源熙：《主观与客观、西方与中国之定名和虚位》，《中国学术》2001 年第 4 期。

王宇根：《"比兴"与中国诗学意义的动态生成》，《北京大学学报》（哲学社会科学版）1996 年第 6 期。

杨海文：《"互文"与"互动"：儒道关系新论》，《福建论坛》（人文社科版）2005 年第 6 期。

袁济喜：《关于先秦儒家文论的再认识》，《宝鸡文理学院学报》（社会科学版）2006 年第 5 期。

张静互：《儒家礼教论——论"仁"、"人性"、"文"和"礼"的关系》，《湖南大学学报》（社会科学版）2003 年第 2 期。

外文文献

1. 德文专著

Apel, Karl-Otto（hg. von），*Hermeneutik und Ideologiekritik*，Frankfurt am Main，1977.

Brockhaus Enzyklopädie in 24 Bände，Band 24，F. A. Brodehaus，Mainheim，1993.

Figal, Günter, *Der Sinn des Verstehens. Beiträge zur hermeneutischen Philosophie*，*Stuttgart* 1996.

——hrsg. Von. *Begegnungen mit Hans-Georg Gadame*r，Stuttgart，2000.

——*Martin Heidegger. Phänomenologie der Freiheit*，Frankfurt am Main 1988，dritte Auflage 2001.

——*Gegenständlichkeit . Das Hermeneutische und die Philosophie*, Tübingen, 2006

——*Verstehensfragen. Studien zur phänomenologisch – hermeneutischen Philosophie*, Tübingen, 2009.

——*Zu Heidegger. Antworten und Fragen*, Frankfurt am Main 2009.

Gadamer, Hans-Georg, *Hermeneutik I , Wahreit und Methode*, in *Gesammelte Werke*, Band 1, Tübingen, 1986.

——*Hermeneutik II . Ergänzungen. Register*, in *Gesammelte Werke*, Band 2, Tübingen, 1986.

——*Griechische philosophie I* , in *Gesammelte Werke*, Band 5, Tübingen, 1985.

——*Ästhetik und Poetik I*, in *Gesammelte Werke*, Band 8, Tübingen, 1993.

——*Ästhetik und Poetik II*, in *Gesammelte Werke*, Band 8, Tübingen, 1993.

Groot, J. J. M. de, *Universismus*, Berlin, 1918.

Hegel, G. W. F. , *Vorlesungen über die Geschichte der Philosophie*, Leipzig, 1971.

Heidegger, Martin, *Der Ursprung des Kunstwerkes*, Stuttgart, 2008.

——*Gesamtausgabe Band 2: Sein und Zeit*, Frankfurt am Main, 1977.

——*Was Heißt Denken*, Stuttgart, 1992.

——*Unterwegs zur Sprache*, Stuttgart, 1985.

——*Was ist Metaphysik Stuttgart*, 1955.

Jaspers, Karl, *Vom Ursprung und Ziel der Geschichte*, Müchen, 1957.

——*Vernunft und Freihei-Ausgewählte Schriften*, Stuttgart, 1960.

Kant, Immanuel, *Grundlegung zur Metaphysik der Sitten*, Hamburg, 1999.

——*Kritik der praktischen Vernunft*, Hamburg, 2003.

——*Kritik der Urteilskraft*, Hamburg, 2009.

Li, Wenchao, *Die christliche China-Mission im* 17. *Jahrhundert. Verständnis, Unverständnis, Mißverständnis. Eine geistesgeschichtliche Studie zum Christentum, Buddhismus und Konfuzianismus.* Stuttgart, 2000.

Nietzche, Friedrich, *Werke in drei Bänden*, Bd. 1, Köln, 1994.

Platon, *Sämtliche Dialoge*, Hamburg, 1993.

Ritter, Joachim und Gründer, Karlfried (Hrsg. V.): *Historisches Wörterbuch der Philosophi in 12 Bände*, 12 Band, Damstadt, 2004.

2. 英文专著、文章

David L. Hall, Roger T. Ames, *Thinking through Confucius*, State University of New York Press, 1987.

——*Thinking from the Han, Self, Truth, and Transcendence in Chinese and Western Culture*, State University of New York Press, 1998.

Duquette, David A. (Edieted by), *Hegel's History of Philosophy, New Interpretations*, State Universtity of New York Press, 2003.

Hightower, James Robert, *Topics in Chinese Literature: Outlines and Bibliographies*, Cambridge, Mass: Harvard Univ. Pr, 1953.

Leitch, Vincent B. etc. , *The Norton Anthology of Theory and Criticism*, New York : Norton, 2001.

Liu, James J. Y. , *Chinese theories of literature*, Chicago: University of Chicago Press, 1975.

——*The Interlingual Critic: Interpreting Chinese Poetry*, Bloomington: Indiana University Press, c1982.

Owen, Stephen, *Readings in Chinese Literary Thought*, Cambridge, Mass. : Council on East Asian Studies, Harvard University, 1992.

Saussy, Haun Saussy, Haun, *The Problem of A Chinese Aesthetics*, Stanford, CA: Stanford University Press, 1993.

——*Great Walls of discourse and other Adventure in Cultural China* 2001 Cambridge, Mass. : Harvard University Asia Center: Distributed by Harvard University Press, c2001.

——*Comparative Literature in an Age of Globalization*, ed. Baltimore: The Johns Hopins University Press, 2006.

Schwartz, Benjamin I. , " *The Age of Transcendence* ", in *Daedalus*,

Vol. 104 （1975）, Spring.

—— "Transcendence in Ancient China", in *Daedalus*, Vol. 104 （1975）, Spring.

Wylie, Alexander, *Notes on Chinese Literature, with introductory remarks on the progressive advancement of the art, and list of translations from the Chinese into various European languages*, Shanghai: American Presbyterian Mission Press; London: Trübner & Co. , 1901.

Ye, Yang, *Chinese Poetic Closure*, New York: P. Lang, 1996.

Yu, Paulin, *The Reading of Imagery in the Chinese Poetic Tradition.* Princeton, N. J. : Princeton Univ. Pr. , 1987.

后　记

这本小书是我的博士学位论文，写下这句话时，仿佛又回到了跟余虹老师相处的情景。十多年前，在吴兴明老师的指导下，我的硕士学位论文以《声音与现象》为主要文本，梳理德里达对胡塞尔的解构。吴老师看到我对现象学一脉学问的兴趣，推荐我赴余老师处读博。初次到北京，余老师就跟我聊起他热爱的海德格尔，那时我还是一个愣头青，言谈中提及海德格尔与纳粹的纠葛，余老师很激动地说：海德格尔也是一个人，是人就会犯错！后来我想以海德格尔作为博士学位论文选题，对其进行系统深入的研究，余老师认为，研究海德格尔而不通德语会有很大限制。几经反复，余老师希望我接着他的《中国文论与西方诗学》作一个题目，这是本书主题的由来。

题目定下后不久，经杨煦生老师引荐，我申请到去柏林自由大学联合培养的机会，余老师颇为鼓励，多有鞭策之语。然而人生常常充满了意外，临行前一个多月，余老师却永远地离开了我们。论文主体部分是在柏林的两年（2008—2010）完成的，适应陌生的环境，学习繁难的德语，这篇中西比较视野下的论文写作过程，同时是我在生活与精神上不断感受两种文化冲撞的过程。于我而言，题目的难度很大，在没有余老师指导的情况下，更常感如暗夜行路，不知所之。《中国文论与西方诗学》旨在以现象学方法重新定位中国文论与西方诗学，而以《文心雕龙》"弥纶群言"之说为中国文论的基本起点；我续貂师说，论域集中于先秦儒家文论，由刘勰《原道》《宗经》《征圣》诸篇所本之《易传》可知，中国文论尤其先秦儒家文论宜理解为一种文明论，而远非今之"文学理论"所能涵括。这一论题在现代学术话语体系中的申说，常不可避免地卷入古今、中西语境的歧路、交叉或对峙，属于两头皆不讨好的工作。此"中间人"的难做，还在于中西二学的积累均非朝夕之功，这使我常有力不能及之感。本书写作的部分文献得益于硕士期间协助吴兴明老师编写《中国传统思想资料汇编·心学/心术》，书中涉及的文字学、解释学得到杨煦生老师的点拨，经籍释义于丁元军老师有所请教。

写作的困难除了论题本身，还有资料的不足，德国国家图书馆、洪堡大学、柏林自由大学藏书极富，但汉籍匮乏，《十三经注疏》《甲骨文字典》《金文编》《说文解字注》等必用书无处借阅，柏林作为欧洲汉学重镇，不承想"二战"后凋敝若斯，只能借电脑的 PDF 版寻词索字，苦作雕虫。德国导师李文潮教授告知柏林工大的中国科技文化中心藏有一套《四库全书》，经李老师联系，我在那里度过了不少愉快的时光。住所离洪堡大学较近，到洪堡的主图书馆占座成为每日的功课，在那些至今怀念的日子里，在那些承载一个民族精神与思想的书架旁，开始一天的阅读和写作。住所的厨房是熬夜赶工的场所，冬天透过餐桌上台灯的光晕，不时可以看到窗外飘过的雪花。

回国后，张永清老师通读初稿，提出不少修改意见，使论文在形式与内容上逐步完善，嗣后又安排好外审、答辩等一切事宜，让我们在余老师走后继续得到导师指导和悉心照顾，直至顺利毕业。论文盲审及答辩过程中，诸位师长均提出中肯的意见与批评；尤其是答辩现场，陈剑澜老师对兰克史观和"了解之同情"的勘误，肖鹰老师对"时中"阐释的质疑，牛宏宝、邱运华两位老师对中西比较的严格要求，马元龙师兄对论题新意与深度的追问，时隔多年言犹在耳。

论文部分章节在《文艺理论研究》《切磋集》《天府新论》等刊物发表过，为此感谢朱国华老师、曾海军、赵荣华等师友的支持。论文部分内容在柏林—勃兰登堡科学院《莱布尼茨全集》编辑部的学术讨论班、四川大学哲学系切磋班作过主题发言，并得到诸位师友的批评指正，在此一并致谢。柏林中国留学生的周末聚餐往往不离学术话题，在热烈而开放的氛围中，我常受益于李忠夏、刘刚、罗亚玲、鲍永玲、张灯等学友的议论，让我想起与林栋梁、罗如春、王磊、李建立、韩振江、董琦琦、肖剑等同学的同窗时光。

时光荏苒，感谢我的妻子邓建华在生活与学术上长久的关怀与陪伴，感谢我的父母、妹妹多年以来的理解和支持。

书末五篇文章，前两篇为追思怀念先师之作，后三篇所涉论题是博士学位论文的延展，一并附上，以示承嬗离合之迹。